权威·前沿·原创

皮书系列为
"十二五""十三五""十四五"时期国家重点出版物出版专项规划项目

BLUE BOOK

智库成果出版与传播平台

河北蓝皮书
BLUE BOOK OF HEBEI

河北经济发展报告
（2025）

ANNUAL REPORT ON ECONOMIC DEVELOPMENT OF
HEBEI (2025)

向新而行　加速向好
Go To the New and Run to the Good

主　编／吕新斌
执行主编／李会霞

社会科学文献出版社
SOCIAL SCIENCES ACADEMIC PRESS (CHINA)

图书在版编目(CIP)数据

河北经济发展报告.2025：向新而行 加速向好／吕新斌主编.--北京：社会科学文献出版社，2025.8.
(河北蓝皮书).--ISBN 978-7-5228-5477-9

Ⅰ.F127.22

中国国家版本馆 CIP 数据核字第 2025PG8719 号

河北蓝皮书
河北经济发展报告（2025）
——向新而行 加速向好

主　　编／吕新斌
执行主编／李会霞

出 版 人／冀祥德
组稿编辑／高振华
责任编辑／王玉霞
文稿编辑／张　爽
责任印制／岳　阳

出　　版／社会科学文献出版社·生态文明分社（010）59367143
　　　　　地址：北京市北三环中路甲29号院华龙大厦　邮编：100029
　　　　　网址：http://www.ssap.com.cn
发　　行／社会科学文献出版社（010）59367028
印　　装／天津千鹤文化传播有限公司

规　　格／开 本：787mm×1092mm　1/16
　　　　　印 张：17.5　字 数：258千字
版　　次／2025年8月第1版　2025年8月第1次印刷
书　　号／ISBN 978-7-5228-5477-9
定　　价／128.00元

读者服务电话：4008918866

▲ 版权所有 翻印必究

《河北蓝皮书（2025）》编委会

主　任　吕新斌

副主任　彭建强　肖立峰　袁宝东　孟庆凯　吕雪松

委　员　（按姓氏笔画排序）

　　　　王建强　边继云　李　靖　李会霞　李鉴修
　　　　汪　洋　张　芸　张　波　陈　璐　樊雅丽

主编简介

吕新斌　河北省社会科学院党组书记、院长，中共河北省委讲师团主任，河北省社会科学界联合会第一副主席，中国李大钊研究会副会长。

吕新斌同志先后在原中国吴桥国际杂技艺术节组委会办公室、原河北省文化厅、河北省委宣传部、河北省社会科学院工作。在河北省委宣传部工作期间，先后在文艺处、城市宣传教育处、宣传处、办公室、研究室（舆情信息办）、理论处等多个处室工作，后任河北省委宣传部副部长、省文明办主任，2023年10月到河北省社会科学院履新任现职。

吕新斌同志长期从事和负责河北省意识形态、理论武装、哲学社科、宣传领域政策研究、文化艺术、舆情信息、精神文明建设等工作，参与组织全省性重大活动，多次参与河北省党代会等全省性重大会议报告和主要文件起草工作。在《人民日报》《光明日报》《学习时报》《中国社会科学报》《新华智库研究》《河北日报》等报刊发表多篇文章，参与编写或主编完成《战略机遇期的文化建设》《走向沿海强省》《文明让我们的城市更美好》等多部著作。担任中央马克思主义理论研究和建设工程重大项目和重点项目首席专家。参与完成《习近平新时代中国特色社会主义思想学习纲要》《习近平新时代中国特色社会主义思想三十讲》等多部重要读物编写任务，获中宣部办公厅致函表扬、省委主要领导同志高度肯定、省委宣传部通报表扬；曾获"全省政研系统先进个人""全国法制宣传教育先进个人"等称号。

摘 要

2024年，是党的二十届三中全会胜利召开之年，是河北上下沿着习近平总书记指引的方向砥砺前行的一年。面对复杂严峻的外部环境，面对交织叠加的困难挑战，全省上下坚决贯彻习近平总书记重要指示精神和党中央决策部署，在省委领导下，解放思想、奋发进取，全面深化改革开放，扎实推进高质量发展，全省经济运行总体平稳、稳中有进，呈现良好发展势头，经济强省、美丽河北建设迈出坚实步伐。

《河北经济发展报告（2025）》由总报告、宏观经济分析篇、新质生产力培育篇、"十五五"前瞻篇4个部分组成。第一部分为总报告，在深入分析与客观总结2024年河北省经济运行特点的基础上，从千方百计扩大内需，筑牢经济向好基本盘；以科技创新引领新质生产力发展，培育经济向好新动能；坚定不移扩大高水平对外开放，塑造经济向好新优势；有效防范化解重点领域风险，守住经济向好安全线等方面提出2025年推动河北经济持续回升向好的新思路与新举措。第二部分为宏观经济分析篇，从财政运行、投资形势、消费市场、就业形势、对外贸易等多个角度，对2024~2025年河北经济运行态势进行了分析与展望。第三部分为新质生产力培育篇，主要围绕以科技创新推动河北新质生产力发展、河北低空经济高质量发展、数字化赋能河北先进制造业能级提升、以新质生产力赋能河北交通强省建设、新质生产力赋能河北康养产业高质量发展等问题展开深入探讨。第四部分为"十五五"前瞻篇，重点围绕"十五五"时期河北省推进京津冀协同发展主要思路和重点任务、"十五五"时期河北省沿海地区高质量发展、"十五五"

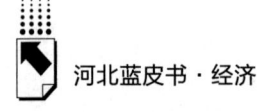

时期京津冀协同创新背景下"北京研发、河北转化"可行性路径、"十五五"时期河北省制造业增量空间及发展对策、"十五五"时期河北发展枢纽经济的总体思路与实施路径、"十五五"时期石家庄低碳发展面临的机遇挑战和发展策略等问题展开深入研究,并提出具体可行的对策建议。

关键词: 经济形势　新质生产力　稳中有进　河北省

Abstract

The year 2024 is a victoriously convening year of the Third Plenary Session of the 20th CPC Central Committee, and a year of Hebei's people forging ahead with determination along the direction guided by the president Xi Jinping. Faced with severe and complex external environment, as well as difficulties and challenges interwoven and inter-superposed, the whole province resolutely carried out important instructions spirit by the president Xi Jinping and decision arrangements by the Party Central Committee, and under the leadership by the provincial Party committee, emancipated the mind and forged ahead, deepened the reform and open-up in an all-around way, and solidly advanced the high-quality development. As a result of these efforts, the provincial economy operation was steady as a whole with some progresses amid stability, presented a good development momentum, the construction of an economically strong province and a beautiful Hebei took solid steps forward. *Annual Report on Economic Development of Hebei (2025)* consists of the four parts of General Report, Macro-economy Analysis, Cultivation of New Quality Productive Forces, and The 15th Five-Year Plan Prospect. Part One is General Report, which conducts an in-depth analysis and objective summary of characteristics of Hebei's economic operation in 2024, and puts forward new thoughts and moves to advance Hebei's economy continuously rebounding for the better in 2025 in such aspects as: Expanding the domestic demand with every means to build a strong foundation of the basic section of economy turning for the better; leading the development of new quality productive forces with sci-tech innovation to cultivate new kinetic energy of the economy turning for the better; expanding the high-level opening-up to the outside world firmly to shape new advantages of the economy turning for the better; effectively preventing and dissolving risks in key fields to hold on to the safety line for the economy turning for the better. Part Two is Macro-economy Analysis, which makes an analysis and prospect of Hebei's economic operation situation in 2024 - 2025 from the several perspectives of fiscal operation, investment situation, consumption market, employment situation, foreign trade, etc.. Part Three is Cultivation of New Quality Productive Forces, which mainly focuses on an in-depth exploration of advancing the development of Hebei's new quality productive forces with sci-tech innovation, the high-quality development of Hebei's low-altitude economy, applying digitization to energize the energy-level enhancement of Hebei's advanced manufacturing industry, energizing the construction of Hebei to be a strong province in traffic with new quality productive forces, energizing the development of Hebei's health and wellness industry with high-quality productive forces, etc.. Part Four is The 15th Five-Year Plan Prospect, which focuses on an in-depth study of main thoughts and priority tasks of Hebei advancing Beijing-Tianjin-Hebei collaborative development, workable paths of "R&D in Beijing, and application in Hebei" under the background of Beijing-Tianjin-Hebei collaborative innovation, the high-quality development of Hebei's coastal areas, incremental space and development solutions of Hebei's manufacturing industry, overall thoughts and implementing paths of Hebei developing the hub economy, opportunities/challenges and development strategies faced by the low-carbon development of the provincial capital Shijiazhuang, etc. during the 15th five-year plan period, and puts forward workable specific recommendations.

Keywords: Economic Situation; New Quality Productive; Some Progresses Amid Stability; Hebei Province

目 录

Ⅰ 总报告

B.1 2024~2025年河北省经济形势分析及预测
　　　　　　　　　　　　　　　　李会霞　段小平　王　莉 / 001

Ⅱ 宏观经济分析篇

B.2 2024~2025年河北省财政运行态势分析与展望 ……… 田战越 / 018
B.3 2024~2025年河北省投资形势分析与展望
　　　　　　　　　　　　　　彭克佳　蒋永亮　李珊珊 / 029
B.4 2024~2025年河北省消费市场运行特征分析与展望
　　　　　　　　　　　　　　李　菁　师建泉　彭克佳 / 045
B.5 2024~2025年河北省就业形势分析与展望
　　　　　　　　　　　　　　刘　静　李　菁　王子闰 / 062
B.6 2024~2025年河北省对外贸易形势分析与展望 ……… 谢云哲 / 076

Ⅲ 新质生产力培育篇

B.7 以科技创新推动河北新质生产力发展的思路研究……… 白玉芹 / 097

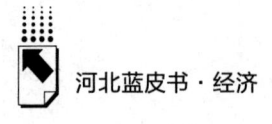

B.8 推动河北低空经济高质量发展实践路径研究……………刘诗雯 / 109

B.9 数字化赋能河北省先进制造业能级提升对策研究………马春梅 / 125

B.10 以新质生产力赋能河北交通强省建设研究 ……………吕广亮 / 137

B.11 新质生产力赋能河北康养产业高质量发展研究
……………………………………李珊珊 刘 静 赵一帆 / 148

Ⅳ "十五五"前瞻篇

B.12 "十五五"河北省推进京津冀协同发展主要思路和重点任务研究
………………………张金杰 王哲平 李贻超 赵大密 / 162

B.13 "十五五"时期河北省沿海地区高质量发展研究
………………………梁世雷 罗 静 赵大密 侯宜林 / 177

B.14 "十五五"时期京津冀协同创新背景下"北京研发、河北转化"
可行性路径研究……………………………………杜 欣 / 195

B.15 "十五五"时期河北省制造业增量空间及发展对策研究
………………………………杨 华 王素平 赵丹扬 / 207

B.16 "十五五"时期河北发展枢纽经济的总体思路与实施路径
………………………………………………………李义生 / 224

B.17 "十五五"时期石家庄市低碳发展面临的机遇挑战
和发展策略研究 …………王哲平 张金杰 梁世雷 赵大密 / 239

CONTENTS

I General Report

B.1 Analysis and Forecast of Hebei's Macro-Economy Situation
in 2024-2025　　　　　　　*Li Huixia, Duan Xiaoping and Wang Li* / 001

II Macro-economy Analysis

B.2 Analysis and Prospect of Hebei's Fiscal Operation Situation
in 2024-2025　　　　　　　　　　　　　　　*Tian Zhanyue* / 018

B.3 Analysis and Prospect of Hebei's Investment Situation
in 2024-2025　　　　*Peng Kejia, Jiang Yongliang and Li Shanshan* / 029

B.4 Analysis and Prospect of Hebei's Consumption Market Operation
Features in 2024-2025　　　　*Li Jing, Shi Jianquan and Peng Kejia* / 045

B.5 Analysis and Prospect of Hebei's Employment Situation
in 2024-2025　　　　　　　　*Liu Jing, Li Jing and Wang Zirun* / 062

B.6　Analysis and Prospect of Hebei's Foreign Trade Situation in 2024-2025

Xie Yunzhe / 076

Ⅲ　Cultivation of New Quality Productive Forces

B.7　A Study of Thoughts to Advance the Development of Hebei's New Quality Productive Forces with Sci-tech Innovation

Bai Yuqin / 097

B.8　A Study of Practical Paths to Advance the High-quality Development of Hebei's Low-altitude Economy　　*Liu Shiwen* / 109

B.9　A Study of Solutions to Apply Digitization to Energize the Energy-level Enhancement of Hebei's Advanced Manufacturing Industry　　*Ma Chunmei* / 125

B.10　A Study of Energizing the Construction of Hebei to Be a Strong Province in Traffic with New Quality Productive Forces

Lyu Guangliang / 137

B.11　A Study of Energizing the High-quality Development of Hebei's Health and Wellness Industry with New Quality Productive Forces

Li Shanshan, Liu Jing and Zhao Yifan / 148

Ⅳ　The 15th Five-Year Plan Prospect

B.12　A Study of Main Thoughts and Priority Tasks of Hebei Advancing Beijing-Tianjin-Hebei Collaborative Development during the 15th Five-Year Plan Period

Zhang Jinjie, Wang Zheping, Li Yichao and Zhao Dami / 162

CONTENTS

B.13 A Study of the High-quality Development of Hebei's Coastal Areas during the 15th Five-Year Plan Period
Liang Shilei, Luo Jing, Zhao Dami and Hou Yilin / 177

B.14 A Study of Workable Paths of "R&D in Beijing, and Application in Hebei" under the Background of Beijing-Tianjin-Hebei Collaborative Innovation during the 15th Five-Year Plan Period   *Du Xin* / 195

B.15 A Study of Incremental Space and Development Solutions of Hebei's Manufacturing Industry during the 15th Five-Year Plan Period
Yang Hua, Wang Suping and Zhao Danyang / 207

B.16 A Study of Overall Thoughts and Implementing Paths of Hebei Developing the Hub Economy during the 15th Five-Year Plan Period
Li Yisheng / 224

B.17 A Study of Opportunities/Challenges and Development Strategies Faced by the Low-carbon Development of Shijiazhuang during the 15th Five-Year Plan Period
Wang Zheping, Zhang Jinjie, Liang Shilei and Zhao Dami / 239

总报告

B.1
2024~2025年河北省经济形势分析及预测

李会霞 段小平 王 莉*

摘 要： 2024年是中华人民共和国成立75周年，是实现"十四五"规划目标任务的关键一年。在以习近平同志为核心的党中央坚强领导下，河北省委、省政府团结带领全省广大党员干部群众，坚持以习近平新时代中国特色社会主义思想为指导，全面贯彻党的二十大和二十届二中、三中全会精神，深入学习贯彻习近平总书记视察河北重要讲话精神，全省上下凝心聚力、团结奋斗，经济运行总体平稳、稳中有进，呈现良好发展势头。本报告在深入分析与客观总结2024年全省经济运行特点的基础上，从千方百计扩大内需、以科技创新引领新质生产力发展、坚定不移扩大高水平对外开放、有效防范化解重点领域风险四个方面提出2025年推动全省经济发展的新思路和新举措。

---

* 李会霞，河北省社会科学院财贸和数字经济研究所所长，研究员；段小平，河北省社会科学院财贸和数字经济研究所副所长，副研究员；王莉，河北省社会科学院财贸和数字经济研究所研究实习员。

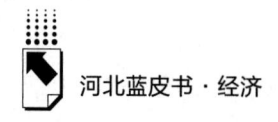

关键词： 经济形势　新质生产力　河北省

2024年是中华人民共和国成立75周年，是实现"十四五"规划目标任务的关键一年。在以习近平同志为核心的党中央坚强领导下，河北省委、省政府带领全省广大党员干部群众，坚持以习近平新时代中国特色社会主义思想为指导，全面贯彻党的二十大和二十届二中、三中全会精神，深入学习贯彻习近平总书记视察河北重要讲话精神，全省上下凝心聚力、团结奋斗，经济社会发展取得新成绩。前三季度，全省实现地区生产总值32904.0亿元①，同比增长5.0%，增速高出全国平均水平0.2个百分点，经济运行稳中向好的态势更加巩固。

一　2024年河北省经济运行特点分析

（一）三驾马车协同发力，增长动能持续释放

一是固定资产投资增长较快，大项目拉动作用强劲。2024年，在雄安新区建设加快、大规模设备更新加快等多重利好带动下，全省投资增速快于全国平均水平。前三季度，全省固定资产投资同比增长6.6%，增速居全国第6位，高出全国平均增速3.3个百分点，高出上年同期0.3个百分点。其中，建设项目投资增长10.8%。分产业来看，第一产业投资增长37.4%，第二产业投资增长19.6%，第三产业投资增长0.8%。分领域来看，基础设施投资增长25.5%，工业投资增长19.4%。大项目拉动作用强劲，前三季度，全省亿元以上项目有6403个，同比增加726个，完成投资增长11.5%，占全部投资的69.5%，拉动全省投资增长7.7个百分点。

二是消费市场继续恢复，以旧换新政策效果显著。消费市场规模稳步扩

---

① 本报告数据均来自国家统计局网站和河北省统计局网站。

大。前三季度，全省消费品市场稳中有升，整体规模进一步扩大，社会消费品零售总额实现11231.1亿元，同比增长4.8%，增速比上半年加快0.3个百分点，较上年同期回落3.4个百分点，增速高于全国平均水平1.5个百分点。其中，限额以上单位实现消费品零售额3525.5亿元，同比增长6.7%，增速比1~8月加快1.0个百分点，高于全国平均水平4.4个百分点。前三季度，限额以上单位家用电器和音像器材类商品零售额同比增长13.4%，比1~8月加快3.2个百分点，拉动全省限额以上单位消费品零售额增长0.7个百分点。9月，家用电器和音像器材类商品零售额同比增长42.4%，增速较上月加快33.0个百分点，拉动全省限额以上单位消费品零售额增长1.9个百分点，比上月提高1.5个百分点，其中，能效等级为1级和2级的商品零售额同比增长40.6%，智能家用电器和音像器材商品零售额同比增长53.6%。9月，家具类商品零售额同比增长68.2%，增速较上月提高61.5个百分点，拉动全省限额以上单位消费品零售额增长0.1个百分点。自河北省9月出台加力支持消费品以旧换新实施方案和细则后，政策效应释放明显，极大地促进了家电类、家具类商品消费。

三是外贸进出口大幅增长，新兴市场表现亮眼。河北省加大外贸支持力度，全省外贸进出口增速高于全国平均水平，出口规模创新高。前三季度，全省进出口总额为4624.3亿元，同比增长12.9%，高出全国平均增速4.3个百分点。其中，出口额为2783.4亿元，增长11.8%，增速高出全国平均增速5.6个百分点；进口额为1840.9亿元，增长14.7%，增速高出全国平均增速10.6个百分点。制造业出口额为2756.4亿元，同比增长12%，拉动全省出口额增长11.8个百分点。其中，电动汽车、蓄电池、计算机集成制造技术等技术类产品出口额分别增长3.1倍、1.6倍、52.4%；钢材、陶瓷产品等地方特色产品出口额分别增长29.5%、21.2%。从贸易伙伴来看，前三季度，河北省与全球130个国家和地区贸易实现正增长。其中，对澳大利亚进出口额达644.7亿元，同比增长11.8%；对东盟进出口额达612.4亿元，同比增长25.7%；对欧盟进出口额达523.9亿元，同比增长22.3%；对巴西进出口额达422.5亿元，同比增长34.9%。同期，对《区域全面经济伙伴关系协定》（RCEP）其他成员国进出口额达1541.8亿元，同比增长13.7%，占全省进出口总额的33.3%。

（二）三次产业稳步向好，生产供给支撑稳定

一是农业生产形势稳定，粮食生产再获丰收。全省夏粮总产量达到1513.0万吨，同比增长1.0%，秋粮喜获丰收，全年粮食有望实现面积、总产、亩产"三增"。畜牧、蔬菜、水果生产稳定，肉蛋奶供应充足。2024年前三季度，全省猪牛羊肉产量为363.7万吨，禽蛋产量为323.1万吨，生牛奶产量为441.1万吨。蔬菜水果生产平稳增长。蔬菜产量为3375.6万吨，水果产量为1012.1万吨。畜牧、蔬菜、水果三大产业产值合计占农林牧渔业总产值的比重达71.6%。

二是工业生产较快增长，行业增长面超七成。前三季度，全省规模以上工业增加值同比增长7.0%，增速比全国平均水平高1.2个百分点，比上年同期高0.4个百分点。其中，装备制造业增加值保持较快增长，同比增长14.5%，高出规模以上工业增加值增速7.5个百分点。在全省规模以上工业统计的40个行业大类中，28个行业实现增长，比上年同期增加7个行业，增长面达到70.0%。在重点行业中，金属制品业、汽车制造业、黑色金属冶炼和压延加工业、化学原料和化学制品制造业、黑色金属矿采选业、石油煤炭及其他燃料加工业6个行业拉动作用较大，共拉动全省规模以上工业增加值增长5.1个百分点，贡献率达71.5%。

三是服务业增长加快，升级类服务增势良好。前三季度，全省服务业增加值同比增长4.6%，增速比上半年加快0.1个百分点。其中，信息传输、软件和信息技术服务业，批发和零售业，金融业，住宿和餐饮业，交通运输、仓储和邮政业分别增长9.3%、5.2%、4.8%、4.6%和2.2%。1~8月，全省规模以上服务业实现营业收入3764.3亿元，同比增长2.9%，其中，互联网和相关服务收入增长81.2%，科技推广和应用服务业、航空运输业、体育业和文化艺术业收入分别增长14.0%、13.7%、12.6%和8.8%。

（三）新质生产力加快形成，发展质效持续提升

一是高新技术投入大幅增加。前三季度，全省高技术产业投资增长35.3%，其中，高技术制造业投资增长44.6%，高技术服务业投资增长26.1%。1~9月，全省计算机、通信和其他电子设备制造业，化学原料和化学制品制造业，医药制造业固定资产投资增速分别达到100.4%、39.6%和20.8%。

二是新兴产业快速成长。前三季度，全省规模以上工业战略性新兴产业增加值同比增长9.5%，高出规模以上工业增速2.5个百分点。其中，高铁车组制造增长1.9倍、新能源车整车制造增长1.9倍、城市轨道交通设备制造增长1.1倍。新产品产量快速增长，其中，新能源汽车产量增长193.6%。

三是新兴业态蓬勃发展。依托互联网、云计算、人工智能等技术深化应用，网络购物、移动支付、线上线下融合等新业态新模式快速发展，前三季度，全省网上零售额为3507.0亿元，同比增长9.6%，增速高出全省社会消费品零售总额4.8个百分点。其中，实物商品网上零售额为3109.8亿元，增长7.7%。

（四）重大战略深入推进，协同发展成效明显

一是京津冀协同发展纵深推进。京津冀交通一体化和公共服务共享取得新成效，北京至河北固安、北京至涿州通勤定制快巴开通。京津冀产业协作取得新进展，《京津冀三省市推动6条重点产业链图谱落地的行动方案》《推动"通武廊"一体化高质量发展行动方案》落地生效，三地产业协作和分工定位更加明确。京津冀协同创新深入推进，京津冀国家技术创新中心雄安中心正式启动运行，京津冀创新应用场景共建共享大会成功召开。重点领域民生福祉持续增进，京津冀教育、医疗、社保等领域合作持续深化。

二是雄安新区建设与承接步伐加快。前三季度，雄安新区完成固定资产投资同比增长12.1%，拉动全省投资增长1.3个百分点。大河片区、雄东片区安置房及配套设施等回迁安置项目稳步推进；北京科技大学、北京交通大

学、中国地质大学、北京林业大学、北京大学人民医院雄安院区等非首都功能疏解项目开工建设；启动区中央绿谷及临淀湾区、雄安湾等绿色生态项目建设加快。截至2024年6月，中央企业在雄安新区注册设立各类分支机构超过200家，雄安新区中关村科技园对接科技企业超5000家，集聚企业100余家，承载能力进一步提升。

（五）财政金融运行平稳，民生保障持续加力

一是财政金融稳健运行。前三季度，全省一般公共预算收入达776亿元，增长3.8%；一般公共预算支出达3515亿元，增长3.8%。截至2024年9月，全省金融机构本外币各项存款余额达28287亿元，增长7.6%；各项贷款余额达28974亿元，增长5.7%，金融对经济支持的力度进一步加大。

二是居民收入稳定增长。前三季度，全省城镇调查失业率为5.5%，城镇新增就业80.9万人，完成全年计划的94.1%。全省居民人均可支配收入为22547元，同比增长5.4%。其中，城镇居民人均可支配收入为33539元，同比增长4.5%；农村居民人均可支配收入为16641元，同比增长6.4%。

三是社会保障稳中加力。截至2024年9月，全省基本养老、失业、工伤保险参保人数分别为5514.11万人、822.96万人、1171.52万人，同比分别增加44.72万人、14.58万人、16.41万人。与2019年相比，城市居民最低生活保障标准从每人每月663元提高到787元，农村居民最低生活保障标准从每人每月409元提高到617元，分别增长19%、51%。

二 河北省经济增长面临的外部环境分析

（一）世界宏观经济形势分析

1. 世界经济在低位复苏中保持韧性，增长态势分化明显，发达经济体经济增长动能相对较弱，新兴经济体保持较快增长

一是发达经济体表现呈现分化态势。2024年12月19日，美国商务部

公布的最终修正数据显示，2024年第三季度美国实际国内生产总值按年率计算增长3.1%，较此前公布的修正数据上调0.3个百分点，这主要得益于消费部门的支撑，第三季度美国个人消费支出环比增长3.7%，创下自2023年第二季度以来的最大增幅纪录。[1] 第三季度欧元区生产总值环比增长0.4%，但年内整体表现低于预期，前景不容乐观。其中，第三季度德国国内生产总值实现0.2%的增长，但制造业继续疲软，9月制造业PMI为45，连续27个月位于收缩区间；法国和西班牙在奥运会及旅游消费的驱动下，经济分别增长0.4%和0.8%；匈牙利国内生产总值环比收缩0.7%。[2] 日本经济延续复苏态势。根据日本内阁府12月9日发布的修正后的数据，2024年第三季度日本实际国内生产总值环比增长1.2%。这一增长意味着，在价格调整后，日本国内生产总值环比增长0.3%，经济继续保持低速增长态势。[3] 二是新兴市场和发展中经济体保持强劲增长。中国经济回升向好势头持续增强，2024年前三季度中国国内生产总值同比增长4.8%。[4] 东南亚地区经济增长强劲，2024年第三季度，越南国内生产总值同比增长7.4%，前三季度增长6.82%[5]；2024年印度尼西亚国内生产总值同比增长5.03%[6]；2024年第三季度马来西亚国内生产总值同比增长5.3%[7]；印度经济保持较快增长，统计数据显示，第三季度印度国内生产总值同比增长5.4%，虽然

---

[1] 《美国第三季度经济增速修正终值为3.1%》，新华网，2024年12月19日，https://www.xinhuanet.com/world/20241219/f4c2126f865c4383aeeadb9d/fffc/c.html。

[2] 《欧元区三季度经济环比增长0.4%》，《人民日报》2024年11月1日。

[3] 《外媒：日本第三季度GDP数据上调，资本支出与出口表现好于预期》，中国贸易救济信息网，2024年12月9日，https://cacs.mofcom.gov.cn/article/gnwjmdt/gw/rb/202412/182680.html。

[4] 《尺素金声丨9月份积极因素累积增多，中国经济运行呈现筑底企稳态势》，央广网，2024年10月19日，https://news.cnr.cn/native/gd/20241019/t20241019_526945990.shtml。

[5] 《2024年前9月越南经济运行良好》，驻越南社会主义共和国大使馆经济商务处网站，2024年10月15日，http://vn.mofcom.gov.cn/jmxw/art/2024/art_8820ed425fff49609c4fed7f40eb2bad.html。

[6] 《2024年印尼GDP增长5.03%》，新华网，2025年2月5日，http://www.xinhuanet.com/world/20250205/ddobb402f7ff4146bdfle440eecdf58b/c.html。

[7] 《马来西亚三季度GDP同比增长5.3%》，中国新闻网，2024年11月15日，https://www.chinanews.com/gj/2024/11-15/10320199.shtml。

增速略于前两个季度,①但仍在全球主要经济体中领先,亚洲新兴经济体继续成为全球经济增长的主要贡献者。

2.全球经济仍面临诸多不确定性,地缘政治冲突、保护主义浪潮以及高成本、高债务等问题,都可能对经济复苏造成冲击

一是国际政治环境复杂多变,对世界经济运行的扰动增强。美国总统大选已尘埃落定,特朗普政府相关政策值得高度关注。粮食、能源等大宗商品价格波动加剧,直接威胁全球产业链供应链安全稳定。二是全球贸易低位运行,保护主义抬头对我国外贸冲击不容低估。世界贸易组织发布的《2024年全球贸易发展年度概览报告》显示,截至2024年10月中旬,有效的进口限制措施影响了世界货物进口总额约29420亿美元,占全球进口总额的11.8%,②为2020年以来最高水平。涉华贸易壁垒明显增多。我国制造业PMI新出口订单指数自2024年5月起连续4个月低于荣枯线③,随着美国对我国电动汽车等加征关税、欧盟对我国电动汽车征收临时反补贴税并启动反补贴调查等,我国新兴领域产品出口增速可能继续放缓。三是降息周期下全球流动性有所减弱,可能进一步推高发达经济体债务。2024年,超过70个国家迎来重要选举,多数国家实施财政扩张政策,全球债务空前膨胀。国际金融协会数据显示,截至2024年3月全球政府债务达到91.4万亿美元,创历史新高。④未来几年主要发达经济体进入宽松周期,可能进入新一轮债务膨胀期。欧洲中央银行发布的《金融稳定评估》报告指出,欧元区国家主

---

① 《外媒分析:印度经济增长放缓症结何在?》,搜狐网,2025年1月10日,https://business.sohu.com/a/847584180_114911。
② 《世贸组织最新报告显示,单边政策影响下,贸易限制有所增加》,商务部网站,2024年12月18日,http://chinawto.mofcom.gov.cn/article/tpxw/202412/20241203557220.shtml。
③ 《金融数据与量化模型分析报告——2024年9月》,雪球网,2024年10月4日,https://xueqiu.com/5107321505/306713663?_ugc_source=ugcbaiducard&md5__1038=110279f68 2e-S94kjaykzkhooYswBLvadadHwHafJZ%2Fm8Wp9wCc%2BgCanLvlKW8q0Bawj9y8t4AP9JLkYU a%3DDadSWkpCMaHkdRatdadPa40dMapmaLFaSsaha4CCa7TCwpaV0dcMkC7at% 2F1CwgaL0dpas 0aXd97aKjGiaueR287sXveDsdL36ky5yuQeLYy3da9W%2BakaYMa。
④ 《发达国家债务激增冲击金融稳定》,"参考消息"百家号,2024年8月17日,https://baijiahao.baidu.com/s?id=1807622683007041135&wfr=spider&for=pc。

权债务风险正在上升，进而威胁金融稳定。① 国际清算银行（BIS）警告称，政府借贷习惯对全球经济稳定构成较大的威胁，政府债务供应的激增可能加剧金融市场的不稳定性。

（二）中国宏观经济形势分析

1. 宏观政策持续加力，向好因素累积增多，中国经济运行总体平稳、稳中有进

自2024年以来，面对外部压力加大、内部困难增多的复杂严峻形势，党中央总揽全局，科学决策，及时加强宏观调控，特别是9月下旬，中央政治局重要会议召开，加快推出一揽子增量政策，极大地增强了市场信心，激发了市场活力，国民经济运行总体平稳、稳中有进，高质量发展扎实推进。一是经济增长稳中向好，季度环比实现连续正增长。前三季度，我国GDP为949746亿元，按不变价格计算，同比增长4.8%，经济运行总体平稳。从环比增速来看，经季节调整后，第三季度GDP环比增长0.9%。环比增速连续9个季度为正，经济保持平稳向好态势。二是生产供给持续增长，产业发展稳中有进。前三季度，各行业生产供给稳定增长。农业生产平稳发展，夏粮增产、早稻丰收、畜牧业生产稳定，农林牧渔业增加值同比增长3.6%。工业生产平稳增长，前三季度，全国规模以上工业增加值同比增长5.8%。服务业持续恢复，信息传输、软件和信息技术服务业，租赁和商务服务业保持两位数增长，增加值同比分别增长11.3%和10.1%；批发和零售业、住宿和餐饮业增长较快，增加值同比分别增长5.4%和6.3%。三是消费投资继续恢复，净出口较快增长。消费规模扩大，前三季度，最终消费支出对经济增长贡献率为49.9%，拉动GDP增长2.4个百分点。投资平稳增长，前三季度，资本形成总额对经济增长贡献率为26.3%，拉动GDP增长1.3个百分点。净出口增势较好。前三季度，货物和服务净出口对经济增长贡献率为

---

① 《欧元区主权债务风险上升》，《经济日报》2024年11月28日。

23.8%，拉动GDP增长1.1个百分点。四是高质量发展稳步推进，新质生产力成长壮大。产业结构优化升级，新动能加快成长。高技术产业成为亮点，前三季度，中国规模以上高技术制造业增加值增长9.1%，比规模以上工业平均增速高3.3个百分点。前三季度，高技术制造业投资和高技术服务业投资同比分别增长9.4%和11.4%。在高技术制造业中，航空、航天器及设备制造业，电子及通信设备制造业投资分别增长34.1%、10.3%；在高技术服务业中，专业技术服务业、电子商务服务业、科技成果转化服务业投资分别增长31.8%、14.8%、14.8%。1~8月，规模以上软件和信息技术服务业、互联网和相关服务企业营业收入同比分别增长12.5%、10.8%，人工智能、数字经济等新业态新动能加速崛起，成为经济发展的新引擎。

2. 外部不利影响加深，内部增长动力不足，中国经济运行仍面临不少挑战

当前，我国正处在经济恢复和转型升级的关键期，同时面临转变发展方式、优化经济结构、转换增长动力等多重挑战，经济运行仍面临诸多不确定性。一是国内需求偏弱。从消费来看，消费市场增长不及预期，前三季度，最终消费支出对GDP累计同比增速的拉动仅为2.4个百分点，较上半年回落0.6个百分点。居民消费支出同比增速呈回落态势，第三季度居民人均消费支出同比增速回落到3.5%，低于第二季度1.5个百分点。从投资来看，前三季度民间投资下降0.2%，外商企业投资下降19.1%，民间投资和外商投资热情急需提振。二是部分企业生产经营困难。以规模以上工业企业为例，1~9月，全国规模以上工业企业营业收入增长2.1%，营业成本增长2.4%，规模以上工业企业营业成本增速快于营业收入增速，导致利润率下降0.31个百分点。三是结构性就业矛盾显现。当前，我国就业形势总体稳定，但结构性就业压力突出。青年群体就业压力整体较大，2024年9月全国城镇不包含在校生的16~24岁劳动力失业率达到17.6%。

三 当前河北省经济发展需要重点关注的问题

过去一年的发展历程很不平凡，成绩令人鼓舞，但同时我们要看到，当前河北省经济运行仍面临一些挑战。

（一）投资增速总体趋缓，民间投资处于低位

近年来，受全球经济下行、国际贸易摩擦、房地产市场低迷等各种因素影响，全省固定资产投资增速逐年回落，增速由2014年的15.5%回落至2024年1~10月的6.7%，下滑8.8个百分点。固定资产投资增速的放缓不仅下拉即期经济增长，也对调结构、转方式和可持续发展产生不利影响。特别是民营企业发展信心不足，投资决策趋于谨慎，不想投、不敢投、无处投等问题突出。2024年1~8月，全省民间投资同比增长2.4%，低于全省固定资产投资增速4.1个百分点，较2014年全省民间投资增速（18.1%）下滑15.7个百分点，步入低位运行区间。

（二）企业利润水平下滑，主要行业亏损面大

一是企业利润水平下滑。2024年1~9月，全省规模以上工业企业实现利润总额855.0亿元，同比下降11.2%。在规模以上工业企业中，国有控股企业实现利润总额254.0亿元，同比下降18.1%；股份制企业实现利润总额618.3亿元，同比下降19.0%；私营企业实现利润总额196.0亿元，同比下降25.2%；采矿业实现利润总额154.9亿元，同比下降7.6%；制造业实现利润总额541.8亿元，同比下降16.5%。二是钢铁等主要行业亏损面扩大。9月，在全省规模以上工业企业中，亏损企业达到5374家，同比增长12.6%。其中，黑色金属冶炼和压延加工业亏损面达到45.0%，利润总额下降358.3%。

（三）居民消费信心不足，消费需求增速放缓

近年来，受经济下行影响，居民对就业和增收预期偏弱，消费意愿减

弱，消费能力不足，消费支出减少。统计显示，前三季度，全省社会消费品零售总额增长4.8%，比上年同期下降3.2个百分点，其中，房地产相关产品零售额大幅减少。1~9月，全省限额以上单位中建筑及装潢材料零售额下降51.0%，家具类商品零售额下降25.9%，五金、电料类零售额下降17.7%，机电产品及设备零售额下降12.2%。

（四）城乡居民收入偏低，群众就业面临压力

前三季度，河北省居民人均可支配收入为25547元，同比增长5.4%，增速分别比上半年和第一季度回落0.2个百分点、0.3个百分点，低于全国平均水平5394元。其中，城镇居民人均可支配收入为33539元，农村居民人均可支配收入为16641元，分别比全国平均水平低7644元和99元。从就业情况来看，9月河北省城镇调查失业率为5.5%，高于全国平均水平0.4个百分点，虽然居民总体就业压力有所缓解，但重点群体就业压力和失业风险依然较大。当前，居民收入偏低、就业压力较大，已经成为制约全省消费增长的重要因素之一。

四 2025年推动河北省经济发展的对策建议

2025年是"十四五"规划的收官之年，做好全省全年经济工作意义重大。要坚持以习近平新时代中国特色社会主义思想为指导，全面贯彻落实党的二十大和二十届二中、三中全会精神和2024年中央经济工作会议部署，深入学习贯彻习近平总书记视察河北重要讲话精神，推动经济持续回升向好，高质量完成"十四五"规划目标任务，为实现"十五五"良好开局打牢基础。

（一）千方百计扩大内需，筑牢经济向好基本盘

一是大力提振消费。扩大内需是战略之举，提振消费是重中之重，深入实施提振消费专项行动，重点是把促消费和惠民生紧密结合起来。一方面，

增强消费能力，提升消费意愿。居民收入是消费的基础，社会保障是影响消费的重要因素。要突出就业优先导向，确保重点群体就业稳定，持续做好青年就业工作，加强灵活就业劳动者权益保障；多渠道促进中低收入群体增收减负，改善收入预期；完善农业生产支持保护政策，稳定提升农业经营性收入，壮大帮扶产业和集体经济，促进低收入农户向集约化发展，通过深化农村改革赋予农民更多财产权利；适当提高退休人员基本养老金，提高城乡居民基础养老金，提高城乡居民医保财政补助标准，解决居民消费的后顾之忧；在教育、医疗卫生、保障性住房等方面补齐公共服务短板，不断提高保障标准和均等化水平；健全最低生活保障标准动态调整机制，落实落细低保扩围增效政策，加大对特困人员、低保边缘家庭等特定困难群体的支持力度，提高学生资助补助标准并扩大政策覆盖面。另一方面，要重视新业态发展带来的消费增量需求。扩大服务消费，加快完善相关支持政策，鼓励各类经营主体提供多元化服务，着力满足居民在健康、养老、托幼、家政等方面的消费需求；大力培育文化、旅游、体育、演出、数字等新型消费；积极开发更加多样化的消费场景，积极发展首发经济、冰雪经济、银发经济；充分运用虚拟现实、人工智能等新技术，继续大力培育具有创新、跨界等特点的新型融合消费业态。

二是提高投资效益。2024年中央经济工作会议明确提出"提高投资效益"，这意味着2025年投资工作的主要目标不仅仅是大幅提高投资增速，而是更加注重投资效益，既包括经济效益，也包括社会效益、生态效益和安全效益。其一要强化目标引领，明确投资方向。投资目标应该聚焦在"补短板、增后劲"上。在基础设施方面，要更大力支持"两重"项目，统筹用好中央预算内投资、超长期特别国债、新增地方政府专项债等各类建设资金，推动尽快形成更多实物工作量，建议持续关注包括超长期特别国债等在内的财政政策。在房地产方面，要加快推动构建房地产发展新模式，深入实施城市更新行动和危旧房改造；在社会民生方面，加快补齐教育、医疗、养老等领域短板；在制造业方面，加大科技创新、产业升级、绿色转型等领域投资力度。其二要坚持多措并举，激发投资活力。充分激发政府投资带动放大效应。将资金更多投向打基础、利长远、固根本的建设项目，加大对关键核心技术攻关、新型基础设施建设、节能减排降碳的支持力度，加快培育发展新动能。大力激发民间投资活力。完善投融资机制，构建政府和社会资本合作新机制，全面梳理适宜民间资本参与的项目清单，依托投资项目在线审批监管平台进行项目推介，支持社会资本参与新型基础设施等领域建设。在市场准入、要素获取、公平执法、权益保护等方面，进一步打通制约民间投资的堵点、难点、痛点。其三要加强投资项目服务和要素保障。强化部门之间协同配合，支持重点项目加快前期工作进度，加强项目资金、用地、环评等要素保障，简化项目审批手续，推动项目加快建设、形成实物工作量。

（二）以科技创新引领新质生产力发展，培育经济向好新动能

一是强化科技创新引领。坚持以科技创新推动产业创新，增强科技创新引领带动力。发挥河北紧邻京津科研机构、高校资源优势，以京津冀协同创新共同体建设为核心，聚焦新一代信息技术、生物科技、新材料、未来产业等，推动建设一批国家重点实验室、技术创新中心等创新平台，打造自主创新和原始创新策源地。强化企业科技创新主体地位，推动实施重大技术装备攻关、产业基础再造、关键共性技术研发，提升产业安全保障能力。推动科创平台、高等院校、产业园区、高新技术企业紧密对接，提高科技成果创造能力和转化效率。完善科技人才政策，培育壮大战略性科技人才、科技领军人才、高水平创新团队、高技能人才队伍，增强新质生产力发展内生动力。大力发展科技金融，引导长期资本、耐心资本投早、投小、投硬科技。

二是加快发展先进制造业。实施河北智造强基增绿行动，推动钢铁、建材、化工等传统产业高端化、智能化、绿色化升级，鼓励企业技术革新、产品换代、生产换线、设备换芯，向价值链高端攀升。实施新兴产业倍增行动，推动新能源汽车、生物医药、机器人等优势产业突破性发展，支持低空经济、航空航天、大数据等新兴产业发展。实施未来产业发展行动计划，围绕未来网络、人工智能、前沿材料、新型储能等领域开展前瞻布局，推动前沿技术、示范企业、应用场景创新，开辟产业发展新赛道、新业态。

三是推动数实融合发展。实施数字河北行动，加快推进石家庄中小企业数字化转型城市试点，探索数字经济与制造业融合发展模式。发挥秦皇岛、石家庄、廊坊数字产业发展基础优势，做大做强新型数字显示、集成电路、数字存储、新型电子材料等数字核心产业，引进AI芯片、智能传感器、人形机器人、第三代半导体等项目，推动算法模型、计算系统、软件工具等关键技术攻关，完善数字产业生态体系。统筹高性能智算中心、通用大模型、城市区块链、数据交易链等新质算力基础设施布局，拓宽数字创新应用场景，提升数据赋能高质量发展效能。

（三）坚定不移扩大高水平对外开放，塑造经济向好新优势

一是培育壮大市场主体。实施外贸主体扩容行动，以特色产业集群、行业龙头企业、专精特新企业、高新技术企业为重点，进行外贸业务意向摸排，开展外贸潜力分析，建立外贸主体培育清单。通过外贸业务培训、平台搭建、商协会对接、政策支持等多种方式，帮助企业掌握国际经贸规则、出口退税等相关政策，推动内销为主的企业开拓国际市场，实现两大市场双向发力。

二是扩大对外出口规模。用好国家促进出口各项政策，巩固机电、纺织服装等传统优势产品的出口优势，拓展电动载人汽车、锂电池、太阳能电池等新产品出口空间，扩大中间品、零部件出口规模，推动更多企业加入全球产业链供应链。加大跨境电商支持力度，采取店铺推广、流量倾斜、费用减免等措施，帮助企业扩大销售规模，有效缩小河北省与先进省份跨境电商发展差距。

三是加大外资招引力度。围绕河北省主导产业组织招商会，开展精准招商，招引及培育一批外贸出口企业、科技创新企业、品牌服务企业，不断扩大和提升外商投资规模和质量。深入总结河北自由贸易试验区建设经验，统筹制定自由贸易试验区提升战略，对标高标准国际经贸规则，稳步扩大规则、规章、管理、标准等制度型开放，推动外商外资企业高效集聚、高质量发展，打造外商投资高地。加大开发区、海关特殊监管区外资招引力度，提高各地招商引资积极性。加强外商投资权益保障，优化外商投资环境，提高

投资运营便利化水平。

四是强化外贸服务保障。加强进出口货物通关、检验检疫、外贸结算、出口退税、跨境融资、风险对冲等能力建设，提升进出口效率和便利化程度。改善外商投资环境，完善跨境交流便利化措施。优化国际货运物流线路布局，推动海陆通关一体化发展，提升外贸货物运输效能。加强外贸转型升级基地建设，做大做强主导产业，提升外贸企业出口竞争力。

（四）有效防范化解重点领域风险，守住经济向好安全线

一是稳妥有序处置风险隐患。完善重大风险处置统筹协调机制，压实企业主体责任、部门监管责任、地方属地责任，提升处置效能，牢牢守住不发生系统性风险的底线。统筹好地方债务风险化解和稳定发展，进一步落实一揽子化债方案，妥善化解存量债务风险、严防新增债务风险。稳妥推进一些地方的中小金融机构风险处置，严厉打击非法金融活动。

二是持续用力推动房地产市场止跌回稳。用足用好中央促进房地产市场平稳健康发展的系列政策，推动房地产市场止跌回稳。加大财政金融支持力度，推动降低房地产企业融资"三条红线"门槛，扩大房地产企业"白名单"范围，有效恢复房地产企业信心，满足优质房地产企业合理融资需求，促进房地产行业健康发展。创新房地产企业并购、融资模式，鼓励优质房地产企业兼并收购优质房地产项目，降低房地产"烂尾"风险。妥善化解房地产行业"三角债""连环债"，防止房地产企业债务向上下游蔓延，引发债务风险连锁反应。加大住房销售政策支持力度，激活居民改善性住房需求。建立健全政府对市场房源收储调节政策，扩大廉租房、共有产权房、保障性住房储备规模，减少房地产市场住房库存，推动房地产市场价格合理回归。

三是提升重大国际经贸风险应对能力。加强地缘政治冲突导致的铁矿石、粮食、石油等大宗商品价格波动、供应风险应对，推动企业加快海外生产基地布局，拓宽生产原料供应渠道，提高供应链韧性。积极拓展共建"一带一路"国家市场，拓宽电动汽车等出口渠道，提高产业链供应链稳定

性，有效降低出口市场波动风险。强化美国加征关税影响研判，引导企业开拓多元市场，探索通过原产地规则、首次销售规则等方式应对风险，最大限度减少美国加征关税对河北省外贸出口的影响。加强欧盟碳关税应对研究，前瞻开展碳足迹认证和绿电溯源等工作，有效降低碳关税征收对河北省钢铁、水泥等行业产生的负面影响。

宏观经济分析篇

B.2
2024~2025年河北省财政运行态势分析与展望

田战越[*]

摘　要： 本报告着眼2024年河北省财政运行情况，从收入增长趋势、税种结构、行业税收、财政支出等维度，系统阐述了全省财政运行总体态势，总结了推动财政改革的主要措施和成效，分析了2025年财政经济形势和财政运行面临的机遇与挑战，在此基础上提出了做好2025年财政工作的思路和对策建议。

关键词： 财政运行态势　财政政策　财政改革　河北省

---

[*] 田战越，就职于河北省注册资产评估师协会秘书处，研究方向为财政政策、财经运行分析、公文写作等。

自2024年以来，面对外部压力加大、内部困难增多的复杂严峻形势，河北省各级各部门坚持以习近平新时代中国特色社会主义思想为指导，全面贯彻党的二十大和二十届二中、三中全会精神，认真落实党中央决策部署和省委、省政府工作要求，解放思想、奋发进取，高效落实积极的财政政策，持续强化预算执行管理，着力加强基层"三保"和重点领域保障，扎实推进财税体制改革，有效防控政府债务风险，各级财政实现平稳运行。

一 2024年河北省财政运行总体态势

2024年河北省一般公共预算收入完成4310.0亿元，同比增长0.5%。其中，税收收入为2550.3亿元，下降1.1%；非税收入为1759.7亿元，增长3.0%。全省一般公共预算支出完成10326.0亿元，增长7.5%。

一是收入增长年中出现一定波动，全年实现正增长。1月，受上年末收入甩尾入库影响，全省一般公共预算收入增长5.7%。2月和3月，受上年入库以前制造业中小微企业缓税抬高基数和当年落实先进制造业增值税加计抵减政策产生的减收影响，全省一般公共预算收入累计增幅回落至0.4%和-2.2%。随后，全省一般公共预算收入增长逐渐恢复，5月实现由负转正，后几个月增速整体呈现有所加快的趋势。9月和10月，随着地方政府专项债、增发国债、超长期特别国债项目加快实施，"两新"政策效应持续显现，特别是国家陆续出台了一揽子增量政策，全省主要经济指标保持较快增长，拉动全省一般公共预算收入累计增长1.2%。

二是分税种收入有增有降，整体呈现降幅逐月收窄的趋势。在河北省地方一般公共预算收入统计的14个税种中，9增5降。其中，受PPI偏低、上年缓税入库和当年新增税收优惠政策影响，全年增值税收入完成982.6亿元，下降7.0%；受房地产市场影响，土地增值税、契税收入合计完成384.2亿元，下降7.3%。但同时，受全省经济稳中向好影响，部分税种出现积极变化。其中，受规模以上工业企业利润增长带动，企业所得税收入完成319.9亿元，增长2.7%；受固定资产投资平稳增长影响，耕地占用税收

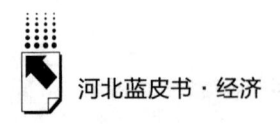

收入完成117.0亿元，增长52.0%。从全年趋势来看，第一季度全省税收收入累计增长-5.8%，第二季度累计增长-3.4%，第三季度累计增长-1.8%，第四季度累计增长-1.1%，呈现降幅逐季收窄的趋势。

三是经济发展活力增强，相关行业税收实现快速增长。全省经济发展新动能稳步形成、活力加快释放，带动相关行业税收较快增长。主要表现为清洁能源增势强劲，数字产业蓬勃发展，科技创新投入力度加大，带动风力、光伏发电业税收增长27.7%，信息传输、软件和信息技术服务业税收增长39.2%，科学研究和技术服务业税收增长29.0%。消费呈现多元化趋势，旅游休闲、文化教育等产业进一步提质扩容，聚集性、接触性、流动性消费增多，带动文化体育和娱乐业税收增长33.9%，住宿和餐饮业税收增长24.8%。另外，电力、热力、燃气及水生产和供应业，建筑业税收增势较好，分别增长25.9%、5.6%。

四是多数市县一般公共预算收入实现正增长，但增长速度不同。11个设区市一般公共预算收入实现"九升两降"，其中增幅超过3%的设区市有3个，增幅在1%~3%的设区市有3个，增幅在0~1%的设区市有3个，负增长的有2个。雄安新区一般公共预算收入增长30.8%，定州市增长4.4%，辛集市增长3.7%。在全省107个县（市、区）中，有84个县（市、区）一般公共预算收入实现正增长。其中，增幅超过20%的县（市、区）有5个，增幅为10%~20%的县（市、区）有11个，增幅在10%以下的有68个，负增长的有23个。

五是支出保持平稳较快增长，重点支出得到较好保障。全省一般公共预算支出首次突破万亿元，其中民生支出为8547.7亿元，占全省一般公共预算支出的82.8%，增长9.5%，高于全省一般公共预算支出增幅2.0个百分点。分领域来看，全省社会保障和就业支出完成1797.6亿元，增长6.3%；全省农林水支出完成1084.4亿元；增长16.8%；全省自然资源海洋气象等支出完成160.5亿元，增长7.6%；全省科学技术支出完成145.6亿元，增长11.1%；全省商业服务业等支出完成38.0亿元，增长6.6%。民生等重点领域支出增长较快，得到较好保障。

二 2024年河北省推动财政改革的主要措施和成效

2024年，河北省各级各部门全面加强财政科学管理，充分发挥财政调控保障作用，着力保重点、促发展、兜底线、防风险、推改革、强监管，财政改革取得新进展新成效，为全省高质量发展提供了有力支撑。

1. 着力推动经济平稳运行

全面落实积极的财政政策，用好存量政策和一揽子增量政策，助力扩投资、促消费，增强发展内生动力。一是高效使用地方政府债券。建立常态化项目储备机制，积极争取政府债务限额，全年发行使用债券2426亿元，支持市政和产业园区基础设施、社会事业等领域1356个项目建设，同时有效推进债务化解、增强基层保障能力。二是管好用好增发国债。国家下达河北增发国债项目1210个，金额达1221.9亿元；各级财政积极筹措落实配套资金，保障项目加快实施，当年6月项目全部开工，年底完工率超80%。三是全面落实"两重""两新"政策。国家下达河北超长期特别国债562.5亿元，资金全部第一时间下达市县，其中消费品以旧换新国债资金达75亿元，省级财政落实配套资金8.85亿元，推动政策优惠直达快享，带动新能源汽车、家用电器零售额分别增长64.7%、24.5%。四是助力增强经营主体活力。不折不扣落实研发费用加计扣除等税费优惠政策，全省支持科技创新和制造业发展减税降费及退税超600亿元。落实财政科技专项资金24亿元，支持关键核心技术攻关和成果转化、创新平台建设、高新技术企业发展、科技人才培养等。严格执行政府采购中小企业预留比例、价格扣除等政策，政府采购授予中小企业合同额达1262.1亿元，增长8.6%。

2. 着力强化大事要事保障

坚持围绕中心、服务大局，统筹财政资金资源，助力国家战略、国家大事和重大部署加快实施。一是积极推动雄安新区建设和京津冀协同发展。中央财政对雄安新区综合财力补助从120亿元提高到150亿元，省财政下达雄安新区省以上转移支付237亿元，发行新增地方政府债券300亿元，有力促进雄安新区重点项目建设和经济社会发展。统筹资金、地方政府专项债125.4亿元，助力石衡沧港、平谷线等交通项目建设；落实重点生态功能区建设、污染防治等资金68亿元，促进首都"两区"建设；建立京津冀政府采购项目远程异地评审、异地就医直接结算等机制，推动协同发展向纵深拓展。二是助力乡村全面振兴。统筹资金100.2亿元支持高标准农田建设；落实资金68.4亿元，及时向1200余万户农户兑付耕地地力保护补贴；将三大粮食作物完全成本保险扩大到全部种粮县（市、区），在14个县开展政策性玉米收入保险试点，为农户提供风险保障906.0亿元，保护农民种粮积极性。全省落实衔接推进乡村振兴补助资金162.5亿元，保持财政投入力度不减。筹措省以上资金21.3亿元，支持奶业、蔬菜等5个千亿级产业工程建设，推动38个县整村连片提升村容村貌，助力和美乡村建设取得新成效。三是促进绿色低碳发展。统筹省以上污染防治资金62.6亿元，支持打好蓝天、碧水、净土保卫战，空气质量"退后十"成果得到巩固，水、土壤环境质量持续改善。落实省以上资金56.2亿元，助力压减地下水开采量1.77亿立方米。制定支持"三北"工程建设34条财政政策措施，下达林业草原资金40.9亿元，全年营造林达638万亩。投入省以上资金9.9亿元，及时兑现环保绩效创A奖励，支持运输结构调整等，助力碳达峰、碳中和目标实现。

3. 着力提升人民生活品质

坚持以人民为中心的发展思想，尽力而为、量力而行，全面落实民生政策，保障20项民生工程实施，全省民生支出占一般公共预算支出比重连年保持在80%以上。一是扎实落实就业优先战略。筹措省以上资金32.2亿元，支持高校毕业生、农民工等重点群体就业创业，推动新增城镇就业89.9万人；延续实施阶段性降低失业保险费率政策，为企业减负49.3亿元，发放失业保险稳岗返还资金14亿元，支持企业稳岗保就业。二是积极推动社会事业发展。统筹资金支持基础教育、职业教育、高等教育高质量发展；及时衔接落实学生奖励资助提标扩面政策，本专科生国家奖学金、国家励志奖学金、国家助学金每生每年分别提高2000元、1000元、400元，义务教育家庭经济困难寄宿生生活补助标准每生每年提高250元。全省卫生健康支出达821.3亿元，支持区域医疗中心建设、公立医院高质量发展、基层医疗服务能力提升，城乡居民医保财政补助标准提高30元/人，基本公共卫生服务人均补助标准由89元提高至94元。投入省以上资金44亿元，推动文化、体育事业繁荣发展。三是兜牢基本民生底线。稳步推进社保提标，城乡居民基础养老金由每人每月138元提高至168元，退休人员基本养老金平均提高3%；失业保险金标准由每人每月1600元提高至1800元。城市、农村低保标准每人每年分别提高336元、612元，困难残疾人生活补贴、重度残疾人护理补贴标准每人每月分别提高10元，向特困人员、孤儿等困难群众发放一次性生活补贴。落实省以上资金52.9亿元，支持筹集保障性住房2.9万套、城中村改造安置住房9870套、改造老旧小区827个，以及完善相关配套设施，群众居住条件得到持续改善。

4. 着力保障基层财政平稳运行

坚持把保运转作为财政工作的底线，有效应对减收增支压力，防范化解债务风险，基层财政总体运行平稳，河北省在全国财政工作会议上做交流发言。一是多渠道补充基层财力。下达省以上财力性转移支付923.7亿元，并统筹一般债券等资金，精准支持重点地区，有效缓解基层保障压力。二是加强基层运行管控。对167个县（市、区）预算进行"双轮审核"，确保"三保"预算安排不留缺口；建立县级财政运行监控平台，实行"月报表+月报告"制度，及时发现和处置隐患苗头；深入市县开展4轮实地帮扶，压实市县主体责任，督促各地集中财力保"三保"。三是强化政府债务管理。用好再融资政策，及时落实偿债资金，全省到期债券本息全部按时偿付，持续保持"零违约"。使用地方政府专项债置换存量隐性债务，在全国首批开展全口径地方债务监测系统试点，动态监测债务变化情况，坚决遏制新增隐性债务。

5. 着力深化财政改革

坚持以改革破难题、以管理增效能，扎实推进各项改革任务落实。一是深化财税改革。扎实开展省以下财政体制改革，11个设区市财政体制改革方案全部印发，整体改革走在全国前列。制定知识产权领域省以下财政事权和支出责任划分改革实施方案，在全国率先印发。修订河北省水资源税改革试点实施办法，适当调整完善税目税额，实现改革平稳过渡，企业税负保持总体稳定。二是提升管理质效。持续强化预算管理，出台省级预算评审、国有资本经营预算管理等相关政策，制定、修订相关资金管理办法14个，开展29项财政重点绩效评价，河北省预算绩效管理连续3年保持全国先进等次。出台省级行政事业单位国有资产使用、处置办法，实施小微企业增信会计数据标准试点，河北省是全国唯一一个连续3年在普惠金融发展示范区绩效考核中获得第一档的省份。三是严肃财经纪律。建立财会监督与审计监督、统计监督贯通协调机制，组织开展财会监督专项行动，着力维护财经秩序。制定增发国债、超长期特别国债资金管理办法，持续加强资金监管，推动安全高效使用。加强会计和评估行业监管，开展会计师事务所、资产评估机构执业质量检查，推动会计评估行业规范健康发展。

三 2025年财政经济形势分析

从国际来看，当前世界经济仍处在低速增长周期之中，不确定因素有增无减，整体形势更加复杂多变。首先，经济增长持续乏力，"新平庸"表现长期化，导致世界总需求低迷。据国际货币基金组织（IMF）预计，2025年全球经济增长率只有3%左右。其次，市场单边主义、贸易保护主义、经济民族主义抬头，国际经济技术合作受阻，经济全球化面临严峻挑战。再次，国际上各种政治、经济和外交矛盾交织在一起，局部冲突不断，对世界经济运行秩序造成冲击。受外部环境变化带来的不利因素影响，"灰犀牛""黑天鹅"事件接连发生，给我国经济运行带来新的挑战。最后，人工智能、大数据、新能源、新材料、生物工程等新技术发展迅猛，孕育着生产力水平大幅提升的机会，把握住科技创新和产业创新的机会，就可能推动经济重现繁荣。

从国内来看，我国经济将在迎接挑战中保持稳定增长。一方面，国内需求不足是当前经济运行面临的首要挑战，制约经济发展，造成市场疲软，也导致部分企业生产经营困难，产品出现积压。此外，当前经济运行还存在群众就业增收面临压力、风险隐患仍然较多、经济增长新旧动能转换有待加强等问题。另一方面，必须看到，我国经济韧性强、潜力大的特征没有改变，长期向好的发展大势没有改变，未来发展仍有许多优势，包括国内超大规模市场等独特优势，具备充分有力的支撑条件。总体上看，虽然存在困难和挑战，但是好的基础仍在，面临的机遇也很多，长期稳健是发展主线，只要政策到位、落实有力，我国也可以变不利因素为有利因素。

从河北省来看，全省经济运行总体平稳、稳中有进，呈现良好发展势头，京津冀协同发展的带动效应加速显现，创新驱动发展的活力持续迸发，深化改革开放的举措取得实效，人民群众的生活水平稳步提高；同时，应看到全省经济社会发展面临的困难和挑战，比如，有效需求不足，科技创新能力不强，转型升级任务艰巨，沿海经济发展还不够快，部分企业生产经营困难，群众就业增收面临压力，一些领域风险隐患仍然较多，需要加以有效应对。

从全省财政情况来看，收入上，全省经济发展保持稳中向好态势，为做好财政工作提供了有利条件，但近几年财政增收压力明显加大，经济下行压力有所增加，税收收入增长存在不小的难度，收入形势比较严峻；支出上，民生政策提标扩面、保障重大部署落实等方面刚性支出持续增多，教育、科技、农业领域支出要保持一定强度，各级财政面临较大的平衡压力。

四 做好2025年财政工作的对策建议

做好2025年财政工作，要坚持以习近平新时代中国特色社会主义思想为指导，全面贯彻党的二十大和二十届二中、三中全会精神，深入学习贯彻习近平总书记视察河北重要讲话精神，认真落实省委十届历次全会部署，坚持稳中求进工作总基调，完整准确全面贯彻新发展理念，加快构建新发展格局，着力推动高质量发展，落实更加积极的财政政策，加强财政资源和预算

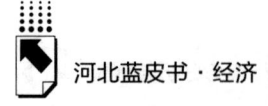

统筹，强化重点领域保障，优化财政支出结构，提高资金使用效益，狠抓地方政府债务管理，统筹推进财税体制改革，推动经济持续回升向好，不断提高人民生活水平，为加快建设经济强省、美丽河北，奋力谱写中国式现代化建设河北篇章提供有力支撑。

（一）要更加注重抓好预算执行

认真贯彻预算法及其实施条例，严格执行各级人大批准的预算，自觉接受预算决算监督审查。加强收入组织，强化财税部门协调联动，保持税收收入合理增长，严格非税收入管理，优化收入结构，严禁收取过头税费、搞虚收空转和乱收费、乱罚款、乱摊派。积极争取中央支持，推动更多政策、资金、试点落到河北省。强化支出管理，把过紧日子要求贯穿到预算执行全过程，精打细算、厉行节约，区分轻重缓急，统筹资金保重点，确保各级财政平稳运行。深入推进预决算公开，着力打造阳光财政。

（二）要更加注重落实积极的财政政策

认真落实国家一揽子增量政策。用足用好地方政府专项债，加强项目谋划储备，积极争取新增政府债务限额，扩大投向领域和用作资本金范围，继续实行多频次滚动发行，推动债券资金早支出、早使用、早见效；用好专项债回收闲置存量土地、收购存量商品房用作保障性住房等政策，促进房地产市场平稳健康发展。及时下达超长期特别国债资金，落实消费品以旧换新配套政策，大力提振消费、扩大有效需求。不折不扣落实研发费用加计扣除等税费优惠政策，助力经营主体发展。

（三）要更加注重加强重点领域保障

强化国家重大战略任务和基本民生财力保障，统筹资金助力雄安新区高标准高质量建设和京津冀协同发展，推动科技创新、生态环保、乡村振兴等重大部署落实，着力保障20项民生工程实施和社会事业发展，确保民生政策提标扩面，稳步提升民生保障水平。坚持把基层"三保"作为财政工作的底线，进一步加强常态化督导调度，提级审核县级预算，加强基层财政运行监测，压实市县主体责任；持续下沉财力，合理安排财力性转移支付，推动基层平稳运行。

（四）要更加注重深化财税体制改革

深入贯彻党的二十届三中全会精神，及时衔接好、谋划好、推进好中央新一轮财税体制改革部署。按照财政部统一部署，扎实开展财政科学管理试点，健全预算制度，加强财政资源和预算统筹，深化零基预算改革，加快财政数字化建设，推动预算绩效管理提质增效，把有限的财政资金用到刀刃上。根据国家税制改革部署，积极做好各项准备工作，推动改革措施落实。深化省以下财政体制改革，稳妥推进收入划分、完善转移支付体系等改革举措落地。

（五）要更加注重防范化解债务风险

更好统筹发展和安全，持续加强政府债务管理，合理安排新增政府债务限额和再融资规模，督促市县把偿债资金足额列入预算，确保法定债务不逾期、不违约。加快化解隐性债务，用好专项债置换存量隐性债务政策，督促市县进一步加大自身化债力度，确保完成年度化债任务。把不新增隐性债务作为"铁的纪律"，完善全口径地方债务监测机制，对违规举债、虚假化债的行为严肃追责问责。

（六）要更加注重提升财会监督效能

发挥财会监督、审计监督、统计监督等各类监督协调贯通机制作用，强化情况沟通、信息共享、线索移送，进一步提高监督效能。聚焦党中央决策部署和省委、省政府工作要求，加强重大政策落实情况监督，开展财经领域突出问题专项整治，对增发国债和超长期特别国债资金、转移支付资金严格监督管理。持续加强政府采购管理，强化会计、资产评估行业监管，严肃查处违法违规问题，着力维护良好的财经秩序。

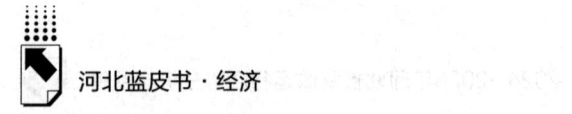

参考文献

《中央经济工作会议在北京举行 习近平发表重要讲话》，中国政府网，2024年12月12日，https：//www.gov.cn/yaowen/liebiao/202412/content_6992258.htm。

《如何持续用力、更加给力？财政部详解更加积极的财政政策》，中国政府网，2024年12月24日，https：//www.gov.cn/zhengce/202412/content_6994273.htm。

B.3
2024~2025年河北省投资形势分析与展望

彭克佳　蒋永亮　李珊珊*

摘　要： 自2024年以来，河北省切实把扩大有效投资作为稳定经济增长的重中之重，固定资产投资平稳增长，投资结构不断优化，为全省高质量发展提供有力支撑，但投资后劲不足、投资增长放缓、民间投资和房地产投资持续低迷等问题依然存在。展望2025年，我国将实施更加积极有为的宏观政策，为实现投资平稳增长提供有力支撑。下一步，河北省要坚持把积极扩大有效投资作为全省经济工作的主攻方向，努力保持全省投资平稳增长，为全省高质量发展提供有力支撑。

关键词： 固定资产投资　扩大有效投资　河北省

河北省始终坚持以习近平新时代中国特色社会主义思想为指导，深入学习贯彻党的二十届三中全会精神，按照省委、省政府决策部署，着力实施项目带动战略，大力开展重点项目攻坚工程，积极推动大规模设备更新，切实把扩大有效投资作为稳定经济增长的重中之重，固定资产投资累计增速始终高于全国平均水平，为全省高质量发展提供有力支撑。

---

* 彭克佳，河北省宏观经济研究院助理研究员，研究方向为宏观经济；蒋永亮，河北省宏观经济研究院投融资部部长，研究方向为投资融资；李珊珊，河北省宏观经济研究院高级经济师，研究方向为产业经济。

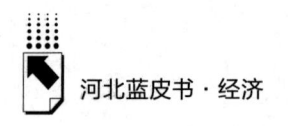

一 当前全省固定资产投资运行情况

全省着力发挥投资对稳增长调结构的支撑带动作用,固定资产投资呈现"企稳回升、持续向好"的局面,为实现全年目标任务打下坚实基础。

(一)投资增速持续高于全国平均水平

全省固定资产投资增速延续上年高于全国平均水平的运行态势,各月累计增速始终高于全国平均水平,1~10月累计增速达到6.7%[1],高于全国平均水平3.3个百分点(见图1),较上年同期加快0.4个百分点。在全球跨国投资活动整体低迷和全国固定资产投资增速逐月回落的背景下,全省固定资产投资实现强劲增长,特别是从5月开始累计增速持续保持逆势增长态势,表现出非常强的韧性,全力扩大有效投资取得较好成效。

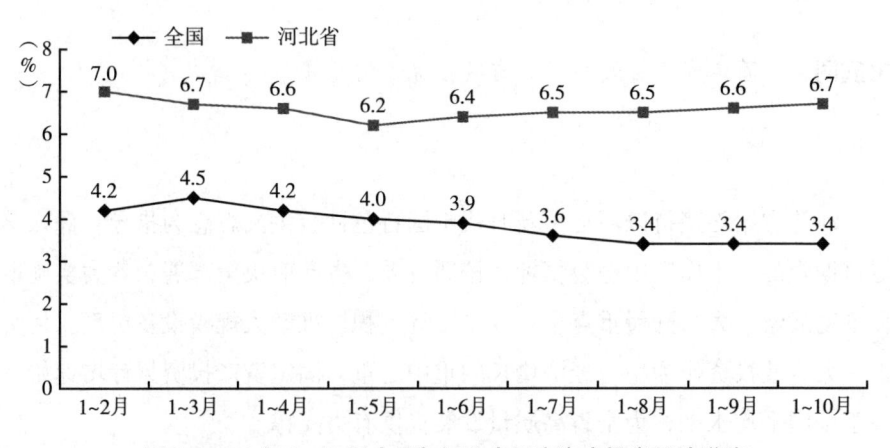

图1 2024年1~10月全国与河北省固定资产投资累计增速

资料来源:根据国家统计局、河北省统计局公布的数据整理。

---

[1] 除特殊说明外,本报告数据均来自国家统计局网站、河北省统计局网站以及部门通报。

（二）工业投资拉动力较强和贡献率较高

全省大力实施加快制造业技术改造升级行动，总投资约132亿元的邢钢转型升级搬迁改造项目在威县奠基；总投资100亿元的三友集团高端电子化学品产业园项目加快建设，峰峰集团的焦炉煤气提氢制合成氨项目开工建设等，推动工业投资快速增长。1~10月，全省工业投资同比增长19.7%，比上年同期加快近10个百分点，比全国平均水平高7.4个百分点，比全省固定资产投资增速高13.0个百分点，占全省投资比重达到31.3%，拉动全省投资增长5.5个百分点。其中，工业技改投资增长10.3%，高于全省投资增速3.6个百分点。工业投资增势强劲，将进一步赋能工业转型升级，助推制造业加快迈向先进制造业，带动全省制造业高质量发展。

（三）新动能投资力度持续加大

全省多个高技术产业重大项目启动，星河动力商业火箭高精尖零部件研发制造基地开工、总投资超260亿元的廊坊·广阳中鼎云大型智算中心一期项目开工、国家一体化算力网络京津冀枢纽张家口中明算力中心项目开工等，推动高技术产业投资持续高速增长。1~10月，全省高技术制造业投资同比增长39.5%，比上年同期加快10.3个百分点，比全国平均水平高25.5个百分点，比全省制造业投资增速高34.0个百分点，拉动全省工业投资增长3.6个百分点。其中，高技术制造业同比增长39.5%，高技术服务业同比增长30.0%，分别比上年同期提高5.7个百分点和19.6个百分点，分别比全国平均水平高30.7个百分点和19.4个百分点。其中，新质生产力有关行业投资增长迅猛，集成电路制造投资同比增长5.8倍，通信终端设备制造投资同比增长1.5倍，电子电路制造投资同比增长25.5%。高技术产业投资力度持续加大，将助力新质生产力发展和现代化产业体系建设，成为引领全省经济高质量发展的重要因素。

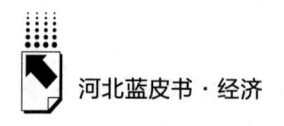

（四）重大项目建设对全省投资带动作用明显

全省大力实施项目带动战略，全力推进重大项目建设，各地以时不我待的责任感和紧迫感，抢速度、赶进度、拼力度，跑出重点项目投资加速度，全国首个煤炭码头零碳试点项目在黄骅港启动，中国联通华北基地建设工程在廊坊进展顺利。亿元以上项目投资保持较快增长，1~10月，全省亿元以上项目达到6591个，比上年同期增加720个，完成投资同比增长12.3%，占全省投资比重达到68.6%，比上年同期提高3.4个百分点，拉动全省投资增长8.0个百分点；亿元以上新开工项目达到1846个，比上年同期增加259个，完成投资同比增长33.4%，比上年同期加快33.6个百分点，计划总投资同比增长19.2%。亿元以上项目和亿元以上新开工项目提质扩量，完成投资强势增长，不仅有助于全省经济稳步增长，而且对优化产业结构、提升区域竞争力具有重要意义。

（五）设备工器具购置投资较快增长

抢抓国家大规模设备更新政策机遇，及时制定出台《河北省推动大规模设备更新和消费品以旧换新实施方案》，强力推进制造业技术改造升级，工业主战场设备更新跑出加速度，全省共谋划实施设备更新类工业项目6000余个，计划总投资1.9万亿元，其中设备投资7000多亿元，更新主要设备10万台（套）以上。截至2024年10月24日，河北省争取设备更新超长期特别国债资金51.9亿元，支持项目156个。随着大规模设备更新工作的扎实推进，全省设备工器具购置投资实现强劲增长，1~10月，全省设备工器具购置投资同比增长30.8%，比全国平均水平高14.7个百分点，比前三季度加快2.7个百分点，高于全省投资增速24.1个百分点，拉动全省投资增长2.4个百分点。

（六）基础设施投资有效拉动全省投资增长

借助增加发行国债、超长期特别国债、地方政府专项债的政策机遇，全省大力推进重大基础设施建设，在衡昔高速、曲港高速、雄忻高铁、石衡沧港城际铁路、乌拉哈达水利枢纽、丰宁抽水蓄能电站等重大项目的推动下，1~10月，全省基础设施投资同比增长25.3%，比全国平均水平高21.0个百分点，比上年同期加快8.8个百分点，高于全省固定资产投资增速18.6个百分点，拉动全省固定资产投资增长7.2个百分点。此外，灾后恢复重建项目进展顺利，超18万户农房重建任务已于入冬前高标准完成，2895项交通灾后重建工程已于6月全部完成，受损医疗卫生机构、民政服务设施等已全部完成修缮重建，积极争取的900个灾后恢复重建和提升防灾减灾能力国债项目已于6月全面开工建设，为投资快速增长注入动力。

（七）雄安新区投资保持较快增长

雄安新区继续保持强劲发展势头，北京非首都功能疏解集中承载地建设大力推动。1~10月，雄安新区投资同比增长12.3%，比前三季度加快0.2个百分点，拉动全省投资增长1.3个百分点。首批疏解央企、疏解高校加快建设，中国卫星网络集团有限公司全面迁入，华能集团总部、中化集团总部主体结构封顶，三大运营商一期工程基本完工；大河片区安置房151座住宅楼主体结构封顶，雄东、容西安置房回迁工程初步完工，医院和学校等配套项目正稳步推进；白洋淀湿地生态综合治理、启动区中央绿谷及临淀湾区、雄安湾等绿色生态项目持续推进，生态环境得到显著改善。

（八）民间投资呈稳步回升态势

全省深入实施《河北省促进民间投资高质量发展的若干措施》，通过强化政策落地、项目推介、加强要素保障等方式，着力优化民间投资发展环境，努力调动民间投资积极性，进一步拓展民间资本投资领域和空间，吸引和鼓励更多民间资本参与重大、优质项目建设，加快推动民间投资高质量发展。自2024年以来，民间投资实现由负转正，各月累计增速持续回升向好。1~10月，全省民间投资增长2.2%，比第一季度回升10.7个百分点，比上半年回升4.0个百分点，比前三季度回升0.4个百分点，比上年同期回升

0.8个百分点，比全国平均水平高2.5个百分点（见图2）。民间投资复苏，表明全省经济增长的内生动力不断增强、韧性不断增强，也极大地提振了民间资本对未来市场的乐观预期和投资信心。

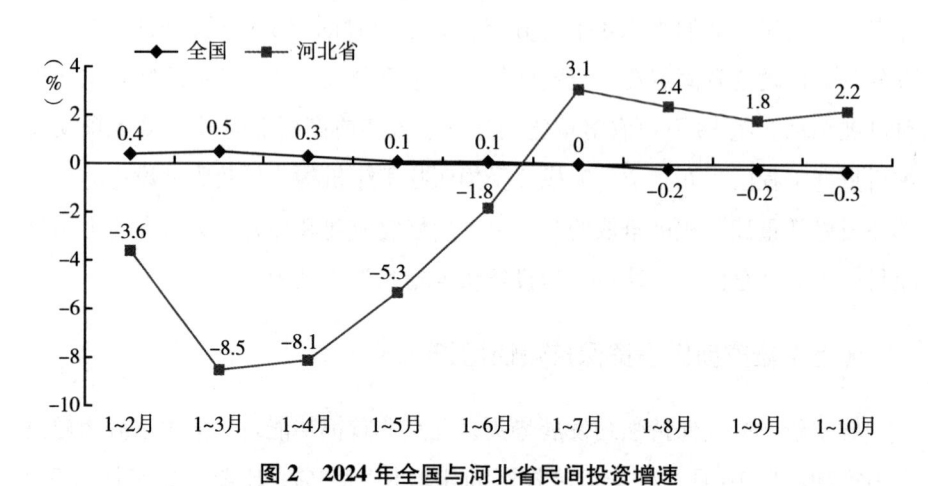

图2　2024年全国与河北省民间投资增速

资料来源：根据国家统计局、河北省统计局公布的数据整理。

二　全省投资存在的问题

虽然2024年全省投资增势较好，投资结构持续优化，但投资后劲不足、投资增长放缓、民间投资意愿不强、房地产投资持续低迷等问题依然存在，需要工作再加劲，措施再加力，全力扩大有效投资，稳住经济大盘。

（一）投资增速总体趋缓

近年来，受全球经济下行、国际贸易摩擦、房地产市场低迷、项目投资意愿不高、资金回笼较慢等各种因素影响，全省投资逐渐疲软乏力，固定资产投资增速逐年回落，增速由2014年的15.5%回落至2024年1~10月的6.7%，下滑8.8个百分点（见图3），不仅下拉即期经济增速，也将对调结构、转方式和可持续发展产生不利影响。此外，地方政府财政支出紧张，大部分地区财政仅维持"三保"、政府还债等刚性支出，无法筹集更多资金用于项目建设；部分地区全口径债务率较高，个别地区已接近橙色风险等级，新增举债空间有限；大部分地区国有平台公司竞争力较弱，资本市场融资受限，导致基建投资增速和绝对额下降。

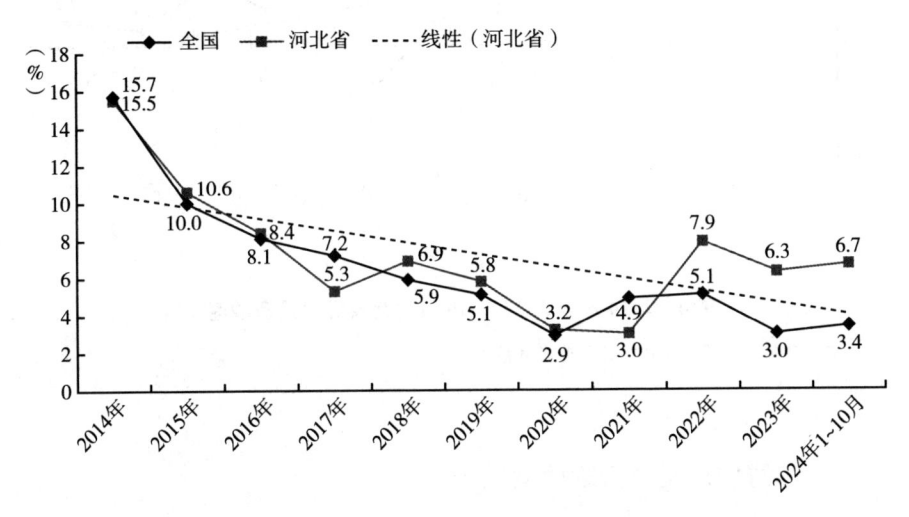

图3　2014年至2024年10月全国与河北省固定资产投资增速

资料来源：根据国家统计局、河北省统计局公布的数据整理。

（二）民间投资活力仍需进一步激发

虽然，2024年全省民间投资总体呈稳步回升态势，但上半年连续出现负增长，拉低固定资产投资平均增速。且近年来，受全球经济环境日趋复杂、国内宏观经济增速放缓、市场需求持续萎缩等不利因素影响，民间资本不想投、不敢投、不愿投、无处投等问题突出，投资趋于谨慎保守、活力不足现象较为严重。此外，受市场准入门槛高、融资难融资贵、抗风险能力较弱、要素成本上涨等因素影响，民营企业观望情绪浓厚，发展信心不足。近10年全省民间投资呈逐步放缓趋势，增速由2014年的18.1%回落至2024年1~10月的2.2%，下滑15.9个百分点（见图4），步入低位运行区间。

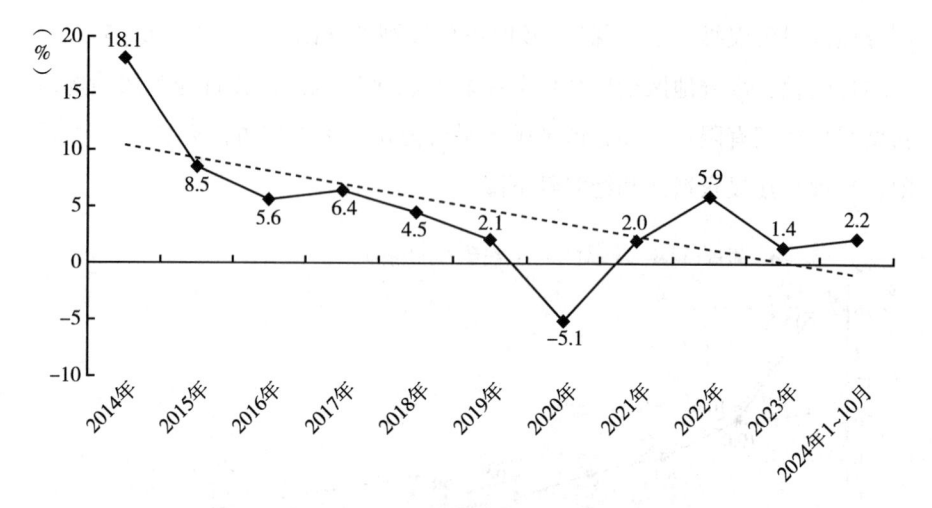

图4 2014年至2024年10月河北省民间投资增速

资料来源：根据河北省统计局公布的数据整理。

（三）房地产投资持续负增长

近年来，受国内外经济下行压力持续加大、疫情造成部分人群收入预期下降等因素影响，房地产市场面临前所未有的挑战，投资增速和销售额出现大幅下跌，房地产市场投资信心持续低迷。全省房地产开发投资连续24个月呈现负增长，2024年1~10月同比下降7.6%，增速较1~9月回落0.4个百分点，房屋施工面积和竣工面积同比分别下降7.4%和25.0%，较1~9月分别回落0.7个百分点和4.7个百分点，商品房销售面积和销售额同比分别下降9.7%和9.2%，较1~9月降幅均略有收窄，反映出房地产企业在当前市场环境下的投资信心依然不足。

（四）投资环境有待进一步优化

虽然全省以《全省优化营商环境大会重点任务分工方案》《河北省2024年要素环境提升专项行动方案》等为抓手，全力推进市场、政务、要素、法治、信用五大环境建设，优化投资环境工作取得积极成效。但是投资环境没有最好只有更好。通过对民营企业调研，仍有不少企业反映政府服务少、管理多的问题依然突出，惠企政策含金量低，政策稳定性、连续性不足，融资难、用地难问题依然存在，民营企业在公平竞争上仍面临障碍，对政府采购活动参与度较低等。赛迪顾问发布的《2023中国县域投资竞争力百强研究报告》显示，全省仅有遵化、三河2个县级市入围，与浙江（27个）、江苏（22个）、山东（10个）等省份相比差距明显。

三 2025年投资形势展望

2025年是"十四五"收官之年，我国将实施更加积极有为的宏观政策，河北必须抓住机遇、乘势而上，全力推进投资和项目建设，确保投资实现平稳增长，持续增强高质量发展后劲。预计2025年，全省固定资产投资同比增长6.5%左右。

（一）国内宏观政策取向更加积极

自2024年以来，国家出台了一揽子扩大有效投资的增量政策和存量政策，全力促进投资平稳有序增长。在政府投资方面，2024年全国近6万亿元的政府投资已基本落地，目前正在加快形成更多的实物工作量；在"两重"建设方面，2024年财政部已发行超长期特别国债22次，共发行1万亿元，专项用于国家重大战略实施和重点领域安全能力建设，国家发展改革委表示明年要继续发行超长期特别国债并优化投向，大力支持"两重"建设；在设备更新方面，2024年国家发展改革委、财政部发布《关于加力支持大规模设备更新和消费品以旧换新的若干措施》，全力推进重点行业和重点领域设备更新改造，2025年大规模设备更新政策有望进一步延续；在民间投资方面，2024年国家发展改革委办公厅等部门联合发布《国家发展改革委办公厅等关于建立促进民间投资资金和要素保障工作机制的通知》，进一步增强促进民间投资政策制定的针对性，持续加大对民间投资项目的支持力度；在房地产方面，中央稳定房地产市场的决心非常坚定，2024年9月26

日召开的中共中央政治局会议提出，要促进房地产市场止跌回稳。2024年中央经济工作会议提出，要实施更加积极有为的宏观政策，为2025年投资稳定增长营造积极的宏观环境。

（二）一揽子化债方案减轻地方偿债压力

近年来，为防范地方政府债务风险，中央提出制定实施一揽子化债方案，财政部发布《2024年上半年中国财政政策执行情况报告》，提出要统筹好风险化解和稳定发展，进一步落实一揽子化债方案，省负总责、市县尽全力化债，逐步降低债务风险水平。加强融资需求端和供给端管控，强化政府支出事项和政府投资项目管理，规范金融机构融资业务，阻断新增隐性债务路径。建立全口径地方债务监测机制，加强跨部门数据信息共享应用，加大协同监管和追责问责力度，坚决遏制化债不实和新增隐性债务。分类推进融资平台公司改革转型，加快压降平台数量和隐性债务规模。完善专项债券管理制度，强化项目资产管理、收入归集，确保按时偿还、不出风险。未来5年，全国地方政府需消化的隐性债务总额从14.3万亿元大幅降至2.3万亿元，当期隐性化债压力得到显著缓释，付息支出累计减少6000亿元左右。这将有利于改善地方政府投资环境，市政建设、民生环保等领域投资规模将有所扩大，基础设施投资保持较快增长。此外，地方政府欠款导致的三角债务问题也将得到化解，建筑施工企业的资金紧张情况将有所缓解，资产负债表将持续修复，也有利于社会资金流动和经济循环畅通。

（三）房地产市场有望止跌回稳

房地产市场及时止跌回稳是决定一揽子增量政策成败的关键所在，也是国民经济重回平稳健康发展路径的关键所在。2024年，河北省住房和城乡建设厅会同河北省财政厅等5部门联合印发《关于进一步推动房地产市场平稳健康发展的若干措施》，大力实施落实信贷支持政策、开展住房"以旧换新"、优化住房保障方式、建设"好房子"等18条具体措施，全面推进全省房地产市场平稳健康发展。同时，全省各地立足实际、因地制宜制定实施"稳住楼市"政策，陆续出台商品房"以旧换新"、给予购房补贴等举措，这些政策"组合拳"有效激发了房地产市场需求，提振了购房者消费信心。省会石家庄市的新建商品房成交面积逐月攀升，2023年10月成交面积达到56.4万平方米，环比增长21.7%，11月成交面积增加至64.8万平方米，环比增长14.9%，同时二手房成交面积和总金额均有所上升。2025年为"稳住楼市"，中央经济工作会议明确提出持续用力推动房地产市场止跌回稳，加力实施城中村和危旧房改造，充分释放刚性和改善性住房需求潜力。合理控制新增房地产用地供应，盘活存量用地和商办用房，推进处置存量商品房工作。推动构建房地产发展新模式，有序建立相关基础性制度。房地产市场止跌回稳的前提条件更加成熟，可能性也更大，房地产市场回稳将带动房地产开发投资降幅加快收窄。

（四）大项目支撑作用较强

2024年河北省重点建设项目名单上共有639个项目，较上年增加132个，总投资额达1.38万亿元，较上年增加600亿元，全年预计完成投资2200亿元。其中，新开工项目有328个，总投资额达3857.2亿元，年度预计投资727.7亿元；续建项目有233个，总投资额达8437.3亿元，年度预计投资1268.2亿元。截至10月，全省重点建设项目投资完成率达95.2%，全年计划新开工项目开工率达99.7%。未建成投产项目结转下年建设，将对全省投资增长形成强有力的支撑。此外，全省统筹抓好"硬投资"和"软建设"，全力推进国家重大战略实施和重点领域安全能力建设，"两新""两重"政策将持续发力，政策效能加速释放，铁路、机场、城市更新、高标准农田、"双一流"高校、重点领域节能降碳改造、生态保护等重大项目建设将按下"快进键"，对未来有效投资增长将起到拉动作用。

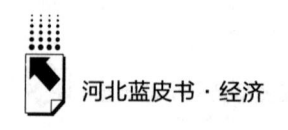

四 2025年河北省扩大有效投资的对策建议

深入贯彻党的二十大和二十届二中、三中全会精神，全面落实2024年中央经济工作会议部署，坚持把积极扩大有效投资作为全省经济工作的主攻方向，优化投资结构，加强项目建设，深化体制改革，强化要素保障，优化营商环境，激发民间投资活力，努力推进全省投资平稳增长，为全省高质量发展提供有力支撑。

（一）加快优化投资结构，以高质量投资助推高质量发展

要立足河北省经济发展实际，强化投资逆周期和跨周期调节，推动投资从大水漫灌到精准滴灌转型，为高质量发展提供有力支撑。强化产业投资引导，科学设定制造业投资、高技术产业投资、战略性新兴产业投资等比重，深入实施加快制造业技术改造升级行动，支持以先进生产线和设备更新、绿色化转型、清洁化安全化生产、数字化智能化升级等为内容的技术改造投资，加快培育新质生产力。坚持创新驱动发展战略，持续加大财政对科技创新的支持力度，完善支持科技创新的政策体系，提升科技创新能力和水平。落实房地产系列支持政策，稳定土地供求关系，提高房地产企业资金流动性，积极支持居民满足刚性和改善性住房需求，推进保障性住房、城中村改造和"平急两用"公共基础设施"三大工程"建设，加快构建房地产发展新模式。强化投资监测预警分析，加快提升各地分析研究投资运行的能力和水平，加强对全省固定资产投资动态监测，通过数据深挖原因、研判趋势，提出有针对性的措施，力促投资平稳运行。

（二）全力推动项目建设，以重大项目建设拉动投资增长

大力实施重点项目攻坚工程，完善重点项目全方位、全周期服务机制。加强项目储备，加快谋划实施一批成长性好、科技含量高、带动力强的科技创新、新兴产业、未来产业等高端高新项目，及时谋划储备一批打基础、利

长远、惠民生重大基础设施项目，加快建立重点项目数量更多、体量更大、质量更高、结构更优的项目储备库。聚焦增发国债项目，强化全过程管理，集中力量高效推进，尽快形成实物工作量，积极筹备申报超长期特别国债项目，持续充实超长期国债项目库。强化事中事后监管，依托国家重大建设项目库、河北省投资项目在线审批监管平台，通过在线监测、现场核查等方式加强对项目开工、建设、竣工等信息收集管理，常态监测、动态更新、科学分析，增强项目事中事后监管能力。加强投资和项目建设督导调度，各地主要和分管领导要聚焦聚力抓投资、上项目，及时协调解决项目建设中的具体问题，全过程帮扶指导。定期召开全省范围投资和重点项目建设协调会，全面掌握各地投资和项目进展，对建设进度持续落后的项目负责人进行约谈，层层传导压力，倒逼责任落实。

（三）深化投资体制改革，以体制机制创新激发投资活力

推动投资审批数据一体共享，持续推动投资在线审批监管平台与省市政务服务一体化平台、省市工程建设项目审批系统、省自然资源业务系统、省生态环境业务系统等实现互联互通，以固定资产投资项目代码为基础，提高交换数据质量，构建纵横贯通的投资在线审批体系。全面推行政府投资项目代建制，逐级制定本级代建制管理办法，明确相关职责，从严控制投资概算，保证工程质量和工期，构建政府投资项目"决策科学化、管理专业化、行为规范化"管理模式和运行机制，切实提高政府投资效益和项目建设管理水平。全面提高投资审批服务效率，推进数字政府建设，做好省级政务信息化项目建设工作，支持建立全省一体化政务大数据体系，为政府科学决策、有效治理、精准服务提供有力支撑，推动政府数字化、智能化运行；重点围绕项目立项、用地、环评、施工等审批环节，加大对各级审批部门政策培训力度，着力提高服务效率，优化投资项目审批流程。

（四）促进民间有效投资，以民间投资活力拓展投资空间

完善民营企业参与重大项目建设机制，在重大工程和补短板项目、重点

产业链供应链项目、完全使用者付费的特许经营项目中，选取具有一定收益水平、条件相对成熟的项目，制定鼓励民营企业参与的重大项目清单，鼓励支持有实力的民营企业通过控股、参股、BOT、PPP等多种方式参与项目建设。全面落实放宽民营企业市场准入的政策措施，进一步精简市场准入行政审批事项，推动市场准入负面清单"非禁即入"落地落实，实现"一单尽列，单外无单"。探索试行"市场准营承诺即入制"改革，编制需要市场主体提交的备案材料清单、承诺书格式文本和办事指南，通过一次性告知市场主体从事特定行业许可经营项目须具备的全部条件和标准，经营主体以书面形式承诺符合相关要求并提交相关材料，审批部门当场予以审批发证，确保经营主体快入准营。深化招标投标"双盲"评审改革，推动省内远程异地评标常态化，探索推行"分散"评标、跨省（区、市）远程异地评标，进一步加强对政府投资工程建设项目招标投标领域的监管，积极营造公平竞争的市场环境。研究制定河北省民营经济发展促进条例，为民营经济高质量发展提供法治保障。

（五）全面强化要素保障，以优质要素供给厚植投资沃土

完善重大项目保障机制，坚持"要素跟着项目走"，土地、资金、能耗等聚焦保障重大项目、优质项目，最大限度保障项目顺利实施。提升用地保障效能，提前介入重大项目选址，合理预留重大项目建设空间；推动新增建设用地计划指标向重点项目倾斜，制定用地计划指标配置清单，确保重点项目用地需求应保尽保；对于符合条件的项目，积极争取国家配置新增建设用地计划指标、申请补充耕地国家统筹。拓宽项目融资渠道，定期组织线下银企对接活动，统筹推进项目融资政银企对接工作，推动各级政府设立"资金池"或"过桥贷"，解决项目融资难、融资贵问题；推动创业投资基金和产业引导基金健康发展，强化重点项目资金支撑；鼓励金融机构创新打造符合项目特点的"量身定制"金融产品，引导金融机构在有效控制风险和商业可持续的前提下，对项目保持信贷支持连续性；扩展金融广场2.0（项目融资服务平台）功能，常态化梳理项目，做好项目遴选、审核、入库工作，

定期形成项目清单，对金融机构"一口发布"，实现资金供需双方精准、有效对接。优化能耗指标配置，实行能耗双控精细化管理，做好重大项目与能耗双控目标统筹衔接，实行重大项目能耗单列。

（六）持续优化营商环境，以营造一流环境打造投资热土

全面落实国家市场准入负面清单，持续推进放宽新业态新领域准入，开展市场准入效能评估，建立市场准入壁垒投诉和处理回应机制。提升政务服务水平，加快梳理完善全省统一的投资项目审批事项目录，以及投资项目行政审批中介服务事项清单，有效打破审批部门间的信息壁垒，推进跨层级、跨地域、跨部门的审批数据共享和业务协同，深化投资审批"一网通办"，打造标准化、规范化、便民化的投资审批服务环境；加快"高效办成一件事"，深化政务服务"一网通办"改革，依托各地政务服务中心，设立企业综合服务中心，推动企业"进一扇门办各类事"。加大政府拖欠账款清欠力度，对履约不力的欠款主体通过减少政府转移支付、限制文明单位评选、追责问责等方式，增强各级政府推动清欠工作的紧迫感。建立惠企政策"免申即享"机制，推行柔性监管执法，研究制定政商交往"正面清单""负面清单""倡导清单"，营造亲商、安商、护商良好氛围。完善环保管控机制，实施环保正面清单制度，对符合要求的省市重点项目，及时纳入正面清单管理，保障项目全天候施工。

（七）持续加大招商力度，以精准招商引资强化投资引擎

科学制定产业链招商规划，精准编制"两图两库两表"（重点产业链全景图、产业布局图、重点项目库、目标企业库，重点园区表、重点企业表），建立"河北工业招商大脑"数据平台，打造产业链精准招商"指南针""导航图"。开展产业链精准招商，明确方向、锁定重点，按照全省产业发展总体布局，聚焦三大类14个重点产业，全力推进产业链"强链、补链、建链"，培育一批引领和支撑全省发展的重量级产业链。构建"链长"挂帅、"链主"引领的招商新模式，推动双链融合、协同发力，全面提升产

业链精准招商效率。完善招商引资工作机制，实行领导挂钩招商工作制度，健全协调商办、联席会办、难题专办机制，强化招商引资项目全流程跟踪服务，形成责任明晰、运转高效的招商引资机制。加强专门招商机构和专业招商队伍建设，引进和培养懂产业、懂科创、懂金融、懂安环、懂法律的高素质复合型招商人才，提升招商水平。创新招商引资方式，实施以商招商、优质股权招商、市场委托招商、总部招商等一系列创新招引方式，开展500强企业进河北等招商推介行动，吸引一批行业头部企业到河北省发展，实施冀商回归计划，吸引在外冀商回乡投资兴业。

参考文献

《1至10月全省经济延续平稳向好态势》，《河北日报》2024年11月22日。

《财政政策加力促经济回升》，《经济日报》2024年9月9日。

《解读：1-10月全省固定资产投资稳中有升》，河北省统计局网站，2024年11月20日，http://www.hetj.gov.cn/hbstjj/sj/xxjd/101731892568094.html。

B.4
2024~2025年河北省消费市场运行特征分析与展望

李 菁　师建泉　彭克佳*

摘　要： 自2024年以来,河北省抢抓消费品以旧换新政策机遇,落实落细消费品以旧换新等政策,各项扩内需、促消费政策持续发力,城乡消费市场持续扩容,多类别消费涨势良好,消费业态不断丰富,消费市场运行总体向好。但也存在居民消费能力不足、消费结构不优、城乡消费差距较大、部分消费领域增长乏力等问题。展望2025年,河北省消费延续增长态势的有利条件和支撑因素依然较多,居民消费意愿和消费能力有望进一步增强。下一步,要稳就业提收入、加快推进新型城镇化建设、丰富消费供给、优化消费环境等,从根本上提振消费信心,为扩大消费注入新动能。

关键词： 消费市场　消费品以旧换新　河北省

自2024年以来,面对复杂严峻的外部环境和国内经济运行中的新情况新问题,全省各级各部门深入贯彻党的二十大和二十届三中全会精神,认真落实省委、省政府决策部署,落实落细消费品以旧换新等政策,各项扩内需、促消费政策持续发力,市场规模不断扩大,消费环境持续优化,消费品市场保持平稳增长。但居民消费能力不足、消费结构不优、城乡消费差距较大、耐用品回收报废环节存在新风险等问题仍然存在,消费稳步增长的势头

---

*　李菁,河北省宏观经济研究院经济师,研究方向为就业消费;师建泉,河北省宏观经济研究院社会与消费部部长,研究方向为社会消费;彭克佳,河北省宏观经济研究院助理研究员,研究方向为宏观经济。

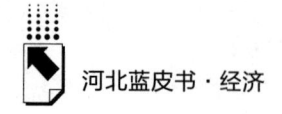

仍需持续巩固。2025年，随着经济回升向好基础不断巩固、市场预期改善、推动经济回升向好的积极因素增多，促消费政策效应逐步显现，消费拉动经济增长的基础性作用将进一步发挥。

一 河北省消费市场运行情况

2024年前三季度，河北省抢抓消费品以旧换新政策机遇，促消费政策持续发力，消费品市场保持平稳增长，城乡居民消费水平不断提高，多类别商品增势良好，服务消费持续增长，新型消费加快发展，消费市场运行总体向好。

（一）消费市场规模稳步扩大

前三季度，全省消费品市场稳中有升，整体规模进一步扩大，社会消费品零售总额实现11231.1亿元[①]，同比增长4.8%，增速比上半年加快0.3个百分点，较上年同期回落3.4个百分点，增速高于全国平均水平（3.3%）1.5个百分点。其中，限额以上单位消费品零售额为3525.5亿元，同比增长6.7%（见图1），增速比1~8月加快1.0个百分点，高于全国平均水平（2.3%）4.4个百分点。

（二）城乡消费潜力持续释放

从销售单位所在地来看，城镇、乡村消费平稳增长，总体来看乡村消费增长快于城镇。前三季度，全省城镇消费品零售额达9572.0亿元，同比增长4.8%，与全省社会消费品零售总额增速持平，比全国城镇消费品零售额增速（3.2%）快1.6个百分点；乡村消费品零售额达1659.1亿元，同比增长4.7%，比全省社会消费品零售总额增速慢0.1个百分点，比全国乡村消费品零售额增速（4.4%）快0.3个百分点。与上年同期相比，城镇消费品零售额增速回落3.9个百分点，乡村消费品零售额增速回落0.8个百分点（见图2）。

---

① 如无特别说明，本报告中出现的数据均来自河北省统计局网站。

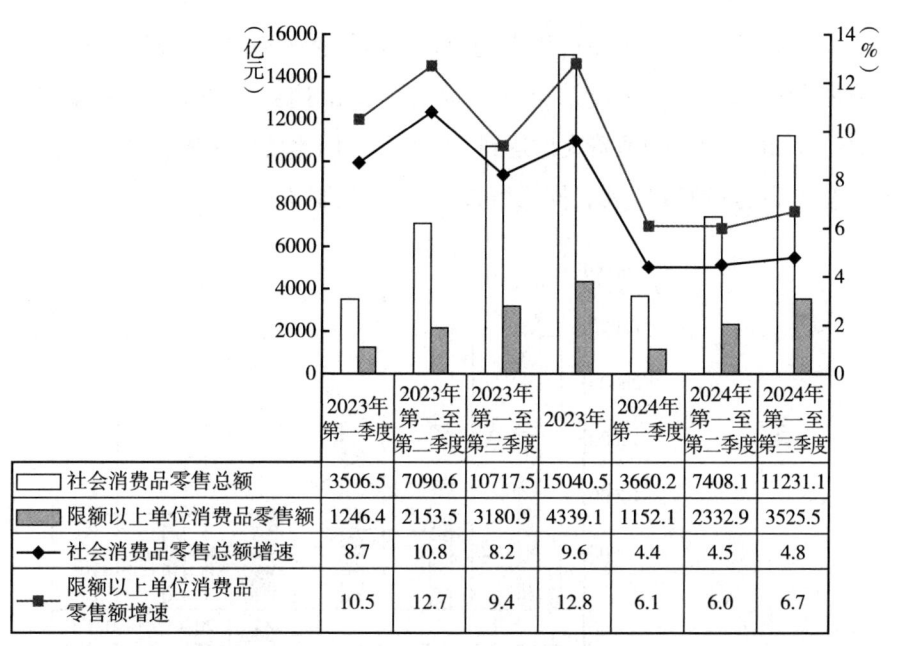

2024~2025年河北省消费市场运行特征分析与展望

	2023年第一季度	2023年第一至第二季度	2023年第一至第三季度	2023年	2024年第一季度	2024年第一至第二季度	2024年第一至第三季度
社会消费品零售总额	3506.5	7090.6	10717.5	15040.5	3660.2	7408.1	11231.1
限额以上单位消费品零售额	1246.4	2153.5	3180.9	4339.1	1152.7	2332.9	3525.5
社会消费品零售总额增速	8.7	10.8	8.2	9.6	4.4	4.5	4.8
限额以上单位消费品零售额增速	10.5	12.7	9.4	12.8	6.1	6.0	6.7

图1　2023~2024年各季度河北省社会消费品零售总额和限额以上单位消费品零售额及增速

资料来源：根据《河北统计月报》数据整理。

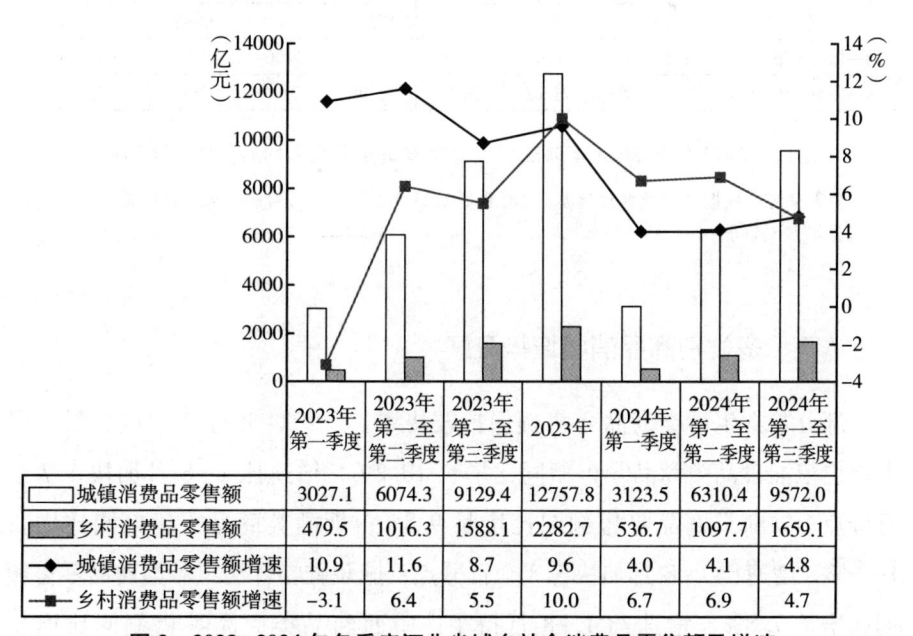

	2023年第一季度	2023年第一至第二季度	2023年第一至第三季度	2023年	2024年第一季度	2024年第一至第二季度	2024年第一至第三季度
城镇消费品零售额	3027.1	6074.3	9129.4	12757.8	3123.5	6310.4	9572.0
乡村消费品零售额	479.5	1016.3	1588.1	2282.7	536.7	1097.7	1659.1
城镇消费品零售额增速	10.9	11.6	8.7	9.6	4.0	4.1	4.8
乡村消费品零售额增速	-3.1	6.4	5.5	10.0	6.7	6.9	4.7

图2　2023~2024年各季度河北省城乡社会消费品零售额及增速

资料来源：根据《河北统计月报》数据整理。

自2024年以来，城乡居民人均消费支出保持平稳增长，城乡居民消费水平不断提高。前三季度，全省人均消费支出达到17092元，同比增长7.2%；城镇居民人均消费支出达到20635元，同比增长6.9%；农村居民人均消费支出达到13144元，同比增长7.2%（见图3）。

	2021年	2022年	2023年	2024年第一季度	2024年第一至第二季度	2024年第一至第三季度
城镇居民人均消费支出	24192	25071	27906	7472	13440	20635
农村居民人均消费支出	15391	16271	17244	4769	8662	13144
城镇居民人均消费支出增速	4.42	3.63	11.31	7.00	7.20	6.90
农村居民人均消费支出增速	21.72	5.72	5.98	5.80	7.10	7.20

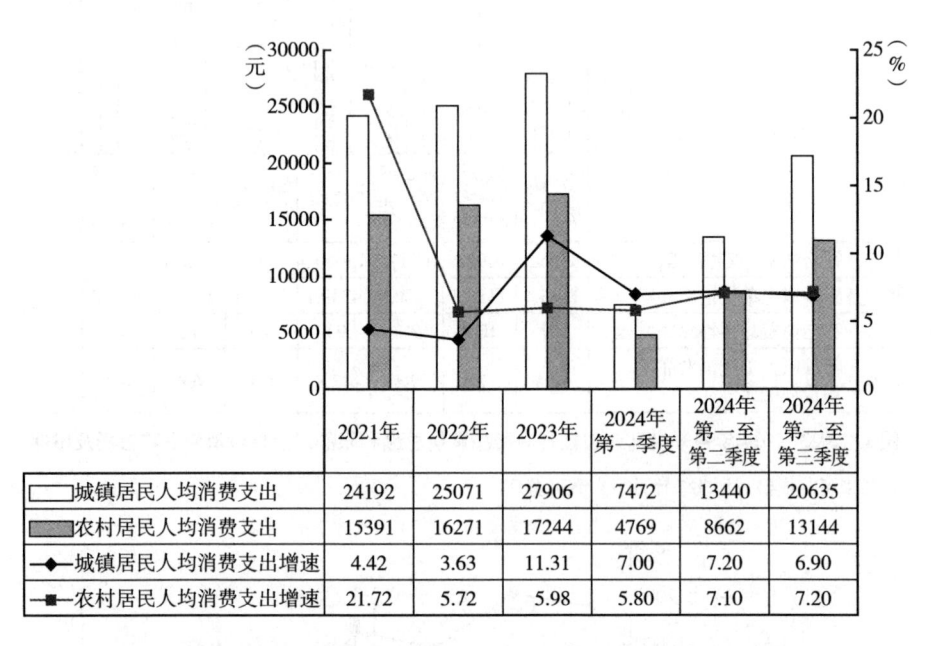

图3 2021年至2024年前三季度河北省城乡居民人均消费支出及增速

资料来源：根据《河北统计年鉴》《河北省2023年国民经济和社会发展统计公报》《河北统计月报》数据整理。

（三）多类别商品消费增势良好

部分基本生活类商品零售额保持较快增长。2024年前三季度，限额以上单位粮油食品类商品零售额同比增长10.2%，增速比1~8月加快1.7个百分点；饮料类商品零售额同比增长9.8%；烟酒类商品零售额同比增长18.9%，增速比1~8月加快3.2个百分点；服装鞋帽针纺织品类商品零售额同比增长7.8%，增速与1~8月持平；中西药品类商品零售额同比增长5.3%，增速比1~8月加快0.1个百分点。以上5类商品零售额合计占限额以上单位消费品零售额的比重达26.2%，拉动限额以上单位消费品零售额增长2.5个百分点。

聚焦消费品以旧换新，多类商品增势良好。2024年前三季度，限额以上单位家用电器和音像器材类商品零售额同比增长13.4%，增速比1~8月加快3.2个百分点，拉动全省限额以上单位消费品零售额增长0.7个百分点。9月，家用电器和音像器材类商品零售额同比增长42.4%，增速较上月加快33.0个百分点，拉动全省限额以上单位消费品零售额增长1.9个百分点，比上月提高1.5个百分点，其中，能效等级为1级和2级的商品零售额同比增长40.6%，智能家用电器和音像器材类商品零售额同比增长53.6%。前三季度，限额以上单位家具类商品零售额同比下降25.9%，降幅比1~8月收窄5.9个百分点。9月，家具类商品零售额同比增长68.2%，增速较上月提高61.5个百分点，拉动全省限额以上单位消费品零售额增长0.1个百分点。以上数据说明，自河北省9月出台加力支持消费品以旧换新实施方案和细则后，政策效应释放明显，极大地促进了家电类、家具类商品消费。

汽车类消费拉动作用明显。自2024年以来，汽车类商品消费在上年高基数的基础上保持平稳增长，增速呈现回落趋势，但1~9月增幅明显扩大，说明政策有力推动了汽车类商品消费。前三季度，汽车类商品零售额同比增长5.9%，增速比1~8月份加快1.7个百分点（见图4），拉动全省限额以上单位消费品零售额增长2.3个百分点，占全省限额以上单位消费品零售额的38.7%，其中，新能源汽车类商品零售额同比增长50.0%。9月，全省汽车类商品零售额同比增长17.6%，增速比8月加快15.7个百分点，拉动全省限额以上单位消费品零售额增长7.2个百分点；新车零售额同比增长16.6%，拉动全省限额以上单位消费品零售额增长6.5个百分点。新能源汽车表现强劲，9月零售额同比增长82.9%，比上月加快24.4个百分点，拉动全省限额以上单位消费品零售额增长7.9个百分点；限额以上单位二手车零售额同比增长59.0%，拉动全省限额以上单位消费品零售额增长0.2个百分点。

石油及制品类商品零售额持续增长。在汽车消费的拉动下，石油及制品

河北蓝皮书·经济

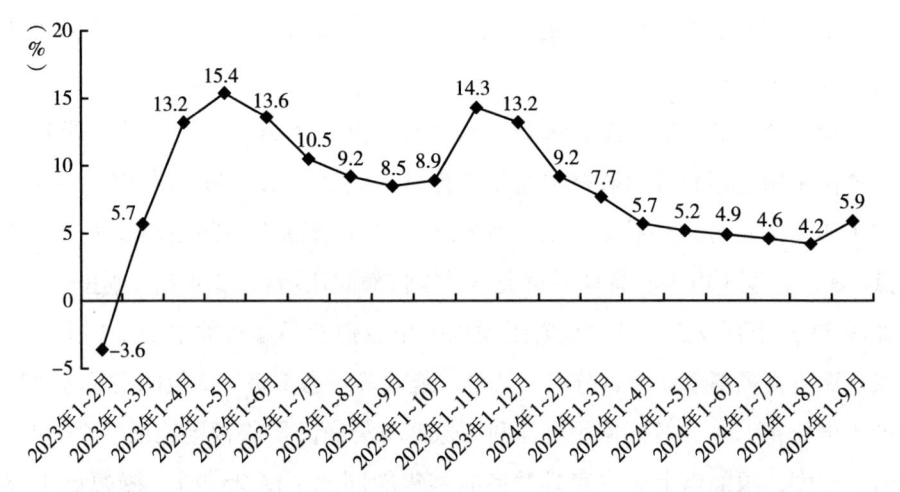

图4 2023年至2024年9月河北省限额以上汽车类商品零售额增速

资料来源：根据《河北统计月报》数据整理。

类商品消费额在上年高基数的基础上仍保持高速增长（见图5）。前三季度，全省限额以上石油及制品类商品零售额实现420.0亿元，同比增长11.5%，拉动全省限额以上单位消费品零售额增长1.3个百分点，占限额以上单位消费品零售额的比重为11.9%。

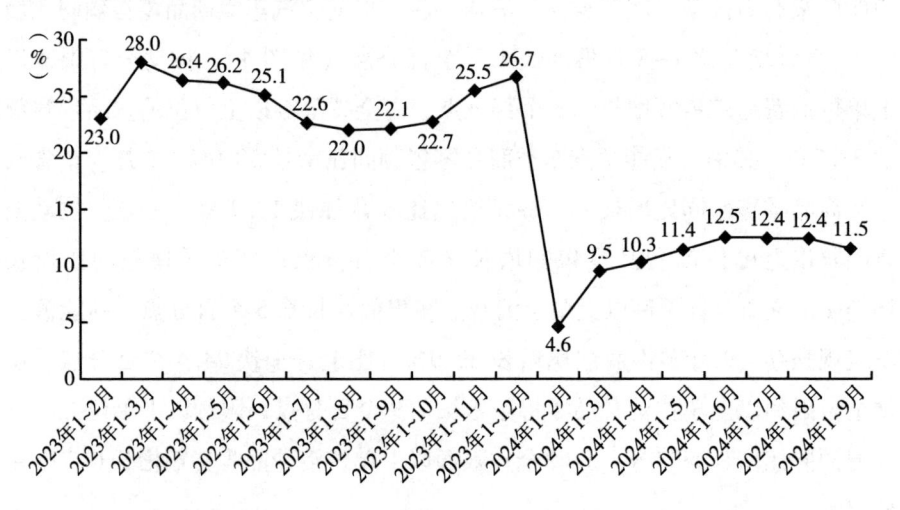

图5 2023年至2024年9月河北省限额以上石油及制品类商品零售额增速

资料来源：根据《河北统计月报》数据整理。

050

（四）服务消费保持平稳增长

自2024年以来，服务消费延续上年的增势，前三季度，餐饮收入同比增长5.4%，高于社会消费品零售总额增速0.6个百分点。在全省居民人均消费性支出构成中，交通通信支出同比增长12.0%，占比达到13.65%；教育文化娱乐支出同比增长16.9%，占比达到10.28%；医疗保健支出同比增长6.0%，占比达到10.23%，服务性消费支出在居民总支出中的占比不断上升。旅游消费持续升温，各地积极打造消费场景，文旅活动亮点纷呈，城乡居民旅游需求得到进一步释放。前三季度，全省国内旅游人数达到71248.1万人次，同比增长11.7%；国内旅游收入达到7958.5亿元，同比增长11.4%。赛事经济不断焕发新活力，河北省大力发展赛事经济拉动大众消费，截至2024年10月，在全省广泛举办各级各类赛事2550项，拉动各类消费120亿元，赛事与文体旅深度融合，赋能乡村振兴，促进产业升级，打造出一个个消费新场景。

（五）新型消费加快发展

随着实体零售企业数字化转型持续推进，消费新热点新业态增势良好，消费业态不断丰富。2024年上半年，河北省网络零售额实现2366.1亿元，同比增长10.6%。实物商品网上零售额实现2122.8亿元，同比增长8.7%，快于同期全省社会消费品零售总额增速4.2个百分点；实物商品网上零售额占社会消费品零售总额的比重为28.7%，比第一季度提高1.0个百分点。

二 河北省促进消费存在的问题

虽然消费总体延续温和增长态势，但河北省消费市场仍然存在亟待解决的问题，如居民就业和增收仍面临一定压力，居民消费结构有待优化，城乡消费差距依然较大，部分消费领域增长乏力，耐用品回收报废环节存在新风险等。

（一）消费能力有待进一步增强

收入和就业两大因素直接影响消费恢复速度和强度。河北省城乡居民收入长期低于全国平均水平，成为制约消费增长的最重要因素之一。2024年前三季度，河北省居民人均可支配收入仅为25547元，同比增长5.4%，增速分别比上半年和第一季度回落0.2个百分点、0.3个百分点，低于全国平均水平（30941元）5394元（见图6）。其中，城镇居民人均可支配收入为33539元，农村居民人均可支配收入为16641元，分别比全国平均水平低7644元和99元，且当前居民收入增长力度尚不能完全抵消"疤痕效应"影响，居民增收仍需持续加力。从就业情况来看，9月河北省城镇调查失业率为5.5%，高于全国平均水平0.4个百分点。虽然居民总体就业压力有所缓解，但重点群体就业压力和失业风险依然较大。

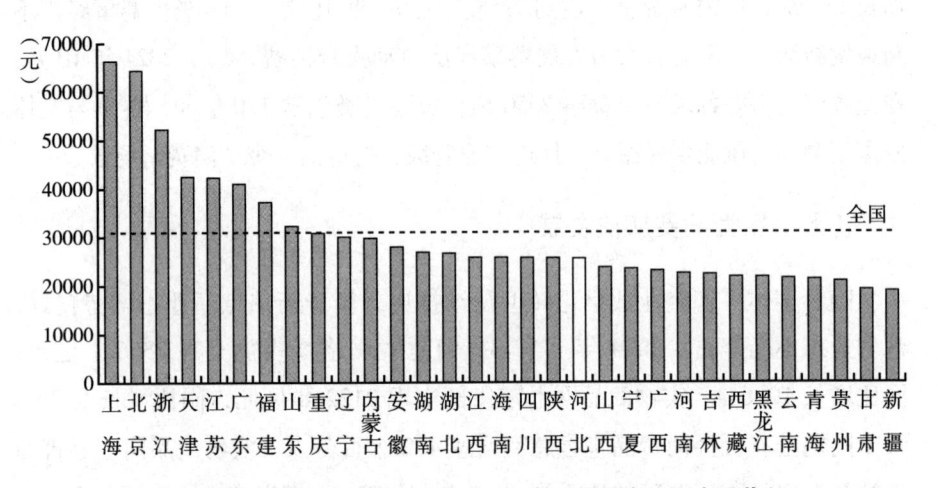

图6 2024年前三季度31个省（区、市）居民人均可支配收入

资料来源：根据国家统计局网站数据整理。

（二）城乡消费市场发展不均衡

长期以来，农村消费基础设施较为落后，消费需求、消费规模、消费环境与城镇相比仍有较大差距，2024年前三季度，河北省城镇消费品零售额为9572.0亿元，同比增长4.8%，乡村消费品零售额仅为1659.1亿元，同比增长4.7%，城镇消费品零售额为乡村的5.77倍，与上年同期相比差距有所扩大；限额以上城镇消费品零售额为3356.1亿元，同比增长7.2%，限额以上乡村消费品零售额为169.4亿元，同比下降6.0%，限额以上城镇消费品零售额为乡村的19.8倍，整体来看，农村消费明显不如城市活跃。从居民消费支出来看，前三季度，河北省农村居民人均消费性支出仅为13144元，低于城镇居民7491元，城乡居民人均消费支出比为1.57，差距较上年有所扩大，表明城乡居民消费水平仍有较大差距。与全国平均水平相比，河北省城镇居民人均消费支出（20635元）低于全国平均水平（25530元）4895元；河北省农村居民人均消费支出（13144元）低于全国平均水平（13839元）695元。

（三）消费结构亟待进一步优化

从河北省城乡居民消费结构来看，近年来食品烟酒占比仍在上涨，《河北省2023年国民经济和社会发展统计公报》数据显示，2023年全省居民恩格尔系数为29.4%，其中，城镇为27.8%，农村为32.4%，均高于2015年水平。从2024年前三季度数据来看，全省居民食品烟酒类消费占比高达29.8%，衣着、居住类消费占比明显下降，医疗保健、其他用品及服务、教育文化娱乐类消费占比明显上升（见表1）。整体来看，河北省城乡居民恩格尔系数未见下降趋势，居民消费结构修复缓慢，说明城乡居民实际生活水平提升不明显，升级类消费需求下降，且与城镇相比，农村居民消费受负面影响更大、更深、更久，消费结构修复所需时间也更长。

表1　2015年至2024年前三季度河北省消费支出结构

单位：%

类别	2015年	2016年	2017年	2018年	2019年	2020年	2021年	2022年	2023年	2024年前三季度
食品烟酒	27.0	26.8	25.4	25.5	26.0	27.7	28.3	29.8	29.4	29.8
衣着	8.1	7.8	7.6	7.5	7.3	6.9	6.9	6.5	6.7	6.4
居住	23.0	23.1	23.8	24.2	23.9	24.4	22.7	23.0	21.6	20.3
生活用品及服务	6.4	6.7	6.9	6.8	6.5	6.5	6.1	6.3	6.4	6.4

续表

类别	2015年	2016年	2017年	2018年	2019年	2020年	2021年	2022年	2023年	2024年前三季度
交通通信	13.9	14.5	14.8	14.1	13.4	13.1	13.8	13.5	13.6	13.7
教育文化娱乐	10.3	10.2	10.2	10.4	11.0	10.0	10.1	8.9	10.1	10.3
医疗保健	9.1	8.6	9.1	9.2	9.5	9.5	9.9	9.7	9.5	10.2
其他用品及服务	2.2	2.3	2.2	2.3	2.4	2.0	2.2	2.3	2.7	2.9

资料来源：根据《河北统计年鉴2024》《河北统计月报》整理。

（四）住房消费增长依然乏力

虽然房地产利好政策频出，但城乡居民的住房需求依然疲软，居住类消费占比继续下降，说明买房意愿不强，政策"组合拳"在短期内难以激发购房需求，住房消费增长乏力，商品房市场持续低迷的现象短时间内并未改变。2024年前三季度，河北省房地产开发投资、房屋施工面积、房屋竣工面积均呈现负增长；商品房销售面积同比下降10.1%，降幅比上年同期扩大1.3个百分点；商品房销售额同比下降9.9%，降幅比上年同期扩大2.0个百分点（见图7）。

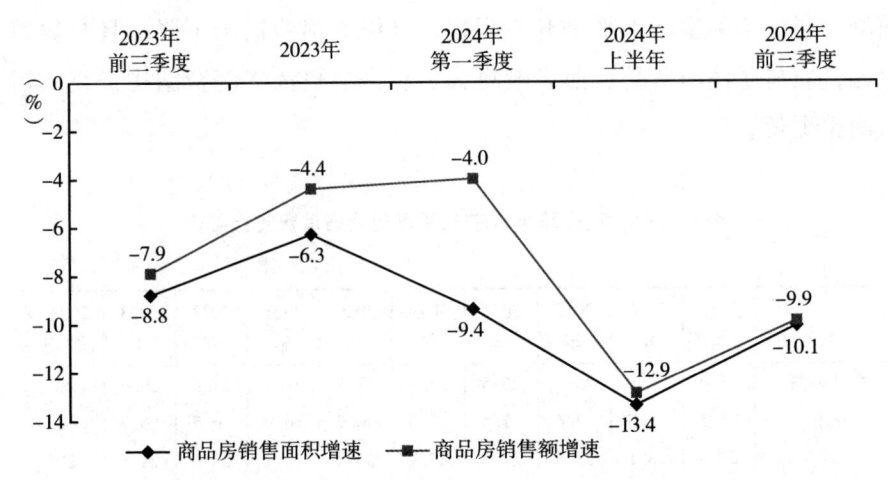

图7 2023年前三季度至2024年前三季度河北省商品房销售面积与销售额增速

资料来源：根据《河北统计月报》整理。

（五）消费环境仍待改善

消费环境是影响消费水平的重要因素，近年来河北省的消费环境持续改善，但距离满足城乡居民消费升级和新型消费快速增长的需要还有一定差距。随着消费品以旧换新规模不断扩大，本轮汽车、家电报废数量显著增加，回收报废等相关环节面临一定潜在风险，非正规或者非法报废厂可能"死灰复燃"，电池等拆解不规范存在风险，易造成安全隐患和环境污染，监管压力持续加大。当前，消费者对服务消费的关注度要高于商品消费，悦己型消费、体验式消费、大健康消费、陪伴型消费等均为近年来的新热点，河北省在挖掘新增长点、打造前沿消费场景方面还有所滞后。

三 2025年河北省促进消费面临的机遇与挑战

当前，全球经济下行压力加大，外部环境变化带来的不利影响增多，未来出口或将承压，房地产市场调整仍未见拐点，地方财政压力短期难以缓解。内需有效改善对未来经济景气恢复较为关键，因此要以提振消费为重点扩大国内需求，展望2025年，河北省消费市场运行将面临巨大的机遇，但也存在一系列新挑战。

（一）机遇

一是消费政策持续加力。河北省积极贯彻落实推动大规模设备更新和消费品以旧换新政策，在国家政策支持的基础上，结合河北省实际，适度扩大支持范围，明确补贴标准和操作流程，进一步将促消费政策落到实处。未来"两新"政策将继续加大支持力度、扩大支持范围，随着各类激励政策落地实施和效应逐步显现，将对减轻消费负担、增强消费意愿起到更大作用，同时带动大宗商品消费，成为稳定消费增长的重要支撑。二是超大规模市场优势明显。河北省城镇化率还有很大的提升空间，新型城镇化建设可以拉动大规模投资需求和消费需求。消费特别是服务消费业态模式持续创新、融合升级带来更多满足个性化、体验化需求的产品和服务，成为激发新需求的重要动力。三是居民收入水平有望持续提升。随着国民经济持续稳定恢复，就业形势将持续向好，叠加房地产市场和资本市场优化调整，城乡居民可支配收入有望进一步提高，进一步增强消费能力。四是河北省消费市场扩容升级步伐加快。交通强省、物流强省、质量强省、旅游强省、数字河北、乐享河北等中国式现代化河北场景建设持续推进，各类消费试点城市深入创建，有利于消费场景的创新和消费环境的改善，带动数字、绿色等新型消费业态以及服务消费、升级类消费保持快速增长势头。

（二）挑战

一是当前经济下行压力依然较大。外部环境更趋复杂严峻，主要经济体增长动能弱、债务负担重，地缘政治变化增强了世界经济的脆弱性，国际市场波动明显，全球贸易保护加剧，不确定不稳定因素增多，这些都会通过贸易、投资、金融等渠道对河北省经济产生不利影响。有些行业"内卷式"竞争，有些企业还不适应优化升级或转型发展变化，有的增产不增收不增利，有的生产经营比较困难，一些领域风险隐患仍然较大。二是社会预期悲观是消费疲弱的根源。有效需求不足仍是制约经济增长的主要原因，"疤痕效应"仍未完全消除，房地产市场持续低迷，居民提前还贷仍在持续；金融市场波动较大，导致居民财产性收入增速放缓；就业压力依然存在，部分领域出现裁员、降薪的现象。自2024年以来，消费者信心指数和消费者预期指数持续下降，充分说明消费者信心恢复缓慢，消费能力仍有待更大幅度、更大力度的恢复提升。三是一些制约消费的因素仍然存在。消费领域存在部分限制性障碍和短板弱项，这不利于消费意愿的增强，汽车、家电等消费品以旧换新实施过程中存在旧物回收网点布局不合理等问题，同时还需考虑政策效果和可持续性；消费环境需要持续完善，少数商家仍存在以次充好、夸大宣传、售后服务不到位等问题；农村消费基础设施亟须补短板，消费环境与城镇差距较大等，未来一段时期快速提升消费规模和品质需要付出艰苦努力。

展望2025年，随着存量政策持续显效、增量政策有效落实、政策组合效应不断释放，经济发展的有利条件和支撑因素依然较多，"两新"政策持续推进，消费意愿和消费能力有望进一步提升，但消费完全修复仍需要时间，消费总体将呈现温和增长态势。预计2025年河北省社会消费品零售总额同比增长4.5%左右。

四 2025年河北省促进消费的对策建议

针对有效需求不足等问题，一揽子增量政策接续推出，把扩内需增量政策重点更多放在惠民生、促消费上。下一步，应从稳就业提收入、加快推进新型城镇化建设、丰富消费供给、优化消费环境等方面着手，努力形成稳定的预期，从根本上提振消费信心，形成扩大消费的持久动能。

（一）着力增强消费能力

消费是收入的函数，提振消费的重点在于稳定居民对未来收入持续增长的乐观预期，因此，必须在提高居民收入水平的基础上建立扩大内需长效机制，激发消费潜能。一是以稳就业促进稳收入。促进低收入群体就业增收，建立劳务对接信息平台，深入构建城乡一体化就业服务体系，鼓励人力资源服务机构参与企业间、地区间劳动力余缺调剂。持续做好青年就业工作，推出面向高校毕业生的就业技能培训、新职业培训、岗位技能提升培训、企业新型学徒制培训等，鼓励各高校加强与大学生就业服务平台、高校就业网站、招聘平台等对接，提升大学生就业服务水平。加大创业扶持力度，提高公共创业服务机构在咨询辅导、政策落实、融资等方面的服务水平。二是完善收入分配机制。多渠道促进中低收入群体增收，完善农业生产支持保护政策，稳步提升农业经营性收入水平，壮大帮扶产业和集体经济，促进低收入农户向集约化发展，通过深化农村改革赋予农民更多财产权利。完善按要素分配制度，丰富金融产品供给，突出理财、保险业务的普惠性，多渠道增加城乡居民财产性收入。三是加大社会保障力度。抓好重要民生商品保供稳价，保障群众生活需求。在教育、医疗卫生、保障性住房等方面补齐公共服务短板，不断提高保障标准和均等化水平。健全最低生活保障标准动态调整机制，落实落细低保扩围增效政策，加大对特困人员、低保边缘家庭等特定困难群体的支持力度，提高学生资助补助标准并扩大政策覆盖面，推动降低贷款利率，减轻还贷负担。

（二）以新型城镇化建设释放消费潜力

2023年，河北省常住人口城镇化率仅为62.77%，比全国平均水平低3.39个百分点，城镇化率仍有不小的提升空间。把新型城镇化战略和扩大内需战略有序衔接起来，不断激发城镇居民的消费潜力，使之成为提振内需和经济发展的重要推动力。一是打造城市经济新载体。因地制宜优化城市产业生态，持续释放新兴产业、生活服务性行业的就业吸纳潜力，为农业转移人口提供更优质更充裕的就业岗位和创业机会，使其有稳定的收入预期和消费能力。完善城市消费基础设施建设，加快培育和创建国家消费试点城市，加快培育多层级消费中心，完善城市商业体系，鼓励将现有消费设施转型为社区嵌入式服务设施，推动便民服务进社区。依托河北省自贸试验区、石家庄陆港等，培育一批特色高端消费中心，更好地满足市民提高生活品质的需求。二是加快推进县城消费升级。完善以县城为中心、以城带乡的消费网络，加大对县城公共基础设施建设、商业街区改造等的投资力度，鼓励各大品牌到县城开拓市场，强化县城商业综合服务能力、对农村的辐射带动能力。加快发展县域数字经济，进一步缩小"大城小县"的消费差距，提高旅游、娱乐、教育等消费领域的服务供给质量，打造县域新型文旅商业消费集聚区。三是繁荣农村消费。完善农村商贸流通基础设施网络，以促进高端产品、绿色产品"下乡"为契机，加快健全数字化商品流通体系，构建城乡衔接的物流配送体系。大力补齐农村消费基础设施短板，鼓励大型企业销售网络向乡镇延伸，探索将超市网点下沉到重点乡镇市场，改造升级一批"乡镇大集"、农村新型便利店。在提升传统消费水平的基础上，引导农村居民增加文化、教育、娱乐等高质量消费需求。

（三）进一步促进耐用品消费

大规模设备更新和消费品以旧换新工作深入推进，不仅有利于释放需求潜力，更有利于促进节能降碳、推动全面绿色转型，要加大相关政策推进实施力度，推动商品消费持续增加。一是推动消费品以旧换新政策扩围提质。开展加力支持"两新"政策效果评估，总结好的经验做法，继续延长政策实施期限。根据消费者的换新需求和升级需求，适度扩展消费品以旧换新补贴范围，进一步扩大家电产品、家装建材产品补贴范围，对于助起器等适老化产品给予更高补贴，大力推动普惠性的消费品以旧换新。建立"去旧更容易、换新更愿意"的有效机制，增加废旧家电回收网点，畅通废旧家电交易和销售渠道。二是进一步扩大汽车消费。提前谋划未来的汽车以旧换新接续政策，稳定市场预期，持续开展新车促销、汽车下乡、新能源汽车推广等活动，进一步激发汽车消费需求。落实新能源汽车推广政策，完善停车场、充电桩、换电站等配套设施，优化新能源汽车使用环境，促进新能源汽车消费挖潜提质。三是加强回收报废环节监管。重点加大对汽车、家电等以旧换新重点领域的监管力度，着重对非法拆解报废企业、废旧家电作坊等进行专项整治，对不合规不合法的企业处以关停惩罚。对于耐用品零部件市场进行抽查，避免报废车辆零部件流入正规市场。引导报废汽车回收模式向低碳环保型转变。

（四）促进服务消费扩容提质

当前，河北省居民消费正逐步从以商品消费为主向商品消费和服务消费并重转变，优化和扩大服务供给，释放服务消费潜力，以更好满足人民群众个性化、多样化、品质化服务消费需求。一是全方位激活文旅消费市场。持续高品质打造石家庄青年之城、摇滚之城，张家口冬奥之城，"唐山宴"等文旅IP。加快发展优质体育服务，积极发展职业体育赛事。重点发展环城市旅游休憩带，鼓励居民选择微度假、周边游。鼓励企业开发定制旅游、生态康养、房车露营、户外研学、自然教育等服务消费产品，打造"这么近，那么美,周末到河北"品牌。二是扩大养老、托育等服务消费。"一老一小"是当今社会普遍关心的问题,也是未来释放消费潜力的关键领域。大力发展银发经济,鼓励社会办医向高端化、规模化、集团化方向发展,促进智慧健康养老产业发展,优化家政、养老、托育、助餐等服务设施布局,支持和规范社会力量发展养老、托育产业,多渠道增加养老托育服务供给。三是加大力度创新消费场景。推动"互联网+社会服务"消费模式创新,促进在线医疗、在线教育、虚拟养老院等服务消费。提升广播电视、网络文学、网络游戏和网络视听质量,鼓励沉浸体验、剧本娱乐、数字艺术、线上演播等新业态发展。推进商旅文体健融合发展,鼓励低空飞行等新业态发展,支持"音乐+旅游""演出+旅游""赛事+旅游"等融合业态发展。充分激活农村数字消费,推进农村地区数字消费基础设施建设,支持农村地区发展电子商务、直播经济、在线文娱等,着力提高农村居民数字素养。

(五)营造更加安全放心的消费环境

持续完善刺激消费政策,优化城乡消费环境,对培育形成新供给新动力、提振居民消费预期、增强居民消费信心具有重要作用。一是完善促消费政策体系。在研究未来"两新"政策继续加大支持力度、扩大支持范围的举措的基础上,完善相关行业发展配套政策,推动消费品以旧换新政策与老旧小区改造、住宅适老化改造、废旧物资回收网络完善、二手车市场流通管理、新能源汽车充电设施建设、新能源汽车下乡、智能家电下乡等政策协同实施,强化政策效果。完善提高居民消费能力相关配套政策,加大对农村劳动力就业创业的支持力度,提高社会保障水平、公共服务水平,将农村消费市场做大做强,让更多居民能消费、敢消费、愿消费。二是加大金融支持力度。引导金融机构加大对住宿餐饮、文化旅游、体育健康等领域的支持力度。支持金融机构加大对汽车保养、保险、维修、美容以及二手车交易的支持力度。加大对农村绿色智能产品和家装消费等新型和大宗消费的信贷支持力度。开发适农金融产品,推动合理增加消费信贷,完善农村社会信用体系,促进农村居民消费提质扩容。三是切实维护消费者合法权益。强化消费领域执法监管，加强重点领域消费品质量安全监管，加大市场流通领域执法力度，依法严查"先提价后打折""虚假折扣"等行为，严厉打击电商平台低价倾销、大数据杀熟、虚假促销等行为，维护良好的市场秩序。推进全省消费维权服务站规范化建设，将消费纠纷化解在源头、解决在基层、和解在企业，着力打通消费维权"最后一公里"。支持各设区市创建全国放心消费城市，在全省持续推动放心商店、放心餐饮、放心景区、放心工厂等放心消费创建活动，切实提升消费便利度、舒适度、满意度。

参考文献

《服务消费将成为消费扩容提质重要抓手》，中国商报网，2024年8月11日，https：//www.zgswcn.com/news.html？aid=206875。

《中央部门协同发力：系统落实一揽子增量政策 全年经济发展目标有望更好实现》，21世纪经济报道，2024年10月16日，https：//www.21jingji.com/article/20241016/herald/47643ba84f007f9459d77a05e6d1c037.html。

钟鹤：《着力扩大国内需求 持续激发消费潜能——后疫情时代促消费系列政策解读》，《上海质量》2024年第6期。

李勇坚、陈辉民：《进一步稳定消费预期的政策建议》，《国家治理》2024年第6期。

B.5
2024~2025年河北省就业形势分析与展望[*]

刘静 李菁 王子闰[**]

摘　要： 就业是民生之本，是经济社会发展的重要基础。河北省作为人口大省和经济大省，就业问题始终是政府和社会关注的焦点。近年来，河北省就业工作取得明显成效，为经济社会稳定做出了重要贡献，但是，随着经济社会的发展和就业形势的变化，就业总量压力较大、结构性矛盾突出、服务质量不高等问题依然存在。为实现更高质量、更加充分就业，本报告对河北省就业现状、问题、面临形势进行分析，并提出有针对性和可操作性的对策建议。

关键词： 就业形势　重点群体就业　河北省

2024年5月27日，习近平总书记在主持中共中央政治局第十四次集体学习时提出，就业是最基本的民生，事关人民群众切身利益，事关经济社会健康发展，事关国家长治久安，我们党对此历来高度重视。[①] 习近平总书记的讲话深刻阐释就业在党和国家事业发展全局中的战略性基础性作用，明确了促进高质量充分就业的基本内涵、实践要求和重点任务，为就业工作指明了方向。党的二十届三中全会对促进高质量充分就业进行重要部署，明确把健全

---
[*] 本报告系2024年度河北省社会发展研究课题（课题编号：20242211）的研究成果。
[**] 刘静，河北省宏观经济研究院正高级经济师，研究方向为宏观经济；李菁，河北省宏观经济研究院经济师，研究方向为就业消费；王子闰，河北省图书馆经济师，研究方向为人力资源。
[①] 《做好新时代新征程就业工作的科学指引》，求是网，2024年10月31日，http://www.qstheory.cn/dukan/qs/2024-10/31/c_1130214649.htm。

高质量充分就业促进机制作为重要的改革任务，提出了就业领域的重点改革举措。河北省作为我国的人口大省和经济大省，就业问题一直是政府和社会关注的焦点，近年来，省委、省政府高度重视就业工作，全面落实就业优先战略，保持就业的长期基本稳定，为经济发展和社会稳定做出重要贡献。

一 河北省就业现状

党的十八大以来，以习近平同志为核心的党中央坚持把就业工作摆在治国理政的突出位置，河北省全面落实国家战略部署，大力实施就业优先战略，积极完善就业政策，建立健全就业促进机制，更高质量、更加充分的就业为民生改善和经济发展提供了重要支撑。

（一）就业规模首次出现反弹

2010~2023年，河北省就业规模整体呈现下降态势，全省就业人数从2010年的4135万人，逐步下降到2022年的3580万人，减少555万人；2023年就业形势发生了变化，就业人数首次出现回升，达到3623万人，比上年增加43万人（见图1）。截至2024年9月，全省城镇新增就业80.9万人，完成全年计划的94.1%，调查失业率控制在5.5%左右。

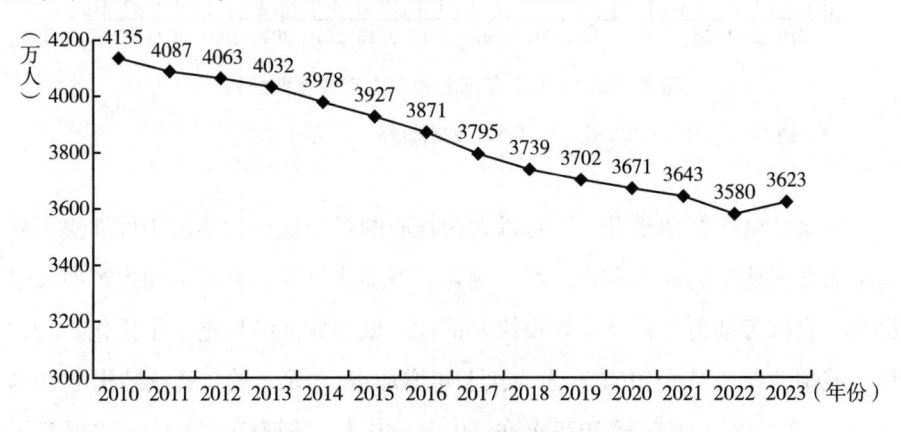

图1 2010~2023年河北省就业人数

资料来源：根据《河北统计年鉴2024》数据整理。

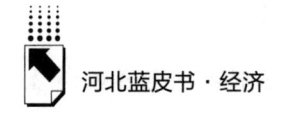

（二）就业结构更加合理

从三次产业就业结构来看，随着河北省经济结构调整和产业转型升级，现代服务业规模不断壮大，新产业新业态层出不穷，带动批发零售、住宿餐饮、交通运输、信息传输等服务行业用工需求增加，服务业吸纳就业的能力明显增强，第三产业就业人数占比逐年提高，就业结构不断优化。2023年，三次产业就业人数分别为789万人、1147万人、1687万人，三次产业就业结构为21.8∶31.6∶46.6，与2010年相比，第一产业从业人员占比降低16.1个百分点、第二产业就业人员占比降低0.8个百分点、第三产业就业人员占比提高16.9个百分点（见图2），服务业已经成为河北省吸纳就业的主渠道。

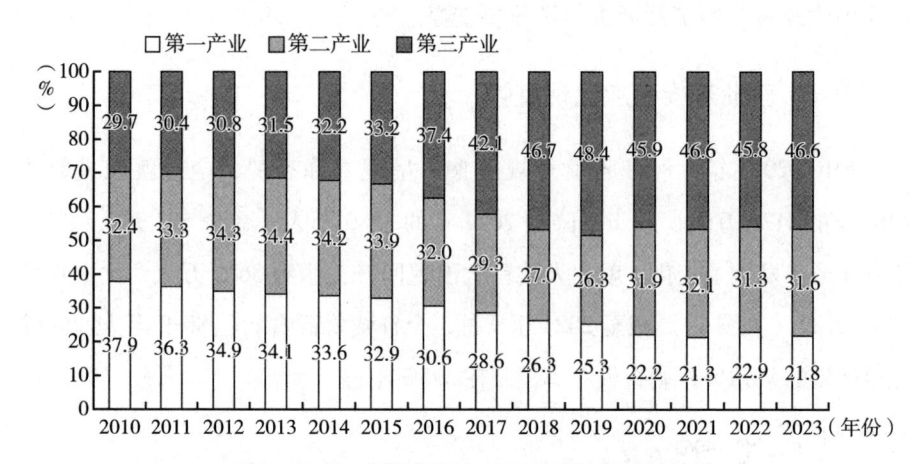

图2 2010~2023年河北省三次产业就业结构

资料来源：根据《河北统计年鉴2024》数据整理。

从城乡就业结构来看，随着以人为核心的新型城镇化建设步伐加快，乡村全面振兴战略的深入实施，城乡融合发展加速推进，乡村劳动生产率大幅提升，农村劳动力转移就业规模快速扩大，城乡就业结构进一步优化。2023年，城镇就业人员为2151万人，比上年增加48万人；城乡就业结构由2014年的31.2∶68.8调整至2023年的59.4∶40.6，城镇就业人员占比提高了28.2个百分点（见图3）。

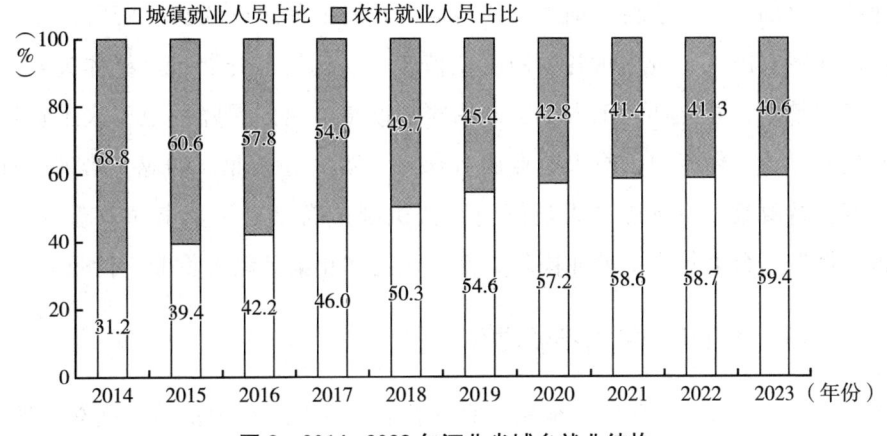

图3 2014~2023年河北省城乡就业结构

资料来源：根据《河北统计年鉴2024》数据整理。

（三）重点群体就业环境持续改善

拓展高校毕业生等青年就业渠道。2024年，开展高校毕业生等青年就业服务攻坚行动，制定促进高校毕业生等青年就业创业12条措施，鼓励高校毕业生到重点领域、重点行业、城乡基层和中小微企业就业创业，招募"三支一扶"志愿者1300名；创新青年就业思路，首次与巴州合作开展跨区域招聘，定向招募45名"三支一扶"人员。开展公共就业服务进校园活动，组织政策宣讲554场、职业指导384场，全力推动高校毕业生就业创业。

持续深化劳务协作。2024年，与北京市、天津市、山西省、内蒙古自治区和山东省签署公共就业服务联盟协议，共同举办人才交流大会、家政人力资源服务节等活动，拓展京津劳务市场，10家人力资源服务产业园成立合作联盟，加强公益性岗位规范管理，评选2024年省级劳务品牌40个，持续加大对"河北福嫂"等特色劳务品牌的评选和宣传推广力度，开展技能培训和组织化劳务输出，巩固河北省在京津劳动力市场的优势，全省省级劳务品牌达到100个。

拓宽就业增收途径。完善"五省六方"劳务协作机制，加强农民工职业技能培训，促进农村劳动力转移就业。开展工程建设领域"安薪行动"，推动保障农民工工资支付各项制度全覆盖、实运转。开展重点群体欠薪问题专项整治，建立环卫工人工资专用账户制度，全力保障环卫工人工资按时足额发放。做好退役军人就业服务保障，落实好就业、创业、培训、升学等扶持政策。完善困难人员就业帮扶机制，确保零就业家庭动态清零；积极创造适合老年人的就业岗位，落实超退休年龄劳动者就业支持政策。

（四）就业服务能力不断提升

推动就业公共服务覆盖全民，完善就业公共服务事项清单，在常住地、就业地、户籍地提供就业服务。积极推进直播带岗在就业公共服务领域的应用，加强零工市场规范化建设，建成就业信息"一库一平台"，推广"大数据+铁脚板"模式，设立"家门口"就业服务站，共建成367个零工市场，实现县（市、区）全覆盖。积极开展"贷你创业""源来好创业"等活动，举办各类线上线下招聘活动7625场，促进就业45.41万人次。

二 河北省就业存在的问题

近年来，河北省就业工作取得明显成效，为经济社会稳定发展做出重要贡献，但就业总量压力较大、结构性矛盾突出、服务质量不高等问题尚未得到根本改变，实现更高质量、更加充分就业任重道远。

（一）就业结构性矛盾依然存在

产业结构与就业结构不匹配。随着河北省产业结构持续调整，全省就业结构也随之发生变化。2010~2023年，第一产业占地区生产总值的比重下降3.5个百分点，第三产业占比上升13.2个百分点，第一产业从业人员占比下降16.1个百分点、第三产业从业人员占比上升16.9个百分点，就业结构调整略滞后于产业结构调整步伐（见表1）。这表明第三产业对人力资源的需求较为旺盛，就业人员供给不足。

表 1　2010~2023 年河北省产业结构和就业结构

单位：%

年份	产业结构 第一产业	产业结构 第二产业	产业结构 第三产业	就业结构 第一产业	就业结构 第二产业	就业结构 第三产业
2010	13.7	47.0	39.2	37.9	32.4	29.7
2011	12.6	48.1	39.3	36.3	33.3	30.4
2012	12.6	47.3	40.1	34.9	34.3	30.8
2013	12.4	52.1	35.5	34.1	34.4	31.5
2014	12.6	45.5	41.9	33.6	34.2	32.2
2015	11.7	43.7	44.6	32.9	33.9	33.2
2016	10.8	43.3	45.9	30.6	32.0	37.4
2017	10.2	41.7	48.1	28.6	29.3	42.1
2018	10.3	39.7	50.0	26.3	27.0	46.7
2019	10.1	38.3	51.6	25.3	26.3	48.4
2020	10.7	37.6	51.7	22.2	31.9	45.9
2021	10.0	40.5	49.5	21.3	32.1	46.6
2022	10.4	40.2	49.4	22.9	31.3	45.8
2023	10.2	37.4	52.4	21.8	31.6	46.6

资料来源：根据《河北统计年鉴 2024》数据整理。

劳动力技能水平与产业转型升级需求不匹配。近年来，河北省以科技创新引领产业转型升级步伐不断加快，积极培育战略性新兴产业，自动化、智能化设备大量应用于工业生产，企业科技含量越来越高，对高技能人才需求持续加大，高技能人才供不应求，无技能型劳动密集型企业逐步减少，技能含量低的劳动力就业越来越难。河北省技能人才短缺，特别是适应产业转型发展需求的高层次研发人员、复合型人才和高技能工人严重短缺，难以满足企业对高技能人才的需求。根据第七次全国人口普查数据，河北省常住人口受教育程度与全国平均水平还有一定差距，河北省每 10 万人中拥有大学文化程度的有 12418 人，拥有高中文化程度的有 13861 人，高学历的人口比例相对较低。这在一定程度上反映了河北省劳动力整体素质与其他省份相比偏低，体现出河北省就业的结构性矛盾突出。

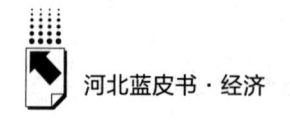

（二）重点群体就业压力较大

青年群体就业形势依然严峻。国家统计局数据显示，2024年1~10月，全国城镇不包含在校生的16~24岁劳动力平均失业率为15.8%，高于同期全国城镇调查失业率10.7个百分点；与同期不包含在校生的25~29岁劳动力和30~59岁劳动力失业率相比，分别高出9.1个百分点和11.8个百分点。河北省高校毕业生人数目前仍处于高峰，面对不确定的宏观环境，一方面，高校毕业生找工作的"求稳"心态在持续加重，选择慢就业、自由职业的应届毕业生占比上升；另一方面，在当前形势下，企业对人才综合能力要求更高，在选人时更加谨慎，应届毕业生大多缺乏实践经验、专业偏重理论，知识结构和能力水平很难达到用人单位的要求，还有相当一部分毕业生对收入期望值偏高，这在一定程度上造成了"就业难"的问题。

农民工就业仍受房地产市场不景气的影响。根据国家统计局发布的《农民工监测调查报告》，受房地产业不景气影响，2023年农民工在建筑业就业占比为15.4%，同比下降2.3个百分点。农民工从事建筑业的平均收入最高，其他行业无法与之相比，但受楼市持续低迷影响，农民工就业和收入都受到较大冲击。

（三）就业服务水平有待提升

河北省就业服务水平与发达省份相比还有一定的差距。一是数字赋能就业方面，江苏省推出覆盖全省5级人社窗口的一体化信息平台，在全国率先建成全省统一的就业信息资源库和就业信息系统，汇聚全省就业数据，并开发"就在江苏"智慧就业服务平台、"苏心聘"、江苏工匠课堂等就业信息化应用场景，推动就业数字化转型，提高服务效率和精准度。河北省就业信息平台建设相对滞后，影响了劳动者的就业选择和企业的招工效果。二是就业培训方面，青海省精准开展培训，聚焦重点群体，针对技术难度小、就业率高、通用性强的工种，推行"群众点单+部门接单"菜单式技能培训，采取"政府买单、群众点菜、因需开班、一技一训"培训模式，稳步推进技能培训高质量开展。河北省就业培训机构数量众多，但培训质量参差不齐，一些培训机构存在培训内容陈旧、培训方式单一、培训师资力量薄弱等问题，影响了劳动者的培训效果和就业能力提升。

（四）劳动者报酬水平相对较低

2023年河北省城镇非私营单位就业人员平均工资为94818元，比全国平均水平（120698元）低25880元；城镇私营单位就业人员平均工资为51281元，比全国平均水平（68340元）低17059元（见表2）。总体来看，河北省就业岗位竞争力较弱，尤其不利于吸引高端人才和高技能人才，加剧了就业结构性失衡。

表2 2023年31个省（区、市）城镇非私营单位和私营单位就业人员平均工资

单位：元

省（区、市）	城镇非私营单位就业人员平均工资	城镇私营单位就业人员平均工资	省（区、市）	城镇非私营单位就业人员平均工资	城镇私营单位就业人员平均工资
上　海	229337	111347	山　东	107131	61046
北　京	218312	105931	陕　西	106969	58022
西　藏	165004	70084	云　南	106769	53944
天　津	138007	72966	安　徽	103688	59498
浙　江	133045	74325	贵　州	102010	54156
广　东	131418	80685	甘　肃	99124	51380
江　苏	125102	75088	辽　宁	97330	53333
青　海	121457	56424	湖　南	97015	60277
宁　夏	117681	61567	广　西	96184	51527
海　南	114572	66059	黑龙江	95750	47281
重　庆	113653	63941	山　西	95025	50452
新　疆	112305	62220	吉　林	94937	51214
四　川	110160	62105	河　北	94818	51281
湖　北	109227	60583	江　西	92794	55201
内蒙古	108856	57410	河　南	84156	48841
福　建	108520	67651			

资料来源：根据《中国统计年鉴2024》数据整理。

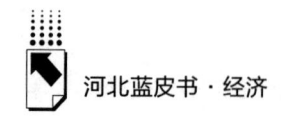

三 2025年河北省就业形势展望

展望2025年，河北省面临的外部环境不确定性因素依然较多，全省经济稳增长压力依然较大，延迟退休政策将付诸实施，技术进步将继续向前迈进，一揽子增量政策逐步落地显效，这些因素都将深刻影响河北省就业形势。

（一）机遇

发展是解决就业问题的根本途径，现阶段河北省发展仍然处于历史性窗口期和战略性机遇期，为保持就业稳定、优化就业结构奠定了坚实基础。一是经济平稳运行，就业的基本面良好。河北省坚持稳中求进工作总基调，立足新发展阶段，完整准确全面贯彻新发展理念，全力推进经济社会高质量发展，大力发展实体经济、县域特色产业，加快发展现代服务业和劳动密集型产业，全省经济保持中高速增长，为稳定和扩大就业奠定了经济基础。二是重大国家战略加快推进，就业的空间广阔。京津冀协同发展、雄安新区大规模建设，将推动京津冀劳务合作不断深化，拓宽了河北省就业空间，特别是雄安新区的快速发展、区域一体化要素市场加快建设，有利于河北省拓展就业新空间，对稳定就业提供了强力支撑。三是就业优先战略深入实施，就业环境明显改善。近年来，国家大力实施就业优先战略，坚持把就业作为民生之本，河北省积极健全就业促进机制和就业政策，加快构建就业创业公共服务体系，稳定发展经济，扩大就业容量，强化技能培训，缓解就业结构性矛盾，为实现更加充分、更高质量就业提供了政策保障。四是新质生产力加快发展，催生新就业岗位。数字经济、新能源、新材料、高端装备等新兴产业蓬勃发展，人工智能、低空经济、生物制造、量子信息等未来产业蓄势待发，加速了产业新业态、新模式的快速壮大，新业态不断涌现并创造大量就业需求。此外，现代服务业的加速兴起，文化旅游、健康体育、休闲养老等不断升级壮大，形成新就业形态，就业模式的多样化发展创造了大量新型就业岗位，催生出大批新岗位新职业，为扩大就业规模创造了新机遇。五是技能强省行动加快实施，就业的结构性矛盾有所缓解。河北省积极深化教育体制改革，动态优化调整高等教育学科专业设置，深化职业教育和技工院校改革，加快构建技术技能人才培养体系，着力健全贯穿劳动者职业生涯全过程的职业技能培训组织实施体系，推动在普通高中阶段开展职业启蒙、职业认知和职业体验，推动教育与人才供需精准匹配，为有效缓解就业结构性矛盾提供保障。六是一揽子增量政策红利显现，就业的基础更加稳固。近期，国家和河北省陆续出台一揽子增量政策措施，通过扩大有效需求、激发民间投资活力、拓宽生活服务性行业就业空间等政策，释放经济、社会各领域就业潜力，就业形势总体稳中向好。

（二）挑战

虽然河北省就业形势基本稳定，但就业规模下滑的趋势没有得到根本扭转，就业供需矛盾比较突出，实现高质量充分就业的任务依然艰巨。一是外部形势复杂多变制约经济发展。特朗普上台加征关税、美联储货币政策变化等不确定性、不稳定性因素明显增多，地缘政治冲突不断，全球经济下行风险仍存，未来通过外需拉动经济增长、增加就业岗位的难度加大。二是劳动力供需的结构性矛盾更加突出。随着技术迭代和产业转型升级进程加快，就业替代效应持续显现，导致传统行业中低端就业岗位大量减少，高技术型、高技能型人才需求急剧增加，人才培养跟不上产业需求的步伐，就业结构滞后经济社会发展需求。三是人口老龄化制约劳动力供给。河北省人口老龄化进程加快，60岁以上的老年人口达到1644万人，占比达到22.2%，已进入中度老龄化阶段，劳动年龄人口比重下降，劳动力供给减少，将进一步加剧就业供需矛盾。四是延迟退休政策落地，加大青年就业压力。从2025年开始实施的渐进式延迟退休政策将减少空缺岗位，企业可能会减少招聘岗位，从而对青年人口的就业形成一定的挤出效应。中国社会科学院测算表明，16~24岁青年人口增长将持续到2035年，其中进入就业市场的70%以上都是高校毕业生，未来青年就业的总量压力仍然较大，延迟退休在一定程度上

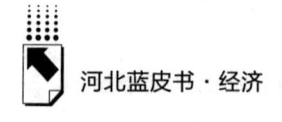

加重青年就业压力。

总体上看,近几年城镇新增就业均超过80万人,全省就业形势基本稳定,就业结构不断优化。但在经济下行压力、产业转型升级和人口规模收缩等因素的影响下,河北省就业总量逐步下降,就业结构性矛盾突出,招工难与就业难并存,就业形势依然比较复杂,缓解就业压力的任务依然非常艰巨。

四 河北省实现高质量就业的对策建议

面对更加复杂多变的内外部环境,促进更高质量更加充分就业,需要加大政策支持力度,推动经济社会发展与就业协同联动,加强职业技能培训,促进创业带动就业,完善就业服务体系。

(一)加大政策支持力度

全面贯彻落实党的二十届三中全会精神和《中共中央 国务院关于实施就业优先战略促进高质量充分就业的意见》,实施就业优先战略,以深化改革促进就业质的有效提升和量的合理增长,形成强大的政策合力,为建设经济强省、美丽河北提供人才支撑。一是完善就业政策体系。进一步健全高质量就业的政策体系,统筹财税、金融、投资、消费、产业、区域等方面的政策,加大对就业工作的支持力度,确保就业形势保持稳定。二是建立稳定的财政投入机制。加大财政投入力度,提高就业资金的使用效益,特别是对就业培训、创业扶持、就业服务等方面的投入,为实现高质量就业提供有力的资金保障。三是落实税收优惠政策。贯彻落实国家和省出台的各项税收优惠政策,鼓励企业吸纳就业,支持劳动者自主创业和就业,以创业带动更多就业。四是强化重点群体就业支持政策。完善工资待遇、职称评聘、培训升学等政策,加大对农民工、困难家庭毕业生、长期失业青年、退役军人、大龄、残疾等就业困难群体的帮扶力度,推动农村低收入人口就业帮扶常态化。充分发挥就业信息一体化平台作用,完善及时发现、优先服务、精准帮扶、动态管理的就业援助制度，及时做好后续的服务衔接工作。强化兜底就业保障，统筹用好公益性岗位，确保零就业家庭动态清零。

（二）推动经济社会发展与就业协同联动

发展经济是解决就业的根本出路，建立经济发展与就业联动机制，把更加充分、更高质量就业作为经济社会发展的首要目标，加快构建政策协同、上下联动、兼顾发展和就业的宏观调控政策体系，健全重大政策制定、重大生产力布局、重大项目确定的就业影响评估机制，确保实现经济发展和就业良性互动。一是加快传统产业转型升级，稳定就业岗位。加大对传统产业的技术改造和升级力度，鼓励传统制造业与现代服务业融合发展，增强传统产业吸纳就业能力。二是培育壮大新兴产业，创造新岗位。加大对新兴产业的培育和扶持力度，大力发展大数据、云计算、物联网、人工智能等信息技术产业，做大做强数字经济，培育壮大一批新兴产业集群，加快网络经济、共享经济、平台经济、微商电商、直播带货等新业态发展，以新产业、新业态、新模式的发展，创造更多高质量就业岗位。三是加快发展服务业，提供更多就业岗位。聚焦消费升级需要，创新商业模式，重点推动社区服务、家庭服务、健康服务、养老服务等传统劳动密集型服务业发展，不断扩大就业规模。全面放开服务业准入限制，积极发展金融、物流、旅游、文化创意等现代服务业，提供更多就业岗位。

（三）加强职业技能培训

就业结构性矛盾是河北省就业领域面临的主要矛盾，统筹抓好教育、培训和就业，动态调整高等教育专业和资源结构布局，按照以需定培的原则，大力发展职业教育，健全终身职业技能培训制度，推进职普融通、产教融合、科教融汇，增强人力资源开发的前瞻性、针对性、有效性，实现供需的高度匹配。一是深化教育体制机制改革。根据市场需求，动态调整职业技能培训目录，强化人工智能、云计算、大数据、数字营销等新技术培训，开发前瞻性培训课程，提前做好技能人才储备，引导培训资源向市场急需、就业必备的领域集中。进一步完善职业技能培训体系，加大职业技能培训的投入力度，提高职业技能培训质量和水平，特别是加强对高技能人才的培养和培训，为企业发展和转型升级提供有力的人才支撑。二是加强职业技能培训基地建设。整合各类培训资源，加大对职业技能培训基地的建设力度，打造一批高水平的职业技能培训基地，采用研讨式、体验式、情景式教学模式，将"学"与"练"融合起来，为劳动者提供更加优质、高效的职业技能培训服务。三是推进校企合作、产教融合。加强学校与企业之间的联系和沟通，建立长期稳定的合作关系，根据企业的需求和岗位要求，开展订单式培训和定向培养，提高劳动者的就业能力和就业匹配度。

（四）促进创业带动就业

创业与就业之间存在密切的关系，创业既可以带动相关产业发展，还可以创造更多的就业机会，鼓励创业是扩大就业的重要途径。一是完善创业扶持政策。加大对初创企业资金、技术、场地等支持力度，特别是对高校毕业生、农民工、退役军人等重点群体的创业扶持力度，为他们提供更加优惠的政策和更加便捷的服务，帮助他们实现创业梦想。二是加强创业服务平台建设。整合各类创业服务资源，加大对创业服务平台的建设力度，搭建一批高水平的创业服务平台，为创业者提供更加优质、高效的创业培训、创业指导、创业融资、创业孵化等服务。三是营造良好的创业氛围。加强对创业文化的宣传和推广，激发广大劳动者的创业热情和创新精神，鼓励更多人投身创业实践，以更多的"创业"催生更多的"就业"。

（五）完善就业服务体系

坚持普惠性、基础性、兜底性，健全覆盖全民的就业公共服务制度，打造全方位就业公共服务体系，是落实就业政策的重要保障、促进高质量充分就业的重要支撑。一是加强就业公共服务体系建设。健全覆盖城乡的公共就业服务机构，完善就业公共服务事项清单，推动就业公共服务下沉基层，打造"家门口"就业服务站、"15分钟"就业服务圈，推动就业公共服务制度覆盖全民。二是推动就业公共服务数字赋能。完善就业信息平台功能，建强用好全省就业信息资源库，完善就业信息发布机制，及时、准确地发布就业信息，全面提高公共就业服务效能和劳动力市场匹配效率，为劳动者提供更加便捷、高效的就业对接服务。三是提高就业服务水平。加强就业服务机构的建设和管理，提高就业服务人员的素质和水平，为劳动者提供更加优质、高效的就业服务，特别是加强对就业困难人员的帮扶和援助，帮助他们实现就业和再就业。四是维护劳动者合法权益。强化就业与社会保障联动，多维度开展重点区域、重点群体、重点行业就业监测，建立就业歧视救济机制，对就业后家庭人均收入超过当地低保标准的家庭，给予不超过6个月的渐退期，切实维护劳动关系和谐稳定。

参考文献

《中共中央　国务院关于实施就业优先战略促进高质量充分就业的意见》，中国政府网，2024年9月15日，https：//www.gov.cn/gongbao/2024/issue_11646/202410/content_6980867.html。

《2023年河北省人力资源和社会保障事业发展统计公报》，河北省人民政府网站，2024年8月30日，http：//www.hebei.gov.cn/columns/517bce54-f7a9-42a7-8f2a-a35c3ef3cfef/202408/30/11bb6b82-6e34-4fb8-a7ef-13a30005af1c.html。

方长春：《构建就业友好型发展方式：内涵、意义与路径》，《人民论坛》2024年第6期。

芦哲：《延迟退休将如何影响我国劳动力市场》，《光彩》2024年第7期。

B.6
2024~2025年河北省对外贸易形势分析与展望[*]

谢云哲[**]

摘　要： 2024年1~10月，河北省对外贸易规模保持增长态势。本报告从贸易规模、重点出口商品、重点进口商品、贸易主体、主要贸易市场、贸易区域、贸易方式等方面对2024年1~10月河北省对外贸易进出口形势进行分析，河北省外贸进出口形势持续向好，但仍存在一些问题。展望2025年，河北省外贸面临的机遇与挑战并存，要加快破除外贸高质量发展的瓶颈，紧抓机遇，推动河北省外贸高质量发展，加快融入经济全球化大格局。

关键词： 对外贸易　共建"一带一路"　跨境电商　"新三样"产品

2024年，国际政治经济环境日趋复杂，全球经济疲软、地缘政治冲突频发、西方发达国家出现"逆全球化"思潮，河北省对外贸易展现了充足的韧性，贸易规模持续扩大，贸易顺差不断攀升。随着"一带一路"倡议、RCEP合作的不断深入，国家制造业改革不断推进，跨境电商制度不断完善，智慧海关进一步覆盖，这将为河北省外贸发展注入新的活力。对外贸易

---

[*] 本报告系2025年河北省社会科学院智库项目RC205020、QN2125011的阶段性成果。
[**] 谢云哲，博士，河北省社会科学院财贸和数字经济研究所助理研究员，研究方向为开放经济、数字经济等。

是拉动河北省经济增长的重要引擎，2025年，河北省将继续推进高水平对外开放，打造高能级开放平台。

一 2024年河北省对外贸易主要特点

（一）贸易规模持续扩大

2024年1~10月，河北省外贸规模连续5年稳步扩大（见表1），河北省进出口总额为5116.9亿元，全国进出口总额为360218.7亿元，河北省占比为1.4%，占比较上年同期提高0.1个百分点[①]。河北省进出口总额增速为11.1%，全国进出口总额增速为5.2%，河北省进出口总额增速高于全国进出口总额增速5.9个百分点。其中，河北省出口额为3100.0亿元，全国出口额为208027.9亿元，河北省占比为1.5%，占比较上年同期提高0.1个百分点。河北省出口增速为10.9%，较上年同期提高3.5个百分点，全国出口平均增速为6.7%，河北省出口增速高于全国出口平均增速4.2个百分点。河北省进口额为2017.0亿元，全国进口额为152190.8亿元，河北省占比为1.3%，占比较上年同期提高0.1个百分点。河北省进口增速为11.4%，较上年同期提高7.6个百分点，全国进口平均增速为3.2%，河北省进口增速高于全国进口平均增速8.2个百分点。2024年1~10月，贸易顺差较2020年同期扩大137.8%，实现跨越式增长。总体来看，河北省外贸持续向好，进出口总额、出口额、进口额在全国的占比均有小幅上升，进出口增速、出口增速、进口增速均高于全国平均水平，外贸发展保持较好态势。

[①] 除特殊说明外，本报告数据均来自中华人民共和国海关总署和中华人民共和国石家庄海关，数据经四舍五入处理。

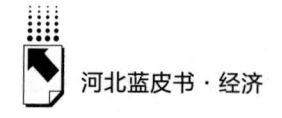

表1 2020年1~10月至2024年1~10月河北省对外贸易情况

单位：亿元，%

时间	进出口总额		出口额		进口额		贸易顺差
	绝对值	增速	绝对值	增速	绝对值	增速	
2020年1~10月	3514.9	6.0	1985.2	1.6	1529.7	12.4	455.5
2021年1~10月	4416.6	24.5	2430.7	22.5	1985.9	27.1	444.8
2022年1~10月	4515.2	2.3	2751.8	13.2	1763.4	-11.0	988.4
2023年1~10月	4604.8	6.0	2797.8	7.4	1807.0	3.8	990.8
2024年1~10月	5116.9	11.1	3100.0	10.9	2017.0	11.4	1083.0

资料来源：中华人民共和国石家庄海关统计数据。

从月度分布情况来看，除10月外，河北省进出口增速、出口增速、进口增速均高于全国平均水平。10月，河北省进出口总额同比下降3.6%，为年内首次出现下降（见图1）。出口额震荡下行（见图2）。受铁矿砂、天然气、大豆、煤等大宗商品进口价格下跌影响，进口额自6月以来连续5个月环比下降（见图3）。

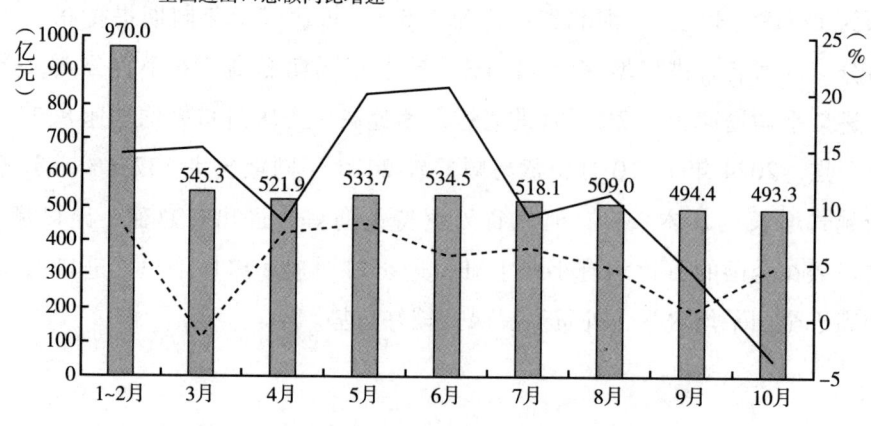

图1 2024年1~10月河北省进出口总额及其增速

资料来源：中华人民共和国海关总署统计月报、中华人民共和国石家庄海关统计数据。

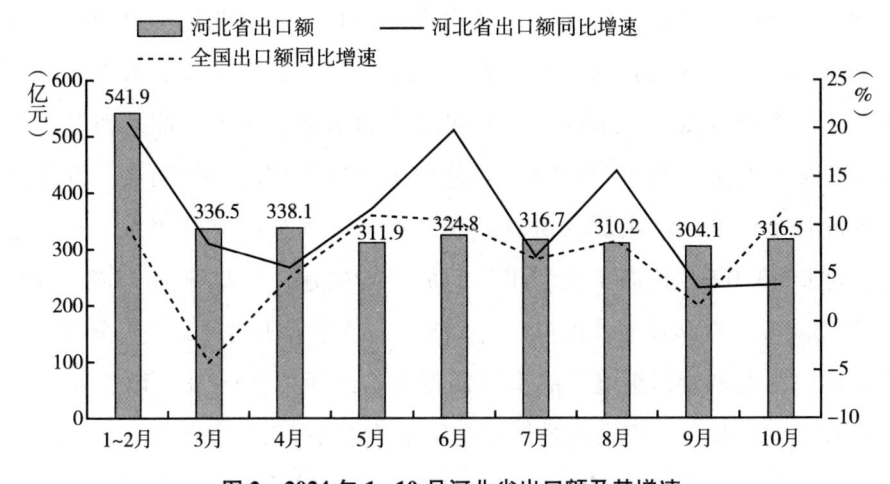

图 2　2024 年 1~10 月河北省出口额及其增速

资料来源：中华人民共和国海关总署统计月报、中华人民共和国石家庄海关统计数据。

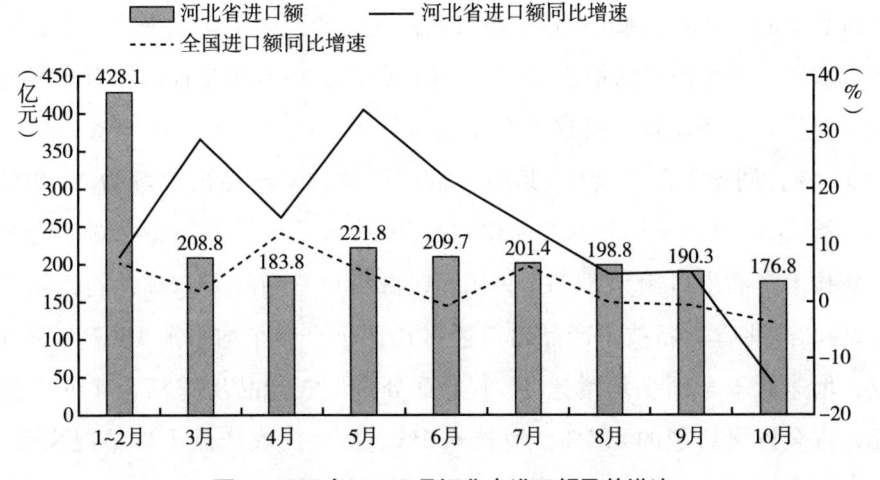

图 3　2024 年 1~10 月河北省进口额及其增速

资料来源：中华人民共和国海关总署统计月报、中华人民共和国石家庄海关统计数据。

（二）机电产品出口规模居首位，钢材出口猛增

2024 年 1~10 月，河北省出口额排名前十的商品与上年同期一致，

但出口规模变动明显（见表2）。机电产品出口额在河北省出口额中的占比为49.2%，近乎占据河北省外贸出口的"半壁江山"，占比较上年同期下降1.3个百分点，增速同比下降39.2个百分点。机电产品对河北省外贸出口额的贡献率高达79.3%，对外贸出口增长拉动效果明显。汽车及其零配件是机电产品主要的出口商品，其中，汽车的出口额为530.7亿元，增长73.0%，远高于全省出口额的平均增速；出口量为48.8万辆，增长63.8%。汽车零配件出口额为178.8亿元，增长3.6%。从全国机电产品出口情况来看，机电产品出口额占出口总额的59.4%，增长8.5%。河北省机电产品出口额占比虽低于全国平均水平10.2个百分点，但增速高于全国平均增速10.3个百分点，呈现良好的增长态势。钢材是河北省第二大出口产品，占出口额的10.1%，占比较上年同期上升1.1个百分点，增幅扩大63.4个百分点。从全国钢材出口情况来看，钢材出口额占出口总额的2.4%。河北省钢材出口额占比高于全国平均水平7.7个百分点，增速高于全国平均增速37.1个百分点，反映出河北省钢材有较强的国际竞争力。河北省高新技术产品出口额为184.2亿元，占全省出口额的5.9%，同比下降7.9%。其中，生命科学技术产品出口额为62.9亿元，增长0.4%；电子技术产品出口额为61.6亿元，下降24.2%。全国高新技术产品出口额为51216.9亿元，占出口总额的24.6%，同比增长6.2%。河北省高新技术产品出口额占比低于全国平均水平18.7个百分点，增速低于全国平均增速14.1个百分点。农产品出口额为139.2亿元，占全省出口额的4.5%，增长6.2%。从全国农产品出口情况来看，农产品出口额占比为2.8%，同比增长4.4%。河北省农产品出口额占比高于全国平均水平1.7个百分点，增速高于全国平均增速1.8个百分点。劳动密集型产品出口额为481.5亿元，占全省出口额的15.5%，下降3.0%。其中，纺织服装类产品出口额为249.9亿元，下降10.1%。基本有机化学品、医药材及药品出口额保持增长态势。

表2 2024年1~10月河北省出口额排名前十的商品

单位：亿元，%

商品	出口额	增速
机电产品	1525.8	18.8
钢材	312.9	36.5
高新技术产品	184.2	-7.9
农产品	139.2	6.2
纺织纱线、织物及其制品	138.5	-9.7
服装及衣着附件	111.4	-10.6
家具及其零件	91.4	12.7
基本有机化学品	85.8	3.8
医药材及药品	84.2	8.6
塑料制品	84.2	12.0

资料来源：中华人民共和国石家庄海关统计数据。

"新三样"产品具有高技术、高附加值的特点，能够引领制造业绿色转型升级，是拉动外贸增长的新动能。2024年1~10月，河北省"新三样"产品出口额为319.9亿元，占全省出口额的10.3%，增长1.3倍，呈现强劲的增长势头。其中，电动汽车出口额为281.8亿元，增长2.5倍（出口量为20.1万辆，增长1.8倍）；光伏产品出口额为34.6亿元，下降42.1%；锂离子蓄电池出口额为3.5亿元，增长98.0%。"新三样"产品成为出口新增长点，反映出河北省产业结构持续优化、出口商品质量不断提升。

（三）大宗商品进口规模占比近七成

2024年1~10月，河北省大宗商品进口额为1389.9亿元，增长3.7%，占全省进口额的68.9%。其中，铁矿砂及其精矿进口量为9741.6万吨，增长9.3%，进口额为768.5亿元，增长7.2%，占全省进口额的38.1%，价格为每吨788.9元，下跌2.0%；铝矿砂及精矿进口量为1147.6万吨，增长26.0%，进口额为55.3亿元，增长31.9%，占全省进口额的2.7%，价格为每吨481.9元，上涨4.7%；煤及褐煤进口量为558.1万吨，减少15.6%，进口额为60.8亿元，下降29.4%，占全省进口额的3.0%，价格为每吨

1090.2元，下跌16.4%；天然气进口量为542.3万吨，增长21.7%，进口额为238.0亿元，增长16.3%，占全省进口额的11.8%，价格为每吨4387.9元，下跌4.4%；大豆进口量为520.4万吨，增长2.4%，进口额为185.0亿元，下降15.1%，占全省进口额的9.2%，价格为每吨3555.3元，下跌17.1%；原油进口量为121.4万吨，减少1.6%，进口额为47.4亿元，增长24.0%，占全省进口额的2.4%，价格为每吨3907.4元，上涨26.0%。农产品进口额为373.2亿元，增长5.7%，占全省进口额的18.5%，占比较上年同期下降1.1个百分点，全国农产品进口额占比为8.5%，河北省农产品进口额占比高于全国平均水平10.0个百分点。机电产品进口额为141.5亿元，增长17.4%，占全省进口额的7.0%，占比较上年同期上升0.3个百分点，全国机电产品进口额占比为37.7%，河北省机电产品进口额占比低于全国平均水平30.7个百分点。高新技术产品进口额为84.7亿元，增长68.3%（见表3），占全省进口额的4.2%，占比较上年同期提高1.4个百分点，全国高新技术产品进口额占比为28.8%，河北省高新技术产品进口额占比低于全国平均水平24.6个百分点。河北省进口仍以大宗商品为主体，随着机电产品、高新技术产品进口规模不断扩大，进口结构进一步优化。

表3 2024年1~10月河北省进口额排名前十的商品

单位：亿元，%

商品	进口额	增速
铁矿砂及其精矿	768.5	7.2
农产品	373.2	5.7
天然气	238.0	16.3
机电产品	141.5	17.4
沥青	108.8	320.0
高新技术产品	84.7	68.3
煤及褐煤	60.8	-29.4
铝矿砂及精矿	55.3	31.9
原油	47.4	24.0
纸浆、纸及其制品	27.0	4.4

资料来源：中华人民共和国石家庄海关统计数据。

（四）经营主体活力增强

民营企业进出口总额为3407.2亿元，增长16.6%，占全省进出口总额的66.6%，是河北省外贸发展的主力军；国有企业进出口总额为874.8亿元，增长3.3%，占全省进出口总额的17.1%；外商投资企业进出口总额为833.8亿元，下降0.2%，占全省进出口总额的16.3%（见图4）。从出口情况来看，民营企业出口额为2269.2亿元，增长16.9%，占河北省出口额的73.2%，是河北省出口额增长的主要动力；国有企业出口额为230.0亿元，下降5.2%，占全省出口额的7.4%；外商投资企业出口额为600.5亿元，下降1.8%，占全省出口额的19.4%（见图5）。从进口情况来看，民营企业进口额为1138.0亿元，增长15.8%，占全省进口额的56.4%；国有企业进口额为644.7亿元，增长6.7%，占全省进口额的32.0%；外商投资企业进口额为233.2亿元，增长4.1%，占全省进口额的11.6%（见图6）。

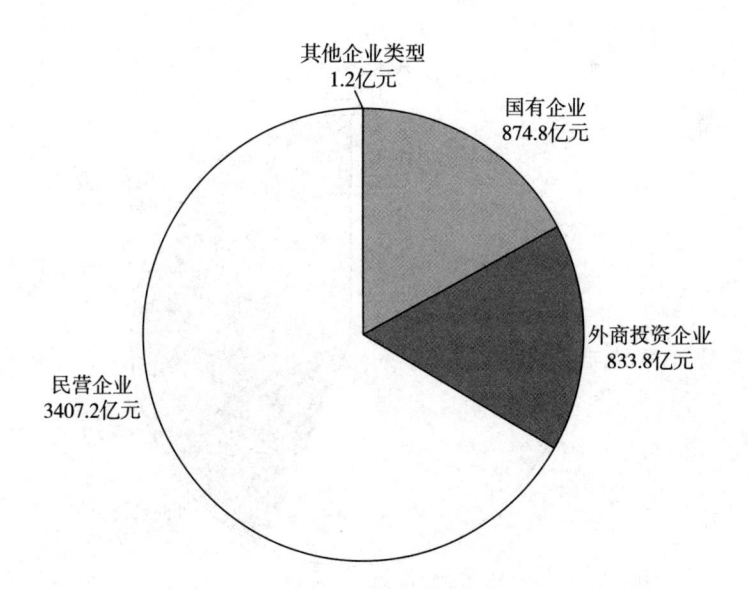

图4　2024年1~10月河北省不同性质企业进出口总额

资料来源：中华人民共和国石家庄海关统计数据。

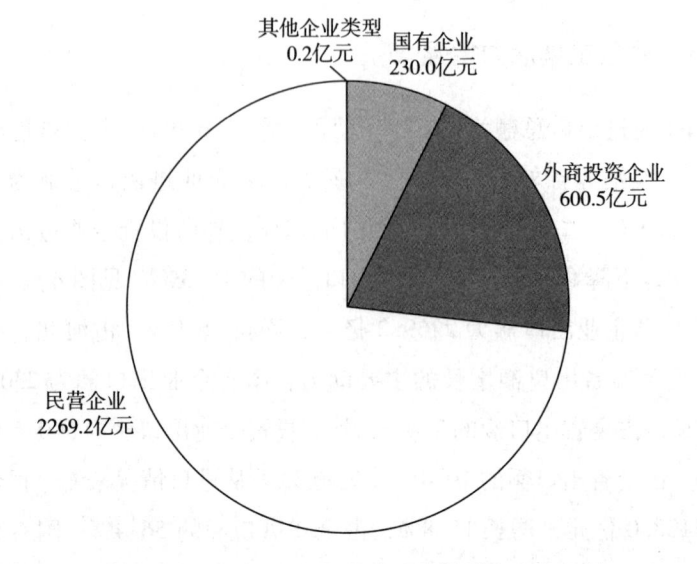

图5　2024年1~10月河北省不同性质企业出口额

资料来源：中华人民共和国石家庄海关统计数据。

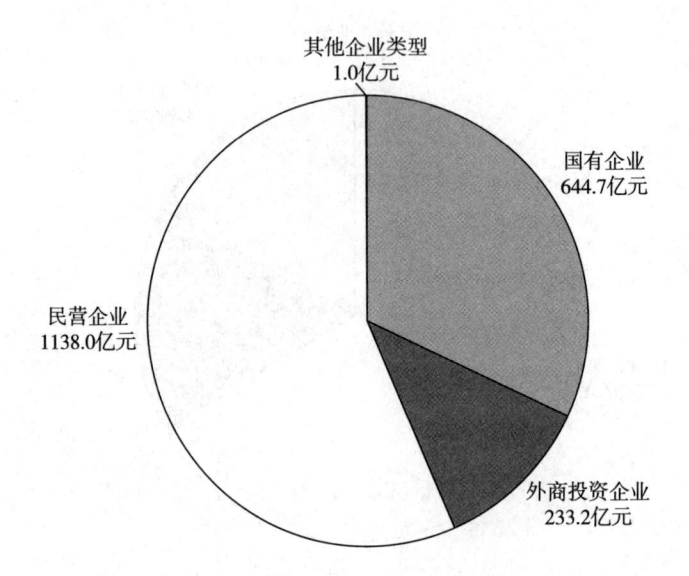

图6　2024年1~10月河北省不同性质企业进口额

资料来源：中华人民共和国石家庄海关统计数据。

（五）市场多元化稳步推进

2024年1~10月，河北省多数贸易市场保持增长态势（见表4）。共建"一带一路"国家、RCEP其他成员国是河北省主要贸易伙伴。对共建"一带一路"国家进出口2470.4亿元，增长11.1%，占全省进出口总额的48.3%；对RCEP其他成员国进出口1691.8亿元，增长10.5%，占全省进出口总额的33.1%。从出口来看，对共建"一带一路"国家出口占全省出口额的54.2%，对RCEP其他成员国出口占全省出口额的24.7%。从进口来看，对共建"一带一路"国家进口占全省进口额的39.2%，对RCEP其他成员国进口占全省进口额的45.9%。

表4 2024年1~10月河北省各贸易市场进出口情况

单位：亿元，%

贸易市场	进出口总额 绝对值	进出口总额 增速	出口额 绝对值	出口额 增速	进口额 绝对值	进口额 增速
合计	5116.9	11.1	3100.0	10.9	2017.0	11.4
亚洲	1807.2	14.2	1212.2	6.7	595.0	33.3
非洲	346.7	10.7	219.5	5.5	127.2	21.2
欧洲	1039.6	11.7	831.8	16.8	207.8	-4.8
拉丁美洲和加勒比	756.1	28.5	359.7	40.0	396.4	19.6
北美洲	445.6	-13.4	360.6	-1.8	85.0	-42.3
大洋洲	721.2	6.5	116.1	1.1	605.1	7.5
RCEP其他成员国	1691.8	10.5	765.8	5.6	926.0	15.0
APEC其他经济体	2760.6	5.6	1597.1	5.8	1163.5	5.4
东盟（10国）	675.4	23.1	408.7	8.8	266.7	54.3
北美自由贸易区	542.1	-7.0	455.4	5.0	86.7	-42.0
欧盟（28国）	637.4	20.6	544.6	24.1	92.8	3.5
欧元区（20国）	493.6	21.8	421.7	26.9	71.9	-1.2
中东（17国）	460.7	15.7	290.8	10.4	170.0	26.1
其他上合组织成员国（9国）	608.5	3.0	449.8	5.0	158.7	-2.5
"一带一路"沿线国家（64国）	1875.6	12.3	1257.7	6.9	618.0	25.2
共建"一带一路"国家（154国）	2470.4	11.1	1680.1	7.1	790.3	20.5
其他金砖国家（9国）	1257.9	13.5	698.2	15.5	559.6	11.1
中亚五国	37.8	-12.1	33.4	-21.1	4.4	550.5

续表

贸易市场	进出口总额		出口额		进口额	
	绝对值	增速	绝对值	增速	绝对值	增速
阿拉伯联盟	420.1	16.8	253.6	11.0	166.5	27.1
海合会	323.5	19.4	160.3	13.6	163.2	25.7
中东欧	74.0	-0.6	67.0	0.2	7.0	-8.5
OPEC（13国）	250.5	9.4	217.4	4.0	33.1	66.0
传统市场（美国、欧盟、日本、英国和中国香港）	1166.3	2.5	975.1	10.5	191.2	-25.1
最不发达国家（45国）	203.2	9.5	115.7	-0.5	87.5	26.4

资料来源：中华人民共和国石家庄海关统计数据。

（六）唐山、石家庄是推动河北省外贸增长主要力量，张家口出口额激增

2024年1~10月，各地市进出口总额除唐山、秦皇岛、邢台、衡水四市下降外，其他地市均有较大幅度增长（见表5）。唐山、石家庄进出口总额均超1000亿元，分别占全省进出口总额的23.9%、20.8%，合计占比为44.7%，是河北省主要的贸易区域。从出口情况来看，石家庄、保定是主要的出口地市，分别占出口额的20.8%、20.3%，张家口出口额猛增，较上年同期增长4.9倍，成为河北省外贸出口新的增长点。从进口情况来看，唐山是主要进口地市，进口额在全省的占比为41.2%，沧州、邯郸进口额大幅提升，增速分别为78.7%、53.7%，远高于全省平均增速。

表5　2024年1~10月河北省各地市进出口情况

单位：亿元，%

地区	进出口总额		出口额		进口额	
	绝对值	增速	绝对值	增速	绝对值	增速
合计	5116.9	11.1	3100.0	10.9	2017.0	11.4
石家庄	1063.3	7.5	644.8	5.1	418.5	11.3
唐山	1225.0	-2.3	394.5	-7.3	830.5	0.3
秦皇岛	346.3	-0.5	233.0	2.4	113.3	-6.1

续表

地区	进出口总额 绝对值	进出口总额 增速	出口额 绝对值	出口额 增速	进口额 绝对值	进口额 增速
邯郸	240.8	25.0	115.4	4.0	125.3	53.7
邢台	199.5	-6.9	174.0	-8.6	25.6	6.4
保定	662.1	11.6	629.2	14.3	32.9	-22.9
张家口	219.1	405.7	215.0	492.4	4.1	-41.1
承德	31.0	34.4	30.1	72.9	0.9	-83.7
沧州	458.2	26.2	254.4	2.1	203.8	78.7
廊坊	468.4	30.0	226.3	34.5	242.2	26.0
衡水	172.4	-14.2	158.1	-15.5	14.3	2.8
雄安新区	30.6	25.7	25.1	32.7	5.4	1.1

资料来源：中华人民共和国石家庄海关统计数据。

（七）贸易方式持续优化

2024年1~10月，河北省外贸进出口以一般贸易为主，占比高达89.0%，与上年同期（89.4%）基本持平（见表6）。其中，一般贸易出口额占全省出口额的89.5%，一般贸易进口额占全省进口额的88.2%。与全国相比，全国一般贸易进出口额占进出口总额的64.1%，河北省一般贸易进出口占比高于全国平均水平24.9个百分点。加工贸易进出口总额持续下降，占比由上年同期的4.3%下降至3.3%。保税物流方式的进出口总额大幅增长，增速为32.1%，增速较上年同期提高50.6个百分点。河北省外贸正在向更高效、更多元的方式转变。

表6 2024年1~10月河北省各贸易方式进出口情况

单位：亿元，%

贸易方式	进出口总额 绝对值	进出口总额 增速	出口额 绝对值	出口额 增速	进口额 绝对值	进口额 增速
合计	5116.9	11.1	3100.0	10.9	2017.0	11.4
一般贸易	4554.4	10.5	2775.9	11.7	1778.5	8.8
加工贸易	166.3	-5.6	108.1	-9.1	58.2	1.6

续表

贸易方式	进出口总额		出口额		进口额	
	绝对值	增速	绝对值	增速	绝对值	增速
保税物流	282.9	32.1	104.7	9.5	178.2	50.3
其他	113.3	18.1	111.3	17.6	2.1	59.9

资料来源：中华人民共和国石家庄海关统计数据。

二 河北省对外贸易发展存在的问题

（一）外贸出口规模较小，拉动经济增长作用较弱

出口与消费、投资一起被视为拉动经济增长的"三驾马车"，是河北省地区生产总值的重要组成部分。河北省外贸出口规模虽保持增长态势，但总体规模较小，拉动全省地区生产总值的增长效应不显著。2024年前三季度，全省实现地区生产总值32904.0亿元，出口额为2783.4亿元，进口额为1840.9亿元，贸易顺差为942.5亿元。[1] 虽然河北省地处沿海地区，但其外贸基础薄弱、规模小，拉动全省经济增长的动力较弱，对全省经济发展贡献较小。

（二）商品结构不合理

从出口来看，河北省外贸出口以农产品、纺织品、服装等劳动密集型产品和钢材、化学品、药品、塑料制品等资源密集型产品为主，机电产品和高新技术产品等技术含量高、附加值高的产品占比偏低。与全国相比，农产品、钢材出口额占全省出口额的比重均高于全国平均水平，机电产品、高新技术产品出口额占全省出口额的比重远低于全国平均水平。随着劳动力成本上升，劳动密集型产品的价格优势减弱，资源型产品的附加值也难以抵消资源成本迅猛上升造成的亏损，利润空间受到挤压。从进口来看，河北省对大宗商品

---

[1] 数据来源：河北省统计局。

的进口依存度较高，外贸进口受价格波动影响较大，特别是近年来频发的贸易摩擦和地缘政治冲突，对供应链的稳定性造成严重影响。与全国相比，河北省农产品进口额占比高于全国平均水平，机电产品、高新技术产品进口占比远低于全国平均水平。可以看出，河北省外贸进出口结构不合理，商品附加值较低，产业链价值链大幅落后于全国平均水平，国际竞争力较弱。

（三）贸易方式落后

河北省贸易方式单一，以一般贸易为主导。河北省一般贸易进出口额占比为89.0%，全国一般贸易进出口额占比为64.1%，河北省一般贸易进出口占比高于全国平均水平24.9个百分点。此外，受劳动力成本上升、外商投资减少等因素影响，加工贸易额出现下滑趋势。目前，河北省加工贸易的技术含量和附加值较低，针对高端外贸产品的加工贸易匮乏，对提升国家整体贸易水平和竞争力的作用有限。贸易方式数字化程度低，跨境电商发展滞后。截至2023年底，河北省综合算力指数排名全国第一。[①] 2023年，河北省跨境电商进出口总额为375.6亿元，仅占全省进出口总额的6.5%，表明数字技术在货物贸易中的应用不足，数据要素资源优势没有转化为拉动外贸高质量发展的重要引擎。

（四）企业科技创新能力不足

企业的科技创新能力是外贸高质量发展的强劲动力，创新型中小企业和专精特新"小巨人"企业数量直接反映了经营主体的竞争力和外贸发展潜力。截至2023年底，全国已有创新型中小企业21.5万家，河北省有7476家，占比为3.5%。截至2024年9月，全国各省市第一批至第六批国家级专精特新"小巨人"企业有效公示数约1.5万家，其中河北省累计公示448家，占比较小。[②] 可以看出，河北省创新型中小企业和专精特新"小巨人"

---

① 数据来源：《中国综合算力指数报告（2024）》。
② 数据来源：工业和信息化部，河北省工业和信息化厅。

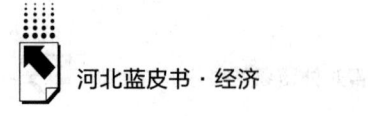

企业数量较少,河北省整体科技创新能力较弱,推动外贸高质量发展的动力不足。

(五)地区发展不平衡

河北省外贸发展地区差距较大,唐山、石家庄由于对外开放时间较早、地理位置优越以及自身产业基础雄厚和相关配套设施较为齐全,外贸发展优势明显,但承德外贸规模远小于其他地区。2024年1~10月,唐山进出口总额为1225.0亿元,石家庄进出口总额为1063.3亿元,合计占进出口总额的44.7%,贸易优势明显。承德进出口总额仅为31.0亿元,约为唐山市的1/40,在全省占比仅为0.6%,外贸发展活力严重不足,阻碍了河北省外贸整体发展。

三 2025年河北省对外贸易发展面临的机遇与挑战

(一)机遇

2025年河北省外贸将面临更多机遇,政策红利持续释放,推动外贸发展迸发新的活力。一是区域合作战略助力开拓国际市场。共建"一带一路"合作不断深入、RCEP全面生效、《全面与进步跨太平洋伙伴关系协定》(CPTPP)和《数字经济伙伴关系协定》(DEPA)等国际高标准经贸规则的主动对接,进一步扩大了面向全球的高标准自由贸易网络,为河北省提供了更多贸易伙伴和渠道。二是改革赋能制造业高质量发展。制造业是拉动河北省出口增长的主要力量,特别是近年来外贸"新三样"产品出口势头强劲,带动上下游产品的出口激增。国家提出一系列与制造业相关的改革措施,河北省也印发《河北省"十万企业上云"行动计划(2022—2025年)》,提高工业企业设备上云率,为制造业数字化转型按下"快进键"。制造业转型升级有利于提高外贸"新三样"产品的国际竞争力。三是跨境电商发展为外贸增长注入新动能。海关总署印发《关于进一步促进跨境电商出口发展的公告》,取消跨境电商出口海外仓企业备案、简化出口单证申报手续、扩大出口拼箱货物"先查验后装运"试点、推广跨境电商零售出口跨关区退货监管模式，促进外贸降本增效，进一步推动跨境电商高质量发展。四是超大市场规模为外贸发展提供巨大的空间。我国具有超大市场规模优势，能够快速推广普及新技术，促进新产品快速商业化，形成规模经济，推动企业在创新发展中不断提高商品价值，极大地提升了其在国际市场的竞争力和占有率。五是现代化海关改革提高外贸服务水平。近年来，海关总署以建设智慧海关、优化口岸营商环境为抓手，推进现代化海关改革。以大数据为支撑，持续优化海关业务流程，普及新技术和智能装备，为外贸企业提供安全、便利、高效的服务，确保进出口顺利进行。六是打造外贸发展新高地。综合保税区是外贸发展的重要平台，目前河北省已有5个综合保税区，分别是石家庄综合保税区、曹妃甸综合保税区、秦皇岛综合保税区、廊坊综合保税区、雄安综合保税区。这些综合保税区在推动贸易自由化、投资便利化等方面发挥重要作用。

（二）挑战

当前，国际政治经济环境日趋复杂，世界经济下行，外贸发展面临的挑战将日益严峻。一是特朗普当选带来的贸易保护主义和单边关税政策将再次成为中美贸易摩擦加剧的因素，对我国产业经济造成严重冲击。我国未来出口形势严峻，一些外贸企业急需寻求新的发展机遇。二是地缘政治冲突频发，贸易摩擦日益频繁。全球供应链韧性降低，融资成本增加，扰乱跨境资本流动，降低市场效率。中国贸促会召开的例行新闻发布会显示，2024年2月，全球经贸摩擦指数为299，继续处于高位。全球经贸摩擦措施涉及金额同比上升8.3%，环比上升66.9%。在涉华经贸摩擦方面，19个国家（地区）涉华经贸摩擦指数为1384，呈增长趋势。三是经济全球化遭遇逆流，国际贸易中保护主义盛行。全球单边主义加剧，供应链出现被动断裂和主动脱钩。欧美国家实施"制造业回流"战略，促进本土制造业发展，减少对中国对外投资与进口的依赖。四是全球经济复苏乏力，国际市场需求萎缩。世界经济仍保持下行趋势，全球债务风险加剧，外贸投资增长乏力。五是价格优势减弱，外贸企业出口压力倍增。价格是影响外贸企业进出口动力的重要因素。近年来，国内外贸企业采购价格上升，同行业价格战愈演愈烈，出口价格下降。同时，全球供应链受自然因素、地区政策等因素影响，物流成本上升，给外贸企业出口造成压力。六是绿色贸易壁垒对出口造成负面影响。绿色贸易壁垒限制我国出口商品数量的增加，提高相关商品的成本，主要涉及农产品、纺织品、食品、医药品等。根据世界贸易组织统计，2023年，以环保为目的的技术限制措施有314件，近3年平均增长率达58.0%，我国造纸和纸制品出口额减少5.69%，进口额增加4.46%，影响我国出口市场范围拓展与外贸增长。七是数字技术的变革对传统外贸企业造成一定冲击。传统外贸企业数字化转型成本过高，缺乏明确的目标和成熟的经验，劳动力供给不能满足数字化转型需求，不能及时将新技术融入营销方式，因此难以在短时间内提高商品的竞争力。

四 2025年促进河北省对外贸易稳定增长的重点举措

（一）优化进出口商品结构，提高外贸商品附加值

1.优化出口商品结构

出口商品结构是地区产业结构的直接反映，优化出口商品结构是提升国际贸易竞争力的重要策略。鼓励企业研发新产品，不断提高外贸产品的技术含量和附加值。引导外贸企业对标国际高标准，不断提升产品生产和质检标准。加强出口商品质量检验公共服务平台建设，加快推进出口市场认证证书和检测结果互认，确保商品顺利出口。完善质量安全风险预警和快速反应监管体系。加强品牌建设，聚焦软件、汽车及零部件、中医药等重点行业，抓紧制定品牌发展规划，整合扶持政策，提高品牌发展资金使用效益，着力提高出口产品的质量、档次和附加值。根据河北省资源和产业优势，大力发展特色产业，推动传统优势特色产品高端化、精细化发展。扩大高附加值特色农产品出口规模，提升农产品精深加工能力，支持符合条件的地区申建国家农产品贸易高质量发展基地。

2. 优化进口商品结构

随着贸易顺差的扩大、人民币升值压力的加大，进口在经济增长中的作用日趋重要。继续落实国家进口贴息政策，持续扩大先进技术、重要装备和关键零部件进口规模。完善进口政策，及时调整进口商品类目，支持关键设备、能源资源等产品进口，扩大再生资源进口规模。持续完善进口口岸功能，积极申请设立药品、种子种苗、食用水生动物、木材等进境商品指定监管场地。鼓励优质消费品和国内紧缺产品进口，满足国内消费升级需求。积极扩大咨询、研发设计、节能环保、环境服务等知识技术密集型服务进口规模。

（二）创新贸易方式，推动外贸高效、绿色发展

1. 推动跨境电商快速发展

大力推进跨境电商服务平台建设，实现外贸数据资源共享。持续推进海外智慧物流平台建设，提高商品流通效率。推动建立涉外法务集聚区，集聚优质港航企业、金融机构、法律服务机构，完善企业对接服务，帮助外贸企业顺利进出口。进一步优化跨境电商结算方式，引导银行机构优化海外布局，提升对企业开拓国际市场的服务保障能力。同时，加强宏观政策调控，保持人民币汇率基本稳定，鼓励金融机构提供汇率风险管理产品，帮助企业提升汇率风险管理水平。

2. 推动绿色贸易、边民互市贸易、保税维修创新发展

当前，绿色贸易壁垒阻碍了我国部分商品出口，要加强第三方碳服务机构与外贸企业对接，大力发展绿色贸易。组织专业人员对外贸企业进行培训，及时普及新贸易规则和政策，增强外贸企业的绿色低碳发展意识。加快建设绿色贸易公共服务平台，面向全国遴选发布典型案例，推广经验做法。拓展多双边渠道和加强沟通磋商，拓展绿色产品的市场空间。积极发展边境贸易，推进边民互市贸易。设立保税维修产品目录，推动一批综合保税区和自贸试验区外"两头在外"保税维修试点项目、综合保税区内"两头在外"保税再制造试点项目落地。

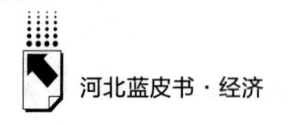

（三）提高企业科技创新能力，提升外贸企业国际竞争力

1. 培育壮大科技创新能力突出的领军企业

围绕河北省产业基础，着力引进一批产业关联度高、科技含量高、带动能力强的外向型企业。聚焦通信、化工、装备制造、生物医药等领域，培育一批具有较强创新能力和国际竞争力的外贸龙头企业。加快培育一批创新能力强、专业化程度高的专精特新"小巨人"企业，明确政策导向，形成较为完备的助推中小企业发展的政策保障体系。积极开展中小外贸企业成长行动，鼓励具有科技创新优势的企业走国际化道路。同时发挥财政政策的引导和撬动作用，对申报并获批专精特新"小巨人"的企业，给予资金奖励。探索组建企业进出口联盟，支持外贸企业拓展以科技创新为核心的价值链，持续加强与国际上优秀的上下游产业链合作，增强企业的国际经营能力。

2. 建设高素质人才队伍

人才是创新的根基，是企业进行科技创新最为关键的因素。以外贸企业的目标为导向加快构建产学研协作新模式，在人才的培养上更具有针对性。加大复合型人才的引育力度，实施更加积极、更加开放、更加有效的人才政策，通过柔性引才、项目引才等方式吸引行业翘楚，打造创新型人才高地。完善以创新为导向的科技评价体系与激励机制，最大限度调动人才创新的积极性。

（四）完善服务保障体系，营造良好的外贸发展氛围

1. 提升外贸金融服务效能

当前，量增质优的外贸发展趋势对金融服务提出了更高要求。要加大金融支持力度，扩大出口信用保险承保规模和覆盖面，充分利用中小微外贸企业政策性贷款，在授信、放款、还款等方面持续改进对外贸企业的金融服务。鼓励银行机构在认真做好贸易背景真实性审核、有效管控风险的前提下，在授信、放款、还款等方面持续优化对外贸企业的金融服务。重点做好

渠道建设，强化综合服务，在促进外贸稳定增长、培育外贸新动能的同时，帮助企业提升汇率风险管理水平。

2. 完善外贸商务人员跨境往来制度

加快贸促机构公共服务平台和服务企业数字化平台建设，加大对外宣传推广力度，加强展会信息服务。持续推进互免签证协定，有序扩大免签政策适用范围和延长停留时间，依规为临时紧急来华重要商务团组发放口岸签证，便于外贸合作伙伴跨境往来。

3. 加强外贸企业用工服务

稳步推进外贸企业减负稳岗工作，落实失业保险稳岗返还、创业担保贷款及贴息等政策。将重点外贸企业纳入企业用工服务保障范围，加派人社专员指导服务，聚焦职工入职管理、社保缴纳、工资与福利、休息休假、企业民主管理、劳动保护等方面，切实保障外贸员工合法权益。

（五）加强外贸发展顶层设计，构建外贸协同发展新格局

1. 促进优势互补、共同发展

持续发挥省会石家庄的开放引领作用，深入挖掘冀中南地区传统产业优势，推动高端装备制造、生物医药、"新三样"等产品出口，推进外贸转型升级示范区建设迈上新台阶。充分结合各地资源禀赋，发挥产业优势，加快建立区域资源共享机制，带动全省协同发展。大力推动雄安新区探索便捷通关模式，主动对标国际高标准贸易规则，积极打造"智慧海关"，加快建设贸易自由化便利化新高地。以张家口为牵引，充分利用北京冬奥遗产这块金字招牌，持之以恒抓好后奥运经济发展，加快扩大冰雪装备、绿色产品出口规模，推动建设冀北外贸绿色发展示范区。持续优化沿海港口功能定位，加快完善集装箱、散杂货、油气及液化码头等关键基础设施建设，扩大高端装备、精品钢铁、精细化工、新型建材出口规模，打造外贸高质量发展先行区。

2. 充分发挥开放平台的示范作用

发挥高端开放平台的作用，有效畅通开放渠道，提高开放精准性、有效

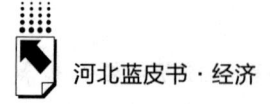

性，推动构建高水平对外开放新格局。推进综合保税区快速发展，打造外贸创新高地。综合运用综合保税区政策优势，支持国家产业创新中心、国家技术创新中心、国家工程研究中心、新型研发机构等研发创新机构在综合保税区发展。持续深化经贸合作、拓展合作领域、加强人文交流。不断拓展数字经济、绿色经济、健康医疗等新的合作领域，为双方合作注入新动力。通过文化交流、教育合作、旅游互动等方式，增进彼此友谊，为经贸合作奠定坚实基础。以开放平台为抓手，进一步扩大高水平对外开放，为全球经济稳健复苏注入动力。

参考文献

付裕：《增强金融服务供给　积极促进外贸稳规模优结构》，《中国外汇》2024年第14期。

郭子源：《进一步提升外贸金融服务效能》，《经济日报》2024年11月22日。

《商务部关于印发促进外贸稳定增长若干政策措施的通知》，商务部网站，2024年11月22日，https://sg.mofcom.gov.cn/sxtz/zgyshj/art/2024/art_94d6305b417e4706b990af72cf85c4c4.html。

《海关总署关于进一步促进跨境电商出口发展的公告》，中华人民共和国海关总署网站，2024年11月25日，http://www.customs.gov.cn//customs/302249/zfxxgk/zfxxgkml34/6309806/index.html。

新质生产力培育篇

B.7 以科技创新推动河北新质生产力发展的思路研究

白玉芹[*]

摘　要： 新质生产力是由技术创新催生的先进生产力，以科技创新推动新质生产力发展是高质量发展的重要着力点。本报告根据河北发展新质生产力的条件与特征，在理论分析与调查研究的基础上，提出以下发展建议：一是瞄准河北创新需求大，但创新能力弱的突出问题，对内聚焦，对外借力，着力提高科技创新与产业发展适配度；二是瞄准科技创新资源不丰富、潜力发挥不足的突出问题，率先推进科技体制改革，将改革要素功能作用发挥到最大；三是瞄准科技创新与产业创新结合不紧密的突出问题，多途径推进以科技创新为核心的全面创新；四是瞄准产业链、产业集群竞争力不强的突出问题，进一步加大对领军企业的支持力度，提升领军企业创新引领力。

关键词： 科技创新　新质生产力　数字经济　产业创新

---

[*] 白玉芹，河北省社会科学院财贸和数字经济研究所研究员，研究方向为科技创新、区域经济等。

自2023年7月以来，习近平总书记在四川、黑龙江、浙江、广西等地考察调研时，提出要整合科技创新资源，引领发展战略性新兴产业和未来产业，加快形成新质生产力①，明确了科技创新在发展新质生产力中的关键作用。因地制宜发展新质生产力，就是强调要结合本地区特点，不断提升科技进步贡献率，实现质量变革、效率变革和动力变革，为推进新型工业化注入更为强劲的动力。面对新形势新任务，河北要率先推进科技体制改革，着力提高科技创新与产业发展适配度，以科技创新推进河北产业加快迈向全球价值链中高端。

引　言

加快发展新质生产力是我国经济社会高质量发展的核心动力。习近平总书记在中共中央政治局第十一次集体学习时强调，新质生产力是创新起主导作用，摆脱传统经济增长方式、生产力发展路径，具有高科技、高效能、高质量特征，符合新发展理念的先进生产力质态。② 新质生产力在推动产业升级和经济结构优化中扮演至关重要的角色。

当前，加快推动新质生产力发展是提高产业科技创新能力的关键。首先，从国际竞争来看，国际竞争实际上体现在产业竞争上，而产业科技创新能力是关键。提升科技创新能力要着力破解产业技术难题。其次，从发展趋势来看，现代产业正朝着高端化、智能化、绿色化方向发展，产业科技创新能力是关键。高端化意味着产业中的高科技含量不断提升，智能化是数字技术对产业的渗透、融合和颠覆式优化，绿色化意味着要用绿色技术、从底层逻辑上改变传统生产方式，这些均要求以产业创新能力为基础支撑。河北传统产业的转型升级、战略性新兴产业的发展、未来产业的谋划，均由产业科技创新推动。最后，从现实需求来看，新质生产力是破解多年来科技创新与

---

① 《人民日报整版探讨：加快形成新质生产力》，"人民网"百家号，2023年11月24日，https://baijiahao.baidu.com/s？id=1783392553900078230&wfr=spider&for=pc。
② 《加快发展新质生产力　扎实推进高质量发展》，《人民日报》2024年2月2日。

产业创新协同度不高问题的关键。受到要素结构、评价目标、体制机制等因素影响，"两张皮"现象突出，产业创新能力没有很好地转化为产业竞争力。以提高产业科技创新能力为目标，以破解产业发展问题为导向，增强科技创新的目的性，对破解深层矛盾意义重大。

近年来，随着我国数字经济快速发展，科技创新如何赋能新质生产力发展已经成为研究热点。新质生产力是高效率、高质量及可持续生产力，是由技术革命性突破而催生的先进生产力。相关研究从多个维度展开，如技术创新与应用、数字金融发展、产业融合与创新以及数字基础设施建设等。张文娟、张正平认为，技术创新及其在经济活动中的广泛应用，尤其是大数据、云计算、区块链和人工智能等技术的应用，是推动新质生产力发展的核心。[①] 王稳华、陆岷峰、朱震认为，数字经济发展推动了传统产业与数字技术的深度融合，催生了新业态、新模式，为加快发展新质生产力提供了强大动力。[②] 这充分说明科技创新推动新质生产力发展的重要性。但已有研究也存在一些不足，例如，没有明确如何清晰界定科技创新与新质生产力的内在联系、形成机理等，并欠缺可操作的方案等。

本报告旨在深入探讨当前科技创新如何赋能新质生产力发展，尤其是在加快发展新质生产力方面的内在机理、实践路径。一方面，要从科技创新能力、产业科技创新能力，以及推进二者深度融合视角入手，通过剖析科技创新能力与产业科技创新能力之间的关系，为科技创新推动新质生产力发展提供理论依据。另一方面，积极探索科技创新推动新质生产力发展的实践路径，为相关部门政策的制定提供借鉴。本报告为研究提供了创新的理论视角，明确了科技创新与新质生产力的相互作用机制，提出了实践性指导路径，指出了科技创新能力提升与加快发展新质生产力的双重目标。

[①] 张文娟、张正平：《数字普惠金融与数字乡村融合发展研究》，《农村金融研究》2022年第4期。

[②] 王稳华、陆岷峰、朱震：《企业数字化转型的外部驱动机制研究：基于战略联盟视角》，《现代财经》（天津财经大学学报）2024年第3期。

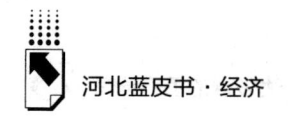

一 河北新质生产力发展条件与特征

河北拥有发展新质生产力的良好条件：地形地貌类型齐全，为新质生产力布局提供了广阔的地理空间；产业体系完备，为产业配套、产业链生成提供了重要的配套条件；内环京津，为科技成果转化、产业升级、新质生产力发展奠定了基础。但同时存在创新能力不强、创新要素不活、科技创新与产业创新融合度不高、各维度协同度不高等突出问题。

（一）新要素供给特征分析

新质生产力的新要素紧密联系，新型劳动者、新型劳动对象和新型劳动工具实现有机统一。

1. 前沿技术和颠覆性技术不断涌现，但研发投入和研发强度仍有待加大

新质生产力的本质是创新驱动，随着人工智能、大数据、互联网等新技术发展，新型劳动工具的创新使用，不仅能够催生新产业、新模式和新动能，也不断加速新质生产力的形成发展。近年来，河北科技创新整体实力稳步提升，截至2023年底，全省有效发明专利达64618件，比上年增长24.39%，组织实施国家和省高新技术产业化项目574项，为发展壮大新质生产力奠定了良好的技术基础。但同时，河北科技创新实力有待提高，研发投入和研发强度也有待加大。

2. 数据要素潜能不断释放，但数据对产业的贡献度较低

随着科技创新不断推进，作为新质生产力的重要组成，数据生产力的潜能不断释放。近年来，河北数据量快速增长，目前钢铁领域数智创新已成为河北数字经济的主战场，全省钢铁行业两化融合水平为64.5，高于全省平均水平12.8%，居全省制造业第1位；生产设备数字化率和数字化生产设备联网率分别为53.9%和59.8%，均高于全国平均水平。但河北数据价值化发展仍处在初级阶段，数据对产业的贡献度较低。

3. 不断形成全方位人才培养机制，但人才规模远低于国内先进地区

随着数据生产力快速发展，迫切需要培育运用数据的各类人才，如高科技数字应用人才、新质生产力发展创新人才等，这是新质生产力的主体。近年来，河北积极引进和培育高端人才，为新质生产力发展提供了智力支撑，如河北省科学技术厅、河北省国资委共同签署了《河北省科学技术厅　河北省人民政府国有资产监督管理委员会2023—2025年科技创新战略合作协议》，提出共同实施国有企业关键技术研发、引育人才、设立国企科创基金等10项务实举措。但在全省专业技术人才中，新材料、新能源、生物技术等新兴产业人才占比不足20%，高层次创新型人才仅占人才总量的约5%，远低于国内先进地区的水平。

（二）新质生产力载体支撑情况分析

结构是要素的载体，推动科技创新成果转化为现实生产力，要以现代化产业体系建设为重要载体，这是培育壮大新质生产力的重要立足点。

1.有竞争力的战略性新兴产业集群正在形成，但产业能级和现代化水平并不高

战略性新兴产业集群是科技创新与产业创新深度融合的综合体，也是发展新质生产力、构建现代化产业体系的关键环节。近年来，河北通过实施新一代信息技术产业三年"倍增"计划、加快建设生物医药原料药基地等措施，努力打造新的经济增长点，为发展新质生产力注入强大的动力。2023年，河北高新技术产业增加值增长7.5%，占规模以上工业增加值的比重为21.4%。目前，河北有2个国家级先进制造业集群，即京津冀生命健康集群和保定市电力及新能源高端装备集群，但从产品市场占有率、关键零部件替代率和区域经济贡献率来看，产业能级和现代化水平并不高。为此，河北要立足省情，根据资源禀赋和产业基础等，因地制宜、分类指导，发展新产业、新模式及新动能。

2.传统优势产业数字化、绿色化发展迅猛，但传统制造业领域的产品市场竞争力并不强

传统生产力是新质生产力形成的重要力量，经过多年发展，在全部41个工业行业大类和207个行业中类中，河北已覆盖40个行业大类和184个行业中类，覆盖率分别达到97.6%和88.9%，其中钢铁产业和装备制造业优势突出，为发展壮大新质生产力提供了重要的产业基础条件。但同时，由于缺乏先进的技术和装备，河北传统制造业领域的产品市场竞争力并不强，与国内外先进企业相比存在一定差距。

（三）科技成果转化及创新生态分析

新质生产力的本质是创新驱动，发展壮大新质生产力必须加快搭建从实验室成果到产业化技术的中间平台，破除科技成果转化"中梗阻"，不断提升科技成果转化效能。

1. 与新质生产力相适应的创新生态系统加快构建，但科技研发平台建设有待加强

聚焦关键核心技术问题，形成高校、科研机构和企业多部门共同攻克重大科技难题的组织模式和运行机制，促进科技成果转化，为发展壮大新质生产力提供条件。近年来，河北通过着力完善京津冀协同创新体系，不断提升科技成果转化效率。2023年，河北吸纳京津技术合同成交额达810亿元，是2014年的12倍，并对接企业实际需求，与省内11家产业技术研究院共建产学研协作新模式。但同时，河北科技研发平台在国内竞争力较弱，创新体系效能整体偏低，对新质生产力发展的支撑不够。

2. 京津冀全链条创新快速发展，但创新体系效能整体偏低，缺乏高水平科技领军企业

只有打破技术和产业之间的壁垒，才能将科学技术和优势转化为现实生产力。曾经众多京津科技创新成果越过河北，"跳"到长三角、珠三角等地区"落地生根"，如今随着京津冀协同创新共同体建设，协同创新平台建设加快推进，"京津研发、河北转化"的协同创新模式不断优化，这种情况得到改变。截至2023年12月，中关村企业在河北设立子公司、分公司累计5589家，投资额达1015.01亿元。但同时，河北创新体系效能整体偏低，缺乏高水平科技领军企业，对新质生产力的支撑不够。

二 推动河北新质生产力发展的重点思路

当前，全球数字化、绿色化转型加速推进，面对国内外科技博弈加剧的新形势、新要求，河北新质生产力仍有较大发展空间，未来要站在新的战略高度确立发展思路，加快推动新质生产力发展取得新进展、新突破。

（一）强化新要素供给，夯实新质生产力发展基础

1. 推动前沿技术和颠覆性技术加速涌现

一要加强前沿技术供给的多方向、多路径探索，尤其是颠覆性技术、交叉融合技术等。一方面，加快搭建跨学科、大协作、高强度的协同创新平台；另一方面，加快布局一批未来产业技术研究院。二要加大政府支持力度，特别是发挥政府作为创新组织者的重要作用，在政府引导下持续加强前沿基础技术研发，如人工智能、机器人等新技术，不断提高新技术推动新质生产力发展的效率。

2. 充分释放数据要素潜能

一是加快推进河北数据标准化体系建设，完善数据产权登记制度，创新数据开发利用机制，推动数据要素充分流动，促进产业、数字、绿色深度融合，多维度推动形成新质生产力。二是积极探索建立健全数据信息相关的标准体系，完善相关法律法规等，加快构建稳定、安全、高效的数据要素交易市场。

3. 构建全方位人才培养机制

一要大力引进和培养高水平科技创新人才，特别是在新材料、新能源、智能制造等领域，为发展新质生产力提供智力支撑。二要提高河北劳动者整体素质，完善人力资本结构，建立多层次人才培养体系，培养战略性新兴产业、未来产业所需人才，组建适应新质生产力发展要求的劳动力队伍。

（二）以科技创新引领现代化产业体系建设，增强新质生产力载体支撑

1. 重点打造有竞争力的战略性新兴产业集群

一是在全国统一大市场中谋划区域发展，遵循生产要素区域集聚规律，建设若干具有强大带动力的创新型城市和区域创新中心，立足河北自身优势特色，因地制宜探索差异化的发展路径，为战略性新兴产业集群创新发展提供条件。二是积极培育新兴产业和未来产业。实施产业创新工程，促进战略性新兴产业融合集群发展；积极布局发展未来产业，持续加强与京津协同创新和产业协作，利用先进技术不断催生新业态。三是培育壮大先进制造业集群，争创国家新型工业化示范区。把集成电路、生物医药、安全应急装备等战略性新兴产业发展作为重中之重，培育一批先导性、支柱性和具有国际竞争力的优势产业集群，着力打造世界级先进制造业集群。加大招商引资力度，谋划实施一批科技含量高、投资规模大、市场前景好的重点项目。

2. 加快推动传统优势产业数字化、绿色化发展

一是加大传统优势产业技术改造和研发投入力度。如加强装备制造产业的技术创新能力，重点支持智能制造装备、轨道交通装备等高端装备制造领域发展，培育一批具有国际竞争力的领军企业，打造装备制造产业新高地。二是推动数字经济与实体经济深度融合，通过推广新一代信息技术，提高优势产业的生产效率和能源利用效率。如加强钢铁企业的数字化基础设施建设，实现生产过程的智能化监控和管理。加强钢铁产业的环保治理，推动钢铁企业实现超低排放。鼓励企业采用环保技术和装备，减少污染物排放，提高资源利用效率。三是强化企业创新主体地位。完善产业基础能力评估制度，针对化工、钢铁、煤炭等产业，加快实施产业基础再造工程，鼓励企业采用先进的生产工艺和设备，在各自领域实现新突破。例如，鼓励钢铁企业加大在特殊钢、高附加值钢材等领域的技术改造力度。化工企业向精细化、专业化方向发展，重点发展高端化学品、功能性材料等精细化工产品，提高产品附加值和市场竞争力。

（三）完善科技创新生态，提升新质生产力发展的科技成果转化效能

1. 构建与新质生产力相适应的创新生态系统

一是继续深化产学研合作，建立以企业为主体的技术需求发布机制，并构建产学研协作新模式，促进产学研联合攻关，推动科技成果转化和产业化，如聚焦钢铁产业中的废渣、废水等资源的循环利用，研发高效、环保的回收利用技术，促进钢铁产业的绿色化发展。二是面向全球，搭建从实验室成果到产业化技术的中间平台，如建立科技成果高效转化平台，解决科技成果无法落地的现实困境；建立智能科技服务全域全程网络，打破单个科技服务机构能力天花板；建立科技服务平台，提升科技服务平台能力等，不断提升科技成果转化效能。三是鼓励企业加大对整个产业链条的技术投入力度，建立产业链条共享平台和数据共享机制，促进产业内企业建立联盟和平台，共同研发新技术、新产品，共享资源和信息。四是围绕产业链创新链，积极打造超级创新生态系统，构建"科技—金融—产业"深度融合的新质生产力实现机制。

2. 推动京津冀全链条创新和协同发展

一是围绕产业链、创新链，尽快制定出台京津冀人才发展战略规划。建立并持续优化京津冀三地统一的人才信息资源共享平台，建立京津冀高层次人才数据库，推动人才大数据平台的对接和共享。二是围绕产业链、创新链，推进京津冀区域资本市场一体化，探索建立统筹协调机构。通过制度和政策创新，不断完善地区间财政与税收、金融资本的利益共享、利益冲突解决机制，加快推动区域资本市场一体化。三是建立县区园微观协同机制，形成新质生产力发展壮大新路径。将京津冀协同向底层延伸，向地区、高新区、县区、园区延伸，形成更多协商协同机制。四是根据资源禀赋、环境容量和市场需求，优化京津冀产业布局，实现规模化发展、集群化提升。例如，推动钢铁、装备制造等产业向沿海、资源富集地区集聚，产业链上下游企业紧密合作，形成协同创新的良好氛围。

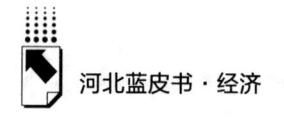

三 发展建议

（一）瞄准河北创新需求大，但创新能力弱的突出问题，对内聚焦、对外借力，着力提高科技创新与产业发展适配度

河北属于创新资源匮乏区域，多年来区域创新能力在全国中下游徘徊。对内聚焦、对外借力，着力提高科技创新与产业发展适配度，是河北发展新质生产力的必然选择。因此，应从以下两个方面入手。

其一，在推进京津冀协同创新取得重要成效的基础上，从内容拓展、协同细化、能级提升入手，进一步深化京津冀协同创新。从拓展方向来看，由一般科技成果转化向多类型科技成果转化拓展，重视产品转化、技术转让、专利转让和授权、技术咨询和服务、技术合作和联盟、创业和孵化、技术成果交易、技术示范工程、技术推广和培训等。从细化方向来看，由决策层定时联系向决策层定时联系与业务层日常交流转变，建立起业务层日常联系与沟通机制，掌握科技成果转移转化的主动权。从能级方向上看，2023年京津专利技术在河北转化1339次，同比增长74.74%。但重大、带动力强的科技成果较少，下一步应在稳定提高京津科技成果在冀转化率的基础上，收集、筛选有重要影响力和带动力的科技成果，成立工作专班，吸纳引进一批有重要影响力和带动力的科技成果在河北转化，增强河北产业创新引领能力。其二，聚焦创新产业技术，精准定位发展方向，推动产业升级与突破。建议河北聚焦有比较优势的产业，开展技术创新，将有限的创新资源配置在重点项目和优势领域上，力求在电子信息、生物医药、新材料、新能源、智能制造等领域和未来产业上取得实质性突破，提高科技创新与产业发展的适配度。

（二）瞄准科技创新资源不充沛、潜力发挥不足的突出问题，率先推进科技体制改革，将改革要素功能作用发挥到最大

改革是一项潜能大、成本低、带动力强的发展新质生产力的重要举措。

党的二十届三中全会通过的《中共中央关于进一步全面深化改革 推进中国式现代化的决定》，对"健全因地制宜发展新质生产力体制机制"提出了明确要求，建议聚焦科技体制改革重点领域率先探索，为发展新质生产力提供内生动力。一是瞄准河北重大产业技术攻关需求，建立基础研究、应用基础研究、产业技术攻关、战略性新兴产业发展、未来产业超前谋划的科技创新项目协同机制，建立项目选择、专家评审、资金支持、项目管理等综合性评审制度，形成目标聚焦、分工协作的科技创新项目集群，提高科技创新效率。二是推进政府各类创新平台管理制度改革，建立市场化运营机制。重点是京津冀国家技术创新中心河北分中心、雄安分中心、河北产业技术研究院等创新平台，通过管理运营市场化改革，激活存量创新要素，吸纳集聚外部要素，充分发挥高端创新平台作用。三是适应科技创新特点，科研类事业单位采取比一般事业单位更加灵活的机制，形成既重过程更重绩效的管理机制，提高财政资金使用效率。

（三）瞄准科技创新与产业创新结合不紧密的突出问题，多途径推进以科技创新为核心的全面创新

要深入实施创新驱动发展战略，推动科技创新、产业创新、企业创新、市场创新、产品创新、业态创新、管理创新等，加快形成以创新为主要引领和支撑的经济体系和发展模式。积极推进以科技创新为核心的全面创新，是加快新质生产力发展的内在要求。因此，要做好以下几个方面的工作。

一是建立全面创新协同机制。从河北现实来看，科技创新、产业创新等管理职能分散在多个部门，财政支持资金也分散在科技、发改、商务、文化、工信等多个部门，财政资金目标集聚度和使用效率有待提高。建议建立全面创新协同支持机制，并细化项目选择、支持方式、创新模式、成果评价等管理制度，提高财政资金的使用效率。二是建立科技创新与产业创新深度融合机制。调研中发现，目前河北高校、科研院所、企业、金融机构、科技中介机构在合作中的目标集聚度不高，高校、科研院所注重论文、评奖，企业注重成果转化和产业化，金融机构注重收益和资金安全，科技中介机构注

重收益。在科技创新与产业创新融合的中后期阶段，这些主体的积极性不高，协作难以持续，直接影响融合效率。建议进一步优化高校、科研院所创新评价体系，引导金融机构、科技中介机构调整创新目标，形成分工协作、目标聚焦的创新综合体。三是提高对全面创新的认识水平。目前，部分地区还存在重视科技创新而忽视市场创新、模式创新、业态创新、管理创新等现象，没有认识到这些创新的巨大市场价值，这也是河北全面创新与先进省市差距大的重要原因。建议通过专题培训、宣传引导、政策要求等，提高相关人员对全面创新的认识水平，放大科技创新的乘数效应。

（四）瞄准产业链、产业集群不强的突出问题，进一步加大对领军企业的支持力度，提升领军企业创新引领力

在当今国际竞争、区域竞争中，领军企业发挥配置资源和要素、组织专业化生产、引领技术创新、主导市场需求等重要作用，被形象比喻为市场机制、政府作用外的"第三只手"。现实也证明，拥有高能级领军企业的数量直接体现了国家和区域的产业竞争力。河北也出台了一批支持领军企业发展的政策，但与先进省市相比，政策支持强度不够大，领军企业的能级也有较大差距。一是政府财政资金向领军企业倾斜，提高支持强度，攻破一批产业技术难题，打造一批以领军企业为核心、有重要影响力的创新型产业链和产业集群。二是进一步发挥领军企业产业技术创新的引领作用。充分发挥领军企业在重大项目申报、科技进步奖励、国内外科技合作等方面的引领作用，在目前6家省创新联合体的基础上，打造更多以领军企业为核心、专业化分工协作、各类市场主体充分参与的创新综合体。

参考文献

陆岷峰：《数据市场化赋能新质生产力：理论逻辑、实施模式与发展趋势》，《新疆社会科学》2025年第1期。

B.8
推动河北低空经济高质量发展实践路径研究[*]

刘诗雯[**]

摘　要： 低空经济是新质生产力的集聚地和培育新动能的重要方向。河北拥有背靠京津的地理优势、雄厚的生产制造业基础、广阔的旅游市场以及各市县充沛的低空经济发展活力。近年来河北低空产业发展迅速，但受统筹规划力度、空域资源配置、基础设施建设、产业体系构建、市场挖潜程度等因素制约，河北低空经济高质量发展仍有待推进，需积极借鉴先进省市经验，结合省情找准切入点，"狠"下功夫，促进河北低空经济快速、高质量发展。

关键词： 低空经济　低空产业　新质生产力　河北

习近平总书记强调，发展新质生产力是推动高质量发展的内在要求和重要着力点。[①] 作为新质生产力的代表之一，低空经济在前沿与关键技术发展水平、应用场景的广度与深度、智慧化产业发展潜力等方面均超越了传统通航经济，蕴含巨大的市场潜力。中国民用航空局发布的数据显示，2025年我国低空经济市场规模将达1.5万亿元，到2035年有望达3.5万亿元。[②] 多省市加快布局低空产业，低空经济逐渐成为新的经济增长点和各地产业发展

---

[*] 本报告系2025年河北省社会科学院智库项目RC205020、QN2125011的阶段性研究成果。
[**] 刘诗雯，河北省社会科学院财贸和数字经济研究所助理研究员，研究方向为区域经济。
[①]《习近平：发展新质生产力是推动高质量发展的内在要求和重要着力点》，中国政府网，2024年5月31日，https://www.gov.cn/yaowen/liebao/202405/content_6954761.htm。
[②] 数据来源：中国民用航空局。

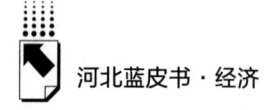

的"新赛道"。河北区位优势突出，原材料、零部件供应充足，发展空间巨大，典型应用场景丰富。面对新一轮发展机遇和人民日益增长的高品质消费需求，河北应立足现有产业基础，积极抢抓行业风口，探索一系列推动低空经济高质量发展的路径措施，加快形成新质生产力，为经济高质量发展注入新动能。

一　河北发展低空经济的优势

（一）区位优势明显

河北省位于华北平原，地域宽广，有辽阔的坝上草原、壮丽的燕山太行山山脉和广袤的渤海，以及来自北京、天津、山西、河南等省（市）丰富的客源，为海洋地质勘探、草原山林巡护、低空旅游提供了得天独厚的条件，同时河北地处京津冀协同发展的核心区域，可以利用京津雄厚的科研实力和人才资源，在研发、制造、场景应用方面协同互补，近期京津冀三地联合签署《低空经济产业发展战略合作协议》并成立京津冀低空经济产业联盟，标志三地达成共同培育低空经济产业的共识。交通方面，河北拥有唐山港、黄骅港、秦皇岛港三大港口，与山西、陕西、上海、浙江、江苏等省份，以及日本、欧洲、澳大利亚、巴西等内外贸集散地联系频繁，是低空经济零部件和航空器进口，以及航空器出口快捷的物流通道。此外，河北拥有雄安、正定、曹妃甸、大兴机场4个自贸试验区和石家庄、曹妃甸、秦皇岛、廊坊、雄安5个综合保税区，良好的贸易和投资环境将推动低空经济相关企业向河北集聚。此外，中国国际数字经济博览会的承办使河北低空制造业企业能够接触到最新的前沿技术，也为无人机等产品提供了展示和推介的平台。

（二）产业环境逐步改善

河北先后获批国家通用航空产业综合示范区、全国民用无人驾驶航空试验区，拥有发展低空经济的良好产业基础。制造业是低空经济产业链的重要支柱，河北钢材、机械等关键原材料产量高，配套服务企业涵盖范围广，近年来索蓝无人机科技有限公司、雄飞无人机科技有限公司等优质企业加速涌现，并拥有多项制造专利，为河北低空经济发展注入了新的活力。另外，河北电子信息产业也在不断壮大，石家庄鹿泉区作为电子信息产业的核心承载地和河北重点发展的低空产业基地，多年来集中优势资源，持续拓展电子信息产业发展空间。截至2023年底，河北省鹿泉经济开发区电子信息企业数量达到1060家，营业收入突破850亿元[①]，成为华北地区具有重要影响力的电子信息产业集群。目前，已入驻中电华鸿科技有限公司、云鼎科技股份有限公司、河北达信电子科技有限公司、石家庄市安瑞尔机械制造有限公司等12家无人机及相关产业企业。

（三）典型应用场景丰富

随着生活水平和消费能力的提升，人们越来越注重消费体验，对旅游的消费需求越来越大，旅游业成为经济产业中最具活力的"朝阳产业"。近年来，河北旅游业发展驶入快车道，据统计，2023年1~11月，河北共接待旅游客8.06亿人次（见表1），全年旅游综合收入达10000亿元。[②] 作为一种新兴的旅游形式，随着通用航空业的发展和旅游市场细分，低空旅游逐渐受到关注。在白洋淀、张北草原天路调研发现，空中游览受到游客的热烈欢迎，并有越来越多的游客尝试"低空旅游"新玩法。河北旅游人数多，消费能力强，游客对低空旅游期待度高，低空旅游市场空间大。

在低空物流领域，廊坊以现代商贸物流产业为主导，正全力打造现代商贸物流中心，无人机配送将是廊坊抢占产业发展制高点、发展新质生产力的重要举措。此外，相比其他省份，京津地区务工人员有较大的跨省通勤需求，城际通勤、商务出行等低空客运航线在河北拥有相当大的市场潜力。

---

① 《河北鹿泉经济开发区：新一代电子信息产业高质量发展迈入"快车道"》，石家庄市投资促进局网站，2024年3月8日，http://tzcjj.sjz.gov.cn/columns/66c7ea0c-6942-4c45-ac98-a23f17b523bf/202403/08/0f1acba2-2aa0-4bfe-8343-0d6a5a500776.html。

② 数据来源：河北省文化和旅游厅。

表1 2023年部分省份旅游综合收入及旅游接待人次

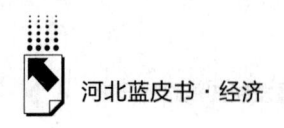

省份	旅游综合收入（亿元）	旅游接待人次（亿人次）	人均消费（元）
贵州	14600	12.80	1141
云南	14400	10.42	1382
江苏	12000	9.42	1274
河北	9124	8.06	1132
浙江	9908	7.60	1304
河南	9646	9.95	969
湖南	9565	6.60	1449
广东	9500	7.77	1223
山东	9100	7.80	1167
江西	9500	7.92	1199

资料来源：根据各省统计局、文化和旅游厅公布的数据以及官方媒体报道数据整理，其中河北为2023年1~11月数据。

（四）各市县发展低空经济的热情较高

河北高度重视低空产业发展，政府层面出台了一系列政策和措施，为低空产业发展提供强有力的保障。2024年5月，河北省工业和信息化厅等部门联合印发《关于加快推动河北省低空制造业高质量发展的若干措施》，划分责任单位，提升低空制造业产业竞争力。各地市也在积极谋划，河北迁安正着力打造无人机文化创新产业园，持续提升低空创新能力。石家庄栾城区筹划打造京津冀无人机产业示范基地，推动本土无人机企业做大做强。

社会各界发展低空经济热情持续高涨，地方政府、高校、产业协会、研究院、移动通信类企业陆续举办和参加相关研讨会，积极探索河北低空经济未来发展方向、关键技术突破等问题。2023年2月，河北省无人机行业协会和河北省鹿泉经济开发区共同举办首届"河北省无人机产业大会"。2024年7月，世界无人机大会组委会在廊坊举办"京津冀低空经济与物流产业展览会暨京津冀低空经济与物流产业发展大会"。2024年9月，河北省科学技术厅、衡水市人民政府举办"河北省场景创新大赛（低空经济领域）决赛暨创新应用场景发布会"。2024年10月，石家庄市人民政府、中国电子商会在石家庄举办"低空经济产业发展大会"。2024年11月，河北科技大学举办"河北省低空经济产业链关键核心技术研讨会"，低空经济逐渐成为河北社会各界关注的焦点。

二 河北低空经济产业链发展的县域基础与空间布局

（一）低空经济产业链上游——关键原材料、零部件分布县域广泛且具备规模化生产能力，航空涂料、芯片县域参与度不高，缺乏市场竞争力

低空经济产业链的上游以关键原材料供应和零部件制造为主（见表2）。河北矿产资源丰富，在钢材的生产制造方面拥有较大优势，并拥有河钢集团、首钢京唐钢铁联合有限责任公司、首钢股份公司迁安钢铁公司等重点企业。工程塑料、玻璃纤维、复合材料等原材料生产制造分布在省内多个县（市、区），其中玻璃纤维在沧州任丘市、河间市，工程塑料在衡水景县等县域已形成庞大的产业集群。然而在铝合金、钛合金、航空涂料、特种橡胶等用于航空领域的原材料上，河北县域参与度不高。综观全国低空经济产业链上游，仅河北恒祥钛合金制品有限公司、河北中美特种橡胶有限公司、河北西伯力特种橡胶有限公司等企业拥有较大的市场竞争力和话语权，其他企业具备一定的发展潜力，但尚不具备规模化生产能力。同时，航空涂料的生产制造在全省范围内仍处于空白，航空领域原材料的大部分市场份额仍被北京、上海、江苏、广东等地区占据。目前，河北从事芯片制造的企业主要分布在石家庄和唐山，企业数量少、行业影响力不大。河北锂电池生产已在唐山路北区、石家庄井陉县、保

定竞秀区等县域形成产业集群，并拥有航天国轩（唐山）锂电池有限公司、河北中智电池制造有限公司等知名企业。虽然生产规模、市场占有率、产品创新能力与德赛电池、欣旺达等企业存在一定的差距，但沧州、唐山等地的锂电池企业积极寻求突破，培育新能源电池产业"新势力"，未来拥有相当大的发展潜力。

表2 河北低空经济产业链上游关键环节的县域分布情况

	环节		分布县域
低空经济产业链上游	关键原材料	钢材	曹妃甸区、丰南区、滦州经开区、迁安、信都区、裕华区、复兴区、双滦区
		铝合金	广平经开区、马头经开区、涿州市、徐水区、顺平县
		钛合金	桃城区、故城县、曹妃甸区
		航空涂料	—
		特种橡胶	长安区、任泽区、桃城区、景县、玉田县、徐水区、黄骅市、沧县
		工程塑料	鹿泉区、藁城区、行唐县、新河县、宣化区、桥西区、三河市、香河县、文安县、衡水高新区、深州市、景县、阜城县
		碳纤维	长安区
		玻璃纤维	藁城区、晋州市、深泽县、赞皇县、玉田县、滦南县、抚宁区、北戴河区、海港区、卢龙县、青龙满族自治县、峰峰矿区、满城区、安国市、涿州市、博野县、襄都区、内丘县、新河县、沙河市、沧县、献县、河间市、任丘市、大城县、武强县、饶阳县、深州市
		复合材料	桥西区、裕华区、赞皇县、曹妃甸区、丰润区、路南区、海港区、峰峰矿区、成安县、清河县、威县、竞秀区、涿州市、高碑店市、桥东区、沧县、河间市、廊坊安次区、广阳区、大城县、文安县、冀州区、桃城区、枣强县、故城县
	零部件	芯片	石家庄高新区、鹿泉区、玉田县
		锂电池	鹿泉区、井陉县、丰润区、路北区、曹妃甸区、武安市、满城区、竞秀区、定州市、涞源县、东光县、沧县

资料来源：通过天眼查、企查查、百度地图平台，根据行业—产品—企业—位置，进行检索并整理。

（二）低空经济产业链中游——无人机制造潜力巨大，直升机、eVTOL制造基础薄弱，载荷装备产业处于起步阶段，配套服务产业优势较为突出，机场建设有序推进

低空经济产业链中游主要包括无人机、直升机、eVTOL（电动垂直起降飞行器）等各类航空器和摄像机、传感器、云台等载荷装备的制造产业，以及航空器的租赁、维修、培训等配套服务和机场建设，目前在低空产业链中产值最高，是各省市政府施策打造的重要环节。总体来看，在全国范围内，低空经济装备制造及配套服务产业仍以东部沿海省份为主，河北竞争力不强。从细分领域来看，如表3所示，无人机制造产业县域分布较为广泛，拥有河北鼎天无人机制造有限公司、雄飞无人机制造有限公司等知名企业，虽然知名度、市场占有率与大疆等企业存在一定差距，但潜力巨大。石家庄鹿泉区已成立无人机产业集群，石家庄栾城区正打造无人机产业园，吸引企业落户园区，现阶段无人机是河北重点培育和发展的产业。相比之下，直升机、eVTOL制造基础较为薄弱，目前直升机制造仅有分布在张家口万全区、秦皇岛北戴河新区的两家企业，eVTOL制造在全省范围内尚属空白。摄像机、传感器等载荷装备产业处于起步阶段，企业数量不多且大部分处于初创阶段。河北航空器配套服务产业较为发达，航空器租赁、维修、培训企业分布在石家庄新华区、保定容城县、廊坊香河县等省内数十个县域，为航空器"保驾护航"。

表3　河北低空经济产业链中游关键环节的县域分布情况

	环节		分布县域
低空经济产业链中游	航空器制造	无人机	裕华区、南和区、任泽经开区、沙河市、渤海新区、高新区、青县、海港开发区、怀来县、玉田县、邯山区、丛台区、宣化区
		直升机	万全区、北戴河新区
		eVTOL	—
	载荷装备		邢台经开区、鹿泉区、邯郸经开区、容城县

续表

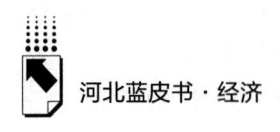

	环节	分布县域
低空经济产业链中游	配套服务	新华区、石家庄高新区、栾城区、高碑店市、阜平县、开平区、曹妃甸区、任丘市、莲池区、容城县、霸州市、桃城区、香河县、桥东区、肥乡区、双滦区、平泉市、泊头市、海港区、古冶区、中国（河北）自由贸易试验区正定片区、滨海新区、信都区

资料来源：通过天眼查、企查查、百度地图平台，根据行业—产品—企业—位置，进行检索并整理。

近年来，河北有序推进通用机场建设，张家口已投运张北中都机场、张家口镇宁堡机场（赤城新雪国）、张家口后城机场（赤城丹霞飞行小镇）3座通用航空机场。邢台威县通用机场已启用，辛集市通用机场、邯郸魏县通用机场陆续获批建设。未来河北将逐步完善东部沿海、环京津及雄安新区、西部北部、中南部4个通用机场群布局，加速发展通用航空，打造京津冀区域通用航空运营高地。

（三）低空经济产业链下游——应用场景融合加速，低空巡检、低空物流应用领域有待进一步扩大

下游主要为飞行的各种应用场景，是低空经济作为新质生产力最重要的表现形式，代表着低空经济的未来，发展潜力巨大。现阶段主要包括公共安全与应急响应、快递和配送、智慧管理、居民生活。随着低空空域的进一步放开，将开发出eVTOL载人等更多创新应用场景。

近年来，河北加速推动低空经济发展，围绕巡检、应急、物流、农林业、旅游等领域，催生跨界融合新生态，如表4所示。eVTOL暂无商业化应用，仍以景区体验为主，张家口草原天路、西柏坡等景区陆续开辟直升机低空观光旅游线路，廊坊、唐山陆续推出无人机表演，不断激发低空经济活力。

电力巡检是无人机巡检的主要应用领域，如表4所示，河北多个县（市）国家电网、供电部门运用无人机自主巡视完成电力设备日常运维，消除各类安全隐患。唐山曹妃甸海事处积极尝试低空海事巡检，利用无人机提

高海事监管效率和精准度。但油气管道、通信基站巡检仍是河北尚待探索的应用场景。应急救援领域以森林、草原等面积大、死角多的地区为主，河北保定进行了相关尝试，通过无人机提高巡护效率。此外，石家庄消防部门还利用无人机制定"高空灭火"的救援方案，降低灾难损失。河北低空物流领域应用场景主要集中在医疗救援物资运送，短途运输、物流配送、冷链生鲜等城市物流航线不多。

表4 低空经济产业链下游应用场景典型案例

类别	应用场景	具体应用领域	典型案例
低空经济产业链下游	公共安全与应急响应	电力巡检	石家庄国家电网、涿州市国家电网、景县供电部门、定兴县国家电网、阜平县国家电网、衡水市国家电网、平山县金诚电力建设有限公司
		海事巡检	唐山曹妃甸海事处
		油气管道巡检	—
		通信基站巡检	—
	低空+应急	城市应急消防救援	石家庄长安区无人机"高空灭火"，保定市森林草原消防救援侦查
	快递和配送 低空+物流	医疗救援物资运输	河北省沧州中西医结合医院本部院区—骨科康复院区运送患者检验样本（沧州），河北医科大学—血站血液低配送（石家庄）
		城市无人机配送	雄安北服务区—白沟天德物流园
		无人机冷链货运	—
	智慧管理 低空+农林业	精准农业和林业巡查	无人机农田药物喷洒、涉农信息监测、农业保险勘察（邢台市南和区、平乡县），无人机遥感监测田间数据（沧州市泊头市），无人机林业病虫害受灾面积勘察（邢台市襄都区）
		城市管理	河北省高速公路路政执法总队无人机路政执法，雄安新区低空安防、飞鸟保护
	居民生活 低空+旅游	文旅	廊坊无人机表演、唐山、正定无人机灯光秀
		eVTOL客运	西柏坡、滹沱河、张家口草原天路、三河、正定古城、唐山湾国际旅游岛、白洋淀景区

资料来源：根据各市县低空经济相关新闻、报刊整理。

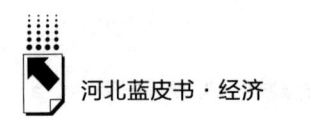

三 河北低空经济发展的主要制约因素

（一）顶层设计和统筹规划力度不够

自2024年以来，国务院《政府工作报告》正式提出要积极打造低空经济这一新增长引擎，北京、广东、安徽、山西、四川等26个省份将"积极探索发展低空经济"写入2024年政府工作报告，相比之下河北对发展低空经济重视程度不高。此外，河北法规政策体系仍需健全。在省级层面，上海、江苏、安徽、湖南等省（市）均单独印发发展低空经济的行动计划，河北出台的《关于加快推动河北省低空制造业高质量发展的若干措施》主要针对培育低空制造企业和加快技术攻关，在基础设施建设、配套服务业发展、低空专业人才培育等方面政策针对性略显不足。在地市层面，深圳、广州、苏州、南京、合肥、成都、沈阳等多个地市，陆续推出支持低空经济产业发展的政策及细则，深圳出台了全国首部低空经济地方性法规——《深圳经济特区低空经济产业促进条例》，为低空经济发展提供制度保障。截至2024年12月，河北仅保定和雄安新区出台《保定市支持低空经济高质量发展的十条措施》《雄安新区关于支持低空经济产业发展的若干措施》，石家庄、唐山等低空优势产业地区在支持政策、发展规划等方面仍存在空白。

（二）空域资源配置不优

一方面，河北低空空域管理受限。四川、湖南、江西、安徽等省份，均成立了由省政府牵头组建的军地民三方低空空域协同管理机构。海南则是在军民航支持下，将低空空域交由海南省国资委所属企业海南省金林投资集团有限公司进行协调。深圳则通过建立低空飞行协同管理机制，解决空域划设等问题。目前，河北空域使用仍由军方管理，在省级层面尚未建立统筹军方、民航和地方资源，推动低空经济发展的高层次管理或协调机构，未形成军地民合力、政企联动的健康发展格局。

另一方面，河北低空空域利用效率不高。四川、湖南、江西、安徽等省份均已划设多个低空空域，并实现飞行计划"一站式"审批服务，简化审批流程，有效盘活低空空域资源。河北大部分为管制空域或禁飞空域，各类低空飞行活动的审批环节多、周期长，协调难度大、费用高，制约各类低空飞行尤其是消费类飞行活动的正常有序开展。

（三）低空基础设施建设仍需加强

一是低空基础设施建设尚处于初期。截至 2023 年底，河北拥有通用机场 21 个，其中 A 类通用机场 5 个、B 类通用机场 16 个，但满足未来无人机、eVTOL、飞行汽车等创新型航空器的起降点、机库缺口较大，无人机起降平台、充（换）电站、测试场等基础设施网尚未统一规划布局，低空感知与通信等配套设施、智联网、数字化管理系统正在建设中，精准感知定位、感知数据计算等能力不足。二是飞行服务保障能力不强。河北现有的信息协同沟通机制与渠道仅限应急部门飞行使用，尚未建立省级层面的低空飞行服务信息化平台，不具备行之有效的工作抓手，无法为低空飞行和通用航空活动提供通信、导航、飞行协调、飞行监视、气象监测等信息情报服务，还在一定程度上限制了低空活动正常、有序、高效开展，河北低空飞行服务保障能力亟待增强。

（四）产业体系有待完善

尽管河北低空经济已初步形成涵盖上游、中游、下游的产业链条，但在一些环节上仍存在不足。目前，河北低空经济主要集中在金属、塑料等基础性原材料的生产制造上，航空航天等特定领域和产品起步较晚，同时对于技术要求高、市场潜力大的无人机芯片、飞行器核心部件、eVTOL 制造、载荷装备等领域，自主研发能力明显不足，仍存在"卡脖子"的情况。无人机制造缺乏大疆、亿航智能等龙头企业的示范引领，据统计，2023 年广东无人机企业达到 10447 家，占比接近 20%，江苏省有 3811 家、山东省有

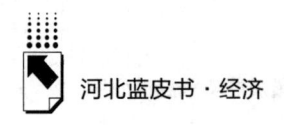

3364家，河北无人机企业数量为2019家，在全国占比为3.8%。[①] 相比之下，河北无人机产业规模不够大。

协同发展不足。一是区域合作潜力有待释放。除京津外，河北周边省份（如河南、山东）也具备较好的低空经济发展优势和广阔的市场前景，但目前开展相关合作较少。二是低空经济天然具备制造业和服务业融合的特征，河北低空产业与冰雪运动、文旅、物流等其他相关产业的协同发展水平还有待提升。三是河北低空经济企业之间缺乏协同效应，在市场竞争中各自为战，产业集群效应不足。

（五）市场潜力有待进一步挖掘

一是河北低空经济应用场景的商业化之路未得到有效开发。无人机配送、驾驶体验、eVTOL观光旅游、无人机摄影等低空应用场景，市场规模小、各地形式高度相似、创新性不强、营业收入水平达不到预期。特别是通用机场运营和短途运输对补助补贴依赖性较大，自我造血功能不足，普遍处于亏损运营状态，新兴消费市场还未突破。无人机巡检、应急救援、医疗物资运送、智慧城市等应用场景虽已在石家庄、保定等地开展初步尝试和探索，但分布多且散，尚未形成整体示范效应，缺乏影响力。二是消费群体发展缓慢。受消费能力、消费习惯、宣传力度等因素影响，河北大部分消费者对低空产品的认知不足，对低空产品特别是高端项目的消费欲望不强，市场潜力没有得到很好的挖掘，广大消费群体的需求尚未有效激发，市场培育还有待进一步加强。

四 推动河北低空经济高质量发展的对策建议

（一）统筹规划，筑牢低空发展安全底线

一是河北应加强对低空经济的重视。从省级政府文件或在省级会议上强

[①] 数据来源：证券时报网。

调发展低空经济的重要性，将低空经济提升到战略层面，并在《关于加快推动河北省低空制造业高质量发展的若干措施》等现有政策下，围绕新型基础设施建设、配套服务业发展、产业集群建设、低空专业人才培育等方面持续出台相关政策，确定低空应用和飞服保障、低空设备研发制造、低空数据融合等领域发展重点。设立省级低空经济领导小组，以合规管理为抓手，鼓励、支持和引导低空经济产业健康合规发展。二是各地市根据自身资源禀赋、产业优势，出台本地低空经济行动计划、工作方案，制定重点企业、重点项目清单。完善考核监督机制，自我加压，将低空经济发展作为地方年度重点工作，分解并量化任务指标，明确考核内容和标准、奖惩措施、结果公示办法等，压实责任，全力抢占低空经济新赛道。

（二）"放""简"结合，充分释放低空空域

随着无人驾驶航空器、eVTOL 等的强势加入，最大限度释放低空空域成为各省份都在探讨的问题，也是发展低空经济的当务之急。河北应积极借鉴湖南、四川等省份经验，开发利用好当地低空空域资源。一是推进低空空域分类划设，抓住国家空域管理改革契机，积极推进真高 300 米以下 G 类、W 类非管制空域划设，拓展无人机试飞空域。借鉴四川经验，加强与国家空域管理部门、民航管理部门沟通交流，组织发改、交通、公安、文旅等部门建立阶梯式低空空域。二是争取低空经济试点示范。河北充分利用自身优势，积极争取国家政策支持。争取在廊坊、保定、唐山、秦皇岛、张家口、承德等近京津地区开展城市交通试点示范，利用廊坊建设北方现代商贸物流基地契机，争取低空物流试点，以点带面，逐步释放低空空域。三是简化通航审批流程。借鉴湖南经验，建立"一窗受理、一网通办、全域服务"的管理机制，减少审批环节，对于非管制空域飞行活动由报批改为报备，缩短等待时间，确保通航"应飞尽飞"。

（三）夯实底座，加速新型基础设施建设

低空基础设施是各类低空经济活动的关键载体。低空活动不仅要"飞

得起"，更要"落得下"。一是谋划建设地面基站。围绕各大商圈、医院、观光景区、公园、体育广场、产业园区等布局建设eVTOL、无人机等航空器的起降、备降、停放、充电设施，鼓励房地产开发商在民用住宅和商业写字楼等新建楼盘顶部预留航空器起降点，进一步发挥低空通勤、应急救援等功能。在航空器起降点附近区域配备航空器运行基地、测试场、后勤保障基地等配套设施，对投资建设基础设施并实际运营的企业，给予资金补贴，减轻企业负担，促进低空经济发展。二是布局低空感知与通信设施。借鉴河南经验，鼓励支持移动公司推动多频组网、5G-A通感一体等技术在低空领域的应用，提高对空域内微小物体位置、速度、轨迹等信息的感知能力。三是构建飞行服务系统。由河北省交通运输厅、河北省公安厅以及各市人民政府牵头，充分利用5G网络、北斗、人工智能等前沿技术，整合空域规划、气象、飞行情报等数据，打造集智能调度、动态监测、实时情报服务等于一体的省级低空飞行服务信息化平台。四是加快绘制河北专项低空目视飞行航图。由河北省交通运输厅牵头，争取民航管理部门、空域管理部门支持，聘请地理、地质、气象等专家在全国目视飞行航图的基础上，融合河北特色通航业务数据，并据此划设低空目视航线，逐步绘制"空中地图"。五是实现设施网、空联网、航路网和服务网"四张网"融合，构建低空经济发展的"智慧大脑"。

（四）内培外引，完善低空产业链条

一是巩固优势产业。不断加强工程塑料、玻璃纤维等原材料、零部件的生产制造，以河北恒祥钛合金制品有限公司、河北西伯力特种橡胶有限公司等现有企业为抓手，加快推进唐山、邢台、保定、沧州等地铝合金及橡胶产线建设和产能释放，提高规模化生产能力。以河北鼎天无人机制造有限公司、雄飞无人机制造有限公司等河北知名企业为引领，培养专注细分领域、创新能力强、成长性好的专精特新中小企业和科技型中小企业。二是加强招引，补齐短板。围绕航空材料、芯片、载荷装备等，加大与省外、国外优势企业对接力度，对新落户的企业在厂房建设等方面给予财政补贴。打造具有核心竞争力和国内影响力的产业高地。三是布局新兴产业。积极布局发展直升机、新能源飞机、eVTOL、智慧空中出行（SAM）装备等新兴产业，支持高校、科研院所创立企业或与企业合作，针对整机研发、核心零部件，开展关键核心技术攻关，吸引专业技术人才，培育新动能。四是加强低空企业纵向合作。围绕产业技术瓶颈、前沿引领技术建立创新联合体或产业技术联盟，开展协同攻关。各市县相关部门加强监管，规范发展秩序，避免恶性竞争。五是推动产业链横向联合。一方面，推动区域延链。充分利用京津冀低空经济产业联盟，积极构建冀—鲁、冀—豫低空经济产业平台，共同培育低空产业，推进跨区域应用场景建设。另一方面，推动产业横向联合。积极对接美团、饿了么、京东等企业及政府机关、旅游景区，推动"低空+物流""低空+冰雪""低空+文旅""低空+应急"等产业融合发展。

（五）"深耕"市场，激发低空消费潜力

一是挖掘消费类场景，满足市场多元化、个性化需求。积极开发"石家庄市区—石家庄正定国际机场"以及"唐山市中心区—唐山三女河机场"的低空通勤航线，为消费者出行提供便利。利用红色资源、燕赵历史、塞罕坝森林公园、黄金海岸、承德围场等河北知名旅游元素，常态化运营一批具有河北特色的低空航线，打造"环冀飞""避暑山庄—木兰围场—坝上草原""白洋淀—狼牙山""塔元庄—西柏坡"等低空飞行品牌。探索开发定制化低空产品，如空中冥想、航空运动、飞行课程、空中婚礼等特色项目。二是推动应用场景示范，打造有影响力的"天空之城"。加强"政务端"应用场景示范，在全省政务系统内推广各市县无人机救火、电力巡检、无人机医疗物资运送、农林牧渔业防治的先进案例和经验。借鉴安徽合肥骆岗公园建设经验，选取省内废弃机场或具备航空器起降条件的公园、景区、生产园区，打造集无人巡检、无人物流、"空中的士"、应急救援于一体的全空间无人体系。三是扩大低空消费需求，破解"造血"难题。一方面，在政府购买服务方面加大力度。行业发展早期，政府创造采购需求，是扶持产业发展的基础之一，河北应借鉴山西经验将购买航空公共服务（含无人机）纳

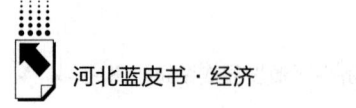

入本级政府购买目录范围，扩大航空应急救援、航空医疗救护、警务航空、巡检巡查、航拍违建、农林植保等政府采购需求，发放低空经济体验消费券，对部分高危企业采购航空应急救援服务的，按采购额给予一定补贴，激发无人机巨大的市场潜力。另一方面，加快推动航空消费场景普及。通过新闻、报纸、电视栏目等传统媒体以及抖音、小红书等自媒体，宣传和推广低空活动，提高公众对低空活动的认知度和参与度。借鉴浙江、山西等省份经验，积极举办无人机竞速、轻型飞机锦标赛、航空体育运动赛事等国家级和国际级赛事活动，以此为平台展示主流产品并推出试乘试驾活动，让消费者切身感受低空活动的魅力。设置团队赛事奖金激励学校、相关企业、社会团体参与。此外，不断降低低空产品和服务成本，将低空经济融入普通人的生产生活之中。

参考文献

赵光辉、李重荣：《低空经济协同发展助推新质生产力发展的逻辑与路径》，《企业科技与发展》2024年第12期。

朱克力：《拆解低空经济产业链》，《企业管理》2024年第12期。

孙国辉、聂鹏、赵丽彤：《低空经济市场空间预测研究》，《信息通信技术与政策》2024年第11期。

战炤磊：《低空经济高质量发展的理论逻辑与实践路径》，《阅江学刊》2024年第5期。

B.9 数字化赋能河北省先进制造业能级提升对策研究[*]

马春梅[**]

摘　要： 数字化赋能先进制造业能级提升主要基于数字技术的广泛应用和深度融合，通过推动技术创新、产品设计、模式创新、市场拓展、产业链协同等方面，提升先进制造业的整体发展水平。以数字化提升先进制造业能级，形成制造业新质生产力，既是构建现代化产业体系的必然要求，也是河北建设"智造"强省的重要途径。按照要素协同演化规律，数据要素将成为推动河北省先进制造业发展的主要动力。根据先进制造业的类别，探索数字技术赋能生产系统智能制造、数字平台赋能市场需求动态匹配、个性化定制模式赋能供应链柔性生产、数字生态赋能创新系统全面构建。数字化赋能河北省先进制造业能级提升的对策主要有完善配套政策，打造数字创新生态；完善体制机制，推进相关制度下沉；加强技术研发支持，保障技术创新与应用迭代；推进场景创新，激发应用场景新功能；完善人才培养政策，加强数字人才培养体系建设。

关键词： 先进制造业　数字化赋能　能级提升　河北省

先进制造业是战略性新兴产业和未来产业的典型代表，是现代化经济体系的重要一环。[①] 以"智能化"为特征的第四次工业革命，带来了新理念、

---

[*] 本报告系河北省社会科学院2024年度智库项目（项目编号：ZX2024019）的研究成果。
[**] 马春梅，河北省社会科学院财贸和数字经济研究所副研究员，研究方向为数字经济、产业经济。
[①] 李金华：《实现先进制造业高质量发展的路径》，《光明日报》2019年10月6日。

新技术、新模式和新业态，对先进制造业发展产生了深远影响。① 随着公众生活需求、企业生产方式和产业创新生态的变化，先进制造业企业需要做出相应的改变。加快先进制造业企业的数字化转型，对促进产业转型升级意义重大。突破传统的路径依赖，推进数字经济与先进制造业深度融合，以数字化赋能先进制造业能级提升，是河北省经济高质量发展的必然选择。

一 数字化赋能先进制造业能级提升的方向

制造业演进经历了不同的阶段。制造业演进呈现劳动制造、资本制造、技术制造和智能制造的过程，演进路径如表1所示。②

表1 制造业演化阶段

演化阶段	制造业呈现特征
劳动要素赋能	低端制造以及扩大再生产
资本要素赋能	迈向中高端制造以及持续产能扩张
技术要素赋能	中高端制造以及全球价值链攀升
数据要素赋能	高端制造以及核心竞争力提升

（一）柔性制造提升制成品的"软性价值"

制造业与数字技术深度融合，可以提高产品的附加值，提供解决方案等柔性或无形服务，塑造区别于对手的竞争优势，形成制造业个性化解决方案和柔性生产安排。柔性制造可以充分利用物联网、传感器、云计算等前沿技术，让工业企业实现数据共享，从产品设计到产品创造均直接满足消费者的身份、审美等软性需求。

---

① 王昶、周思源、耿红军：《第四次工业革命背景下我国先进制造业发展路径及政策保障研究》，《中国科学院院刊》2024年第2期。
② 潘明策：《数字经济与先进制造业深度融合发展：全要素协同发展机理与实证检验——以宁波市为例》，《商业经济》2024年第5期。

（二）大规模个性化定制成为主流生产模式

随着规模化生产带来的高附加值以及附加服务，生产模式已经转向大规模个性化定制生产。① 大规模个性化定制将依据个人的不同需求，提供个性化的产品。制造业企业基于工业互联网平台连接企业和终端用户，实现精细化管控，打通产业链的各个环节，优化资源配置，为大规模定制提供平台和支撑。

（三）制造创新代替传统生产流程

在先进制造实施过程中，智能制造成为一种新型制造方式，数字技术融入产品生产和应用全过程。未来信息技术将得到更加充分的应用，通过传感器、机器人、状态检修系统，用自动化生产流程取代劳动密集型的生产流程，并监控和改进生产流程。

二 数字化赋能先进制造业能级提升的逻辑起点

（一）数字化赋能先进制造业能级提升的理论逻辑

数据要素只有赋能其他传统要素资源，才能创造经济价值。通过赋能劳动要素以促进人机协作，赋能资本要素以优化生产流程，赋能技术要素以加快迭代速度，通过优化要素配置提升全要素生产率，促使先进制造业全要素、全产业链高效融合发展。数字经济催生了工业大数据，进而重构了生产要素体系，促进先进制造业全要素高效协同发展。数字化赋能效应与全要素协同发展之间有一定的内在逻辑关系，如图1所示。

数字经济可以通过三个层面提升先进制造业能级。在产业数字化层面，

---

① 石学勇、王金铭：《大规模定制企业实施项目化管理的必要性》，《项目管理技术期刊》2011年第1期。

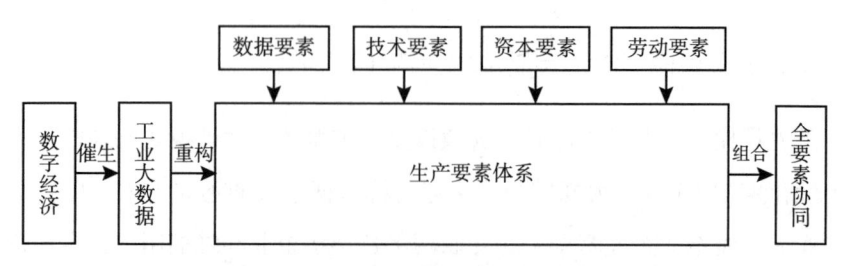

图1　数字化赋能效应及全要素协同发展的内在逻辑

数字经济依托数字化、智能化技术，对制造业进行全面改造，整体提升制造业的数字化水平，促进先进制造业升级。在数字产业化层面，数字经济不断催生新形态、新赛道，推动数字产业重点领域实体化。在产业生态系统层面，现代服务业与先进制造业融合发展成为趋势，数字经济将推动形成相融相长、耦合共生的产业生态系统，为更好地提升先进制造业能级提供良好的环境。

（二）数字化赋能先进制造业能级提升的实践逻辑

数字经济对先进制造业企业的辐射效应和正外部性，使先进制造业产业链和工业互联网价值链实现深度融合，形成一系列新的商业模式与组织形态，促使先进制造业产业结构升级和生产效率提升。通过市场需求信号引导，产业资源实现重新配置，进而重组形成新的业态，使企业创新能力发生变化，加快数字经济与先进制造业融合的速度。数字化赋能先进制造业能级提升主要基于数字技术的广泛应用和深度融合，在技术创新、产品设计、模式创新、市场拓展、产业链协同等方面推动先进制造业变革和升级。

1. 赋能技术创新

先进制造业具有技术更新快的特征，需要较大的科技投入。在先进制造业中应用数字技术，可以大大提高企业的技术水平和业务能力，数字技术已经渗透到先进制造业的每一个环节，推动先进制造业朝着数字化与智能化方向发展。

2.赋能产品设计

数字技术的应用使得产品设计和研发过程更加高效和精准，制造业的生产范式由小批量生产转向大规模网络协同定制。这可以缩短产品开发周期，提高设计质量，有助于先进制造业产品创新。

3.赋能模式创新

数字技术推动创新流程的变革，人机交互、深度学习等技术在创新过程中得到广泛应用。企业通过平台组织和网络组织进行创意交互、流程重构和商业共创，为产业创新提供了全新空间，加速了新技术的研发和应用。

4.赋能市场拓展

数据分析技术能够使企业较快地发现当前市场变化，及时改进产品生产方案。企业通过更加灵活地响应市场需求，实现个性化定制与大规模生产的高效结合，拓展市场空间，从而拥有更多的商业机会。

5.赋能产业链协同

数字化赋能有助于打通产业链上下游企业的信息壁垒，实现资源、技术、能力等要素的共享与协同。通过数字化平台，企业可以更有效地连接供需两端，优化要素配置，增强产业链的整体竞争力和韧性。

三 数字化赋能河北省先进制造业发展

（一）数字化赋能先进制造业发展

河北省大力支持企业进行"互联网+先进制造业"数字化转型。河北省先进制造业规模达到较高水平，龙头企业和领军企业不断涌现。2023年，河北省规模以上工业增加值同比增长6.9%，制造业增加值同比增长6.4%，其中通用设备、汽车和医药等制造行业贡献率较大。[1] 在河北省先进制造业

---

[1] 《河北省2023年国民经济和社会发展统计公报》，河北省人民政府网站，2024年3月1日，http：//www.hetj.gov.cn/hbstjj/sj/tjgb/101703556533408.html。

类别中，高端装备制造业占规模以上工业的比重较大，增速较快，位居第一梯队；汽车、新材料、石化三个行业占比相对较大，增速相对较慢，位居第二梯队；生物医药、信息智能、新能源、消费品四个行业占比较小，但增速较快，位居第三梯队。目前，河北省已经培育了19个先进制造业集群，涵盖高端装备、精品钢铁、汽车等行业。从发展驱动要素来看，河北省先进制造业仍处在技术创新驱动阶段，驱动要素呈现高端化的趋势。按照要素协同演化规律，数据要素将成为河北省先进制造业深入发展的主要动力。数据作为要素禀赋资源，只有市场化才能发挥赋能作用。①

（二）与先进省市之间还存在较大差距

就数字技术创新而言，北京市和广东省在各方面都处于全国领先地位。北京市高端产业增长势头良好，数字化创新投入以及创新支撑两方面都居全国首位；广东省数字基础设施建设超前，数字化创新产出居全国首位。② 与发达省市相比，河北省先进制造业的数字化程度尚有较大提升空间。由于过程复杂、涉及范围广，河北省数字经济与先进制造业深度融合还存在一些障碍，未能充分激发数字经济的驱动效应。制造业企业数字化转型的信心不足，数字化转型体系和标准建设有待进一步加强，高端产品、关键节点存在"卡脖子"难题，新一代信息技术、人工智能技术推广应用方面仍然需要加大力度。

四 数字化赋能河北省先进制造业能级提升的路径

河北省先进制造业要缩小与发达地区的差距，需要全面推进科技创新和模式创新。要积极推进数据要素优化配置，根据先进制造业的类别，探索不同的提升路径，实现制造业价值形态由产品化向数字化的转变。

---

① 茶洪旺：《数据确权是数据要素市场化的逻辑起点》，《经济导刊》2023年第11期。
② 《制造业数字化创新，这三个省份为何领跑全国》，第一财经网站，2023年10月12日，https://www.yicai.com/news/101874624.html。

（一）智能型高端装备制造产业：数字技术赋能生产系统智能制造

智能型高端装备制造产业，指智能技术与先进制造技术相结合的高端装备产业。该类产业技术复杂性高，代表性产业有高铁、机器人、工程机械等。数字技术应用于制造业生产全过程，深刻重构制造业技术创新范式，塑造智能制造生产系统，推进生产流程升级。制造业智能化转型领先企业通过融合工业物联网、现代传感、数据分析等先进智能技术，建立覆盖制造业全生命周期的智能制造系统，实现制造业的智能化生产。河北省智能型高端装备制造产业集群效应明显，已形成保定市电力及新能源高端装备智造集群、唐山高新区机器人产业集群等多个具有区域特色的产业集群。

推动智能型高端装备制造产业转型升级。一是培育智能型高端装备制造企业。借助数字技术，不断提高装备制造企业信息化和智能化水平，推动企业数字化车间和智能化工厂建设。[①] 二是推进高端装备制造业模式创新。利用新一代信息技术，推动智能制造创新，促进人工智能与高端装备制造深度融合。三是提升高端装备制造价值链。

（二）基础先导型新基建产业：数字平台赋能市场需求动态匹配

基础先导型新基建产业，指能够带动制造业发展的基础设施建设产业。该类产业具有较强的带动性，通过提供平台与接口，促进产业间的跨界融合，代表性产业有5G通信、工业软件等。通过大数据平台，制造业企业可以预测产品需求和要素供给的市场变化趋势，为生产决策提供及时可靠的市场信息，及时调整产品生产流程与生产计划。依托工业互联网打造供应链平台，构建云数据管理模式下的"共享工厂"，合理调配制造商资源，以匹配市场需求，加快产品商业化进程。河北省基础先导型新基建产业规模较大，5G通信网络、工业互联网等新型基础设施建设项目逐步推进。

推动基础先导型新基建产业创新突破。一是加强源头创新。加快标志性

---

① 易加斌、王宇婷：《高端装备制造业数字化转型的思考》，《奋斗》2024年第6期。

重大科技基础设施规划布局，协同推进基础研究和应用研究，提升新基建产业现代化水平。二是推进新基建产业商业化应用进程。鼓励大型集团裂变式创业、学术型创业等，推动新基建产业商业化。三是加强数字化软件配套。工业软件要覆盖先进制造业集群中的不同企业，特别是集群中的中小企业和产业链上的相关企业，带动中小企业数字化转型。

（三）品牌主导型新消费产业：个性化定制模式赋能供应链柔性生产

品牌主导型新消费产业，指以新商业模式和新消费关系为基础形成的消费品制造产业。该类产业个性化程度较高，代表性产业有智能终端、个性化定制等。制造业企业通过构建快速反应供应链模式，将标准化生产调整为个性化定制，在设计和选料环节与客户充分沟通，以柔性生产满足消费者多元化、个性化的时尚消费新需求。柔性生产将生产过程由制造商主导转变为消费者主导，打造出符合定制需求的柔性供应链，实现从"期货式批量生产"向"现货式敏捷制造"的转变。河北省新消费热点、应用场景、品类品牌不断丰富，在智能终端、新能源汽车等细分行业领域优势突出，中国工商银行的"翼支付"收银智能终端可以为连锁超市、便利店等提供收银服务。

推动品牌主导型新消费产业提质增效。一是稳步推进柔性生产。根据技术成熟度和行业标准进行顶层规划设计，增强系统的灵活性和兼容性，并按市场需求合理安排生产节奏，将其逐步应用于生产的各个环节。二是注重柔性生产技术的研发革新。加强政府引导与扶持，为柔性生产技术研发活动营造良好的内外部环境，完善相应的激励机制，促进柔性生产。三是加快数字产业集群建设。着力打造一批深度参与数字化转型的制造业企业，用数字化思维解决制造业企业在传统生产中面临的困难，推动河北省制造业企业形成模块化、精准化、网络化的柔性生产模式。

（四）科学主导型基础研发产业：数字生态赋能创新系统全面构建

科学主导型基础研发产业，指由重大科学理论突破引起技术路线和研发平台变革的产业。该类产业技术研发和商业化不确定性高，代表性产业有生物医药、类脑智能等。云制造产业集群生态系统通过聚合产业发展的完整要素，为全产业链、产品全生命周期提供智能协同服务，提高创新效率。制造业企业积极打造数字创新生态，形成良好的数字化氛围，进而带动创新能力提高，促进制造业创新生态系统的完善。河北生物医药产业将创新作为核心动能，加快布局产业集群，相应的科技成果纷纷涌现。

推动科学主导型基础研发产业不断创新。一是提升基础研究水平。结合河北省生物医药、新材料等科学主导型基础研发产业的现实基础，有针对性地开展颠覆性技术、前沿技术、产业共性技术研究。二是提高技术研发和应用效率。将数字技术应用于产业技术研发、测试及应用等各环节，吸引大型跨国企业、研发机构和检测中心与本地企业建立长效合作机制。三是构建智能制造生态系统。重点推动新能源、智能网联汽车、机器人等优势产业链协同发展，建立产业链各环节的衔接机制，带动上下游配套企业提升综合治理能力。

五　数字化赋能河北省先进制造业能级提升的对策

政府要加大高新技术政策支持力度，更加注重创新投入，增强持续创新能力，高效推动数字化赋能先进制造业发展，促进先进制造业能级提升。

（一）完善配套政策，打造数字创新生态

完善相关配套政策，保持政策协调性。一是加强政策宣传引导。主管部门要根据先进制造业数字化的不同发展阶段和市场需求，提高政策认知度，利用多种渠道广泛传播，避免使用过于专业的语言，确保政策解读简单、清晰、有针对性，帮助各方更好地实现数字化发展。二是增强政策协调性。明确各相关部门权责清单和政策目标，确保形成合力，促进各部门高效协同，提高产业链的全要素生产率，为全产业链、全生命周期提供智能化协同服务。三是打造开放共享创新生态。打造数字创新生态，构建云

制造产业集群生态系统，形成良好的数字化氛围，推动企业开源创新，引导制造业企业形成数据联盟试点，促进制造业数据共享，为企业创新营造良好的环境。

（二）完善体制机制，推进相关制度下沉

更加重视前沿的技术标准制定，积极推进相关制度下沉。一是加快完善数据流通机制。围绕数据标准化、开放共享、交易机制、安全保障等制度性约束，积极推进数据要素市场化配置改革，加快完善数据流通机制，确保数据安全有序流动，降低数据流动风险，促进数据要素公平交易，深度挖掘数据要素潜力。二是建立企业标准"领跑者"制度。建立工业互联网平台梯度培育机制，按城市、分层次建立核心企业培育库，培育优质数字领航平台企业，通过发挥牵引作用，技术与产品外溢，促进技术、标准和数据向产业链上下游渗透。三是推进数字化标准建设。进一步完善数字化转型的制度标准，建立行业技术标准体系，提高制造业企业标准化水平。

（三）加强技术研发支持，保障技术创新与应用迭代

加强技术研发支持，切实提高制造业企业创新能力。一是鼓励龙头企业开展技术创新。结合未来数字经济应用需求和前沿技术重点方向，鼓励龙头企业主导创新，加强龙头企业数字化转型技术和产品研发，增加企业牵头的科研项目数量。二是引导大企业与科技企业联合创新。将科技企业作为场景创新主体之一，鼓励其与大型先进制造业企业共同提供新技术应用场景，实现资源互补，构建良性互动的数字平台创新系统，推进先进制造与新要素、新技术融合。三是注重柔性生产技术研发创新。完善智能制造生产系统架构体系与运行规则，为柔性生产技术研发活动创造良好的内外部环境，重点推动新能源、智能网联汽车、机器人等优势产业协同发展。四是提高技术研发和应用效率。将数字技术应用于产业技术研发和测试，鼓励"人工智能+制造业"发展，打造全国数智融合示范项目。

（四）推进场景创新，激发应用场景新动能

加快推进场景创新工作，激发应用场景新动能。一是搭建场景供需交流平台。加强信息基础设施建设，加快突破人工智能领域核心技术，做好需求方与供给方的常态化对接，促进制造业企业与供应商、客户、科研机构等多方合作，加强数字化融合新场景建设。二是加快多行业场景应用落地和推广。实施多场景应用推广工程，在有条件的行业开展规模化应用试点，推动场景创新工作深入开展。三是加强数据要素公共平台建设。推动数据要素应用于制造业生产流通全过程，将数据要素融入制造业全生命周期和全产业链，重点推动新能源和机器人等优势产业采取数据驱动制造模式。

（五）完善人才培养政策，加强数字人才培养体系建设

加强数字人才培养体系建设，多方面引进和培育数字高端人才。一是对高水平大学及其研究机构进行配套激励和科研激励。通过优化高校学科设置、建设科技人才库、完善人才激励等方式，培育壮大人才队伍，为先进制造业数字化转型提供关键支撑。二是引进培养制造业领军企业所需的高技术人才。鼓励制造业领军企业更加重视人才，合理完善薪酬结构，提供职业发展机会，提升自身吸引力。三是充分利用京津人才要素优势。围绕先进制造业与生产性服务业典型龙头企业，吸纳京津高校、科研院所和龙头企业，与北京、天津联合建设科技资源共享研发平台和技术协同开发创新服务体系，加强关键共性技术研究和应用，支持跨地区人才资源整合。

参考文献

李金华：《实现先进制造业高质量发展的路径》，《光明日报》2019年10月6日。
王昶、周思源、耿红军：《第四次工业革命背景下我国先进制造业发展路径及政策保障研究》，《中国科学院院刊》2024年第2期。
潘明策：《数字经济与先进制造业深度融合发展：全要素协同发展机理与实证检

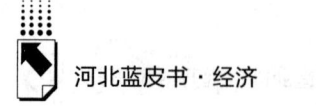

验——以宁波市为例》，《商业经济》2024年第5期。

石学勇、王金铭：《大规模定制企业实施项目化管理的必要性》，《项目管理技术期刊》2011年第1期。

茶洪旺：《数据确权是数据要素市场化的逻辑起点》，《经济导刊》2023年第11期。

易加斌、王宇婷：《高端装备制造业数字化转型的思考》，《奋斗》2024年第6期。

傅贻忙等：《组态视角下先进制造业产业链韧性提升的驱动因素研究》，《科学决策》2024年第1期。

马亮、高峻、仲伟俊：《数字化赋能中国先进制造企业技术赶超——动态能力下机会窗口视角》，《科学学与科学技术管理》2023年第44期。

张昊、刘德佳：《数字化发展对先进制造企业服务创新的影响研究——基于企业动态能力视角》，《中国软科学》2023年第3期。

李煜华等：《路径依赖视角下先进制造业数字化转型组态路径研究》，《科技进步与对策》2022年第39期。

郑瑛琨：《经济高质量发展视角下先进制造业数字化赋能研究》，《理论探讨》2020年第6期。

徐小鹏、沈润、周剑：《数字赋能先进制造业产品创新的驱动机制及策略研究》，《造纸装备及材料》2024年第1期。

余东华：《先进制造业的发展方向与提升路径》，《人民论坛·学术前沿》2023年第17期。

刘天一：《数字化转型：制造业形成新质生产力的关键引擎》，《数字经济》2024年第6期。

宋永等：《国际化视域下"十四五"期间河北省制造业数字化转型的路径初探》，《中小企业管理与科技（中旬刊）》2021年第12期。

秦艳、蒋海勇：《新质生产力促进制造业转型升级的机理与路径——基于产业链视角》，《企业经济》2024年第10期。

《河北省2023年国民经济和社会发展统计公报》，河北省人民政府网站，2024年3月1日，http：//www.hetj.gov.cn/hbstjj/sj/tjgb/101703556553408.html。

《制造业数字化创新，这三个省份为何领跑全国》，第一财经网站，2023年10月12日，https：//www.yicai.com/news/101874624.html。

B.10 以新质生产力赋能河北交通强省建设研究[*]

吕广亮[**]

摘 要： 高质量发展是新时代的硬道理，新质生产力是我国经济高质量发展的精确凝练和全新总结，具有重大的理论价值，也是新时代推动交通运输高质量发展的内在要求和重要着力点。本报告研究发现，在新质生产力的引领下，我国交通运输高质量发展不断迈上新台阶，新质生产力与交通运输高质量发展具有内在联系，二者相互促进、相互影响。河北交通运输高质量发展仍存在交通基础设施建设不足、发展不平衡、信息化水平不高、高素质人才匮乏等问题。据此，本报告提出充分发挥新质生产力的强大动能和导向作用，促进科技创新、培养综合型高素质交通人才、促进交通运输业绿色低碳转型，坚定地推动新质生产力的培育，为河北交通运输高质量发展赋予新动能，为加快建成交通强省提供有力支撑。

关键词： 新质生产力 高质量发展 交通运输 交通强省 科技创新

在交通运输领域，新质生产力的引入将推动行业全面转型，成为促进交通运输高质量发展的关键动力，为现代化交通体系和交通强省建设提供强有力的支撑。面对全球形势、时代发展和历史进程的深刻变化，加快构建以新

---

[*] 本报告数据来自中华人民共和国交通运输部网站、河北省交通运输厅网站、《中国交通运输年鉴2023》。

[**] 吕广亮，河北省社会科学院财贸和数字经济研究所副研究员，研究方向为交通运输经济、宏观经济等。

质生产力为核心的交通运输高质量发展格局,并将其深度融入交通运输的各个环节,具有深远的现实意义和战略价值。这一变革不仅能够提升交通运输效率,还将为应对未来的挑战奠定坚实基础。

一 新质生产力推动交通强省建设理论解析

党的二十大报告强调,高质量发展是全面建设社会主义现代化国家的首要任务。新质生产力标志着生产力的根本性飞跃和质的提升,代表着其发展演进至一个全新的阶段。

习近平总书记在主持中共中央政治局第十一次集体学习时强调,发展新质生产力是推动高质量发展的内在要求和重要着力点。[1]

第一,新质生产力是推动交通强省建设的重要引擎。党的二十大报告强调,高质量发展是全面建设社会主义现代化国家的首要任务。新质生产力以创新为核心,为高质量发展注入强劲动力,推动经济增长,提升质量和效益。欧美国家的发展历程表明,在特定历史条件下,提升交通运输质量和活力,尤其是采取新型交通运输方式,有助于实现国家经济飞跃及结构调整优化。

第二,交通强省建设为新质生产力的发展搭建了重要平台。交通运输业作为服务人民的基础性产业,其高质量发展不仅有助于提升国家交通实力和竞争力,还可以促进相关产业链创新与升级,为新质生产力在交通领域的应用提供丰富场景。

二 新质生产力推进交通运输发展的创新思路

交通运输领域的新质生产力是一个多层次、多维度的行业生产力体系,涵盖微观要素、现代交通运输方式(中观)和综合交通运输体系(宏观)

---

[1] 《习近平:发展新质生产力是推动高质量发展的内在要求和重要着力点》,中国政府网,2024年5月31日,https://www.gov.cn/yaowen/liebiao/202405/content_6954761.htm。

多个层面。这一体系不仅包括交通运输领域的新生产者、新技术、新型基础设施和高质量服务，还涉及创新企业、科研机构、新业态、新模式以及战略性新兴产业和未来产业的协同发展。从单一运输方式的创新到多种运输方式的协同创新，从有形的技术创新到体制机制、政策标准等无形创新，交通运输领域的新质生产力具有体系化、结构化和层次化的特征。这一体系的建立不仅推动了交通运输业的转型升级，还为未来交通运输业的发展奠定了坚实基础。

（一）推动技术创新

以科技创新为核心驱动力，推动交通运输业高质量发展，重点推进新一代信息技术、人工智能、智能网联技术、新能源动力系统以及新型功能材料等前沿技术的深度融合与应用。通过加强基础研究的战略性布局和核心技术的协同攻关，实现在关键领域的自主创新能力突破。加快构建以智慧交通为引领、以绿色低碳为目标的产业创新体系，积极参与国际技术标准与行业规范的制定，全面提升我国交通装备制造及服务贸易的附加值，助力打造具有全球竞争力的现代化交通产业链，推动我国在全球价值链中的地位提升。

（二）延伸产业链条

以推动交通运输业高质量发展为目标，围绕高端装备智能制造、新型交通基础设施建设、智能网联汽车与自动驾驶系统、智慧出行服务生态、数字化网络货运平台、绿色交通能源材料、高端交通增值服务、韧性物流供应链体系等八大领域，系统构建"四链融合"发展模式。通过充分发挥创新链、产业链、资金链、人才链的协同效应，重点突破关键共性技术研发、核心装备国产化替代、商业模式创新迭代等战略性环节，着力打造创新要素高效配置的产业生态体系。在此基础上，协同推进基础设施数字化改造、运输服务智能化升级、产业治理现代化转型，培育具有全球竞争力的现代化综合交通产业集群，全面塑造涵盖技术研发、装备制造、运营服务、平台经济的全产业链竞争优势。

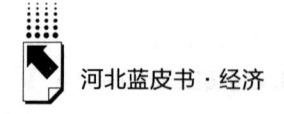

（三）注重服务创新

构建一个安全、便捷、高效、绿色、经济的现代化综合交通运输体系，必须遵循行业创新发展的内在规律，重点从以下三个关键维度实现突破。首先，深化需求侧改革，加速将需求侧的潜在动能转化为供给侧的有效产能，形成需求拉动供给、供给激发需求的良性循环。这一机制有助于实现供需的动态平衡，推动行业持续健康发展。其次，加强技术研发与成果转化的全流程安全管控，构建覆盖智能装备、数字平台和新型基础设施的全生命周期安全保障体系。通过严格的安全管理措施，确保技术创新与应用的安全性，提升整体系统的可靠性和稳定性。最后，增强产业基础能力，通过核心技术攻关、标准体系完善以及协同创新平台的建设，增强产业链和供应链的自主可控性与安全韧性。这不仅有助于提升综合交通系统的服务品质，还能增强其可持续发展能力，确保行业在复杂环境下的稳健运行。通过这三个维度的协同推进，现代化综合交通运输体系将能够更好地满足经济社会发展的需求，同时实现安全、绿色、高效的目标。

（四）做好要素保障

面对新一轮科技革命和产业变革的历史机遇，需在以下关键领域系统推进改革攻坚：一是纵深推进科技创新体制机制改革，构建涵盖技术要素市场化配置、多层次资本市场支撑、高端人才引育留用的政策体系，重点突破关键核心技术攻关的体制机制障碍；二是全面深化人才发展综合改革，实施"高精尖缺"人才专项工程，完善"揭榜挂帅""赛马制"等新型科研组织模式，打造具有全球竞争力的创新型领军人才队伍；三是创新构建包容审慎监管体系，建立适应数字经济、绿色经济等新业态发展的标准规范，健全容错试错机制，为颠覆性技术创新提供制度保障；四是持续优化创新生态系统，推动产学研用深度协同，加速创新成果转化应用，培育更具韧性和活力的产业创新集群。通过系统性制度创新破除体制机制障碍，形成要素高效配置、主体活力迸发、成果加速涌现的创新格局，为培育新质生产力、实现高质量发展注入持久动力。

三 新质生产力推进交通运输发展的关键环节

（一）抓住安全性与可靠性环节

安全性指的是运输服务能够确保运输对象在位移过程中保持完好无损，并安全到达目的地；可靠性则强调运输服务在执行过程中具备稳定性、可预测性和可信赖性，能够持续满足既定标准。交通运输的安全可靠不仅对生产经营活动的正常运转至关重要，还直接关系人民群众的生命与财产安全，同时在维护国家经济社会的稳定发展中扮演重要角色。

经过多年发展，特别是党的十八大以来，在习近平新时代中国特色社会主义思想的指导下，中国交通运输安全生产体制机制不断完善，法规制度逐步健全，人员素质显著提升，装备设施安全性能明显改善，交通运输安全性得到大幅提升。但与交通强国提出的"人民满意、保障有力、世界前列"的目标仍有较大差距，特别是安全基础薄弱、安全责任不严不实、安全改革创新不足、新业态安全监管不到位等问题较为突出，交通运输安全生产依然任重道远。

（二）抓住数字化与智能化关键环节

随着科技的飞速发展，数字化与智能化技术正深刻改变传统运输工具、运输方式及运营管理模式。坚持数字化与智能化的发展方向，能够显著提升交通信息的获取与处理效率，提高出行的便捷性与舒适度，优化资源配置，进而提高交通运输的服务效率与质量。这一趋势不仅推动了行业的转型升级，也为未来交通体系的智能化奠定坚实基础。

近年来，我国交通运输业在数字化和智能化方面取得显著进展，但仍存在一些亟待解决的问题，具体表现为以下几个方面。首先，数据基础依然薄弱。数据采集能力尽管有所提升，但仍难以满足行业快速发展的需求。动态感知的范围有限、深度不足，导致数据获取的全面性和精准性不够。此外，行业内成体系、成规模的公共数据资源较少，数据开放程度与社会期望之间存在较大差距，制约了数据的有效利用和创新应用。其次，应用协同性不足。不同运输方式和领域之间的数字化发展不平衡，缺乏全国一体化的纵向协同应用。横向的综合性应用尚未充分整合，各系统之间的联动性较差，难以实现资源共享和业务协同，影响了整体效率的提升。再次，安全保障水平有待提高。随着数字化进程的加快，网络安全问题日益突出。现有的网络安全防护体系在主动防护、纵深防御和综合防范方面有所欠缺，难以应对新形势下的安全挑战。关键信息基础设施和关键数据资源的保护能力较弱，存在较大的安全隐患。最后，发展环境仍需完善。先进信息技术与交通运输的融合深度和广度不足，尚未形成可规模化复制推广的模式和标准。此外，行业内普遍存在重建设、轻运维的现象，导致部分数字化项目难以持续发挥效益，影响了整体发展质量。

综上所述，交通运输业在数字化和智能化进程中，仍需加强数据基础设施建设、提升应用协同性、强化安全保障能力，并进一步完善发展环境，以推动行业高质量发展。

（三）聚焦绿色低碳关键环节

全球环境问题日益严峻，对人类的生存构成了严重威胁。控制碳排放、减缓全球气候变暖已成为全球关注的焦点。2020年9月，中国明确提出"双碳"目标，力争在2030年前实现碳达峰，2060年前实现碳中和。交通运输作为碳排放的重要领域，其碳排放量约占全国总量的10%。因此，推动交通运输业绿色低碳发展，不仅有助于促进行业高质量发展，还能加快交通强国建设进程，对实现"双碳"目标具有重要意义。交通运输领域的绿色低碳转型是实现"双碳"目标的关键环节之一。推广新能源车辆、优化交通运输结构、提升能源利用效率等措施，可以有效减少碳排放。同时，智能交通系统的应用和绿色出行方式的普及将为交通运输的低碳发展提供有力支撑。总之，交通运输的绿色低碳发展是实现"双碳"目标的重要路径之一。通过技术创新、政策引导和公众参与，交通运输业可以在减少碳排放的同时，推动经济高质量发展，助力全球气候治理。

近年来，交通运输业在绿色发展方面取得了显著进展。通过加快新能源和清洁能源的应用，新能源城市公交、出租汽车以及城市物流配送车辆的总数已超过 100 万辆。同时，LNG 动力船舶的数量达到 290 余艘，全国港口岸电设施覆盖泊位约 7500 个，高速公路服务区充电桩数量超过 1 万个。此外，交通运输业还加强了国际交流与合作，发布《中国交通的可持续发展》白皮书，并积极参与航运温室气体减排谈判等国际事务。这些举措有效推动了交通运输业的绿色转型与可持续发展。

（四）聚焦融合协同关键环节

交通运输在供应链中扮演至关重要的角色，直接影响成本、效率和服务水平。其布局和运输方式的选择不仅决定了供应链的结构和规模，还对整体运作效率产生深远影响。当前，不同运输方式的所有制差异显著，公路运输市场化程度较高、竞争激烈，而铁路、水运和民航的市场化进程相对滞后，导致各运输方式之间的协同效应未能充分发挥。因此，推动多式联运成为实现供应链上下游企业协同发展的关键，同时是难点所在。通过整合不同运输方式，多式联运能够有效提升供应链的整体效率和服务水平，降低物流成本，从而增强企业的市场竞争力。

交通运输部积极推进综合运输服务"一单制"和"一箱制"试点工作。同时，为促进互联网货运新业态的健康发展，相关部门加快了规范化管理步伐，推动交通运输与上下游企业的深度融合与协同发展，并取得了显著成效。这一系列举措有效提升了行业整体效率和服务水平。

四 新质生产力推进河北交通强省建设的对策建议

（一）坚持科技创新驱动

一是提升技术创新能力。提升技术创新能力是推动交通运输业高质量发展的关键举措。为此，应充分发挥企业在科技创新中的主体作用，鼓励交通运输领域的国有企业设立专款专用、独立核算的研发准备金，并将重大科技创新成果纳入企业负责人的经营业绩考核体系。同时，推动省属重点国企的研发投入强度达到全国同类企业的领先水平，加快河北现代交通实验室、交通新质生产力创新研究中心等重点实验室和研发平台建设，力争在人工智能、车路云网、数字技术与装备等领域再创建2个左右的省部级研发平台。此外，支持高校、科研院所与交通运输企业整合优势资源，共同组建具有全国影响力的交通运输科技创新中心，并力争创建国家级科技创新平台，为行业技术进步提供有力支撑。

二是强化核心技术攻坚。为推进交通强省建设，建立健全揭榜挂帅机制，聚焦重点领域，定期发布揭榜挂帅场景，推动关键共性技术的创新性突破。支持具备实力的企业组建车路协同、无人机等协同攻关型产业技术创新联合体。同时，围绕交通强省建设需求，实施一批具有前瞻性、战略性和引领性的重大科技项目，力争创建国家级、省级示范项目，全面提升交通科技创新能力，助力交通运输业高质量发展。

三是推进成果转化应用。出台实施科技成果转化相关政策，推动建立交通运输科技成果转化推广服务机构，制定科技成果推广目录，组织推动跨区域科技成果交流和转化对接活动。推动技术研发与标准研制应用协同发展，制定不少于50项智慧交通、绿色交通、平安交通等领域地方技术标准规范。

（二）加快推进交通新基建

一是推动公路数字化转型。健全公路项目全生命周期数字化管理机制，推动数据技术产品、应用范式、商业模式和制度机制协同创新。依托省级健康监测平台，建立自动化预警、可视化管控、全天候监测的预警体系。

二是加快智慧港口建设。推动实现全流程自动化作业和智能运维，打造世界一流的专业化散货领域智慧港口。建设唐山港京唐港区集装箱码头智能化改造项目，实现集装箱码头装卸自动化、生产作业集成化。发展"通关+物流"一体化联动服务，全面提升港口主要作业单证电子化率和对外服务水平。

三是开展创新应用场景示范。结合雄安新区未来之城场景汇、打造和开放创新应用场景行动等重大示范场景创设行动，围绕自动驾驶、低空运输、智慧港口等创新前沿开展试点示范，着力打造"人工智能+交通运输"、自动驾驶出行、无人物流运输、港口自动化作业等一批成效明显、可复制推广的新基建创新应用场景。

（三）着力打造新模式

一是推动大规模交通设备更新。推动城市新能源公交车及动力电池更新、老旧营运货车和老旧营运船舶报废更新。以公共领域车辆全面电动化先行区、环保绩效创 A 行动等为抓手，进一步推广新能源车船和自动驾驶车辆等新型载运工具、北斗和机器人等新设备在物流配送、港口集疏运等领域应用。做好路侧光伏、充电桩换电站、加氢站等基础设施规划布局和建设。

二是优化物流服务模式。加强人工智能、大数据技术在供应链数字化平台的应用，支持各类市场主体数据对接，主动对接国家物流信息平台。鼓励发展专业化、智慧化物流服务网络。持续探索京津塘高速河北段自动驾驶货物运输、唐山港京唐港区集装箱码头无人驾驶等自动驾驶物流运输场景。

三是调整运力供给模式。加快推进国家级多式联运示范工程和"一单制、一箱制"交通强国专项试点建设。培育壮大河北港口集团有限公司、石家庄国际陆港等，力争多式联运集装箱运量达到 100 万标箱，多式联运线路达到 100 条。大力发展"农村客运+邮政快递""互联网+客货邮"等先进组织模式，努力打造本地农村物流特色亮点。

（四）培育壮大新业态

一是加速交通传统产业升级。做大路衍经济，形成"公路基建+土地开发+产业运营"的发展格局，打造一批示范引领项目。建设"交通+能源""风能+光伏"绿色交通项目。推进交旅融合，打造以"国家一号风景大道"、山海关服务区等为代表的旅游公路和特色服务区。搭建低空飞行场景，发展低空经济，积极搭建低空物流运输、医疗配送、低空游览、无人机城市治理等应用场景，在雄安新区、石家庄、沧州等地做好城市空中交通管理工作。

二是打造出行服务新业态。积极推进公共交通示范城市、城乡客运一体化试点建设，倡导"出行即服务"（MAAS）模式。发展平台经济，如网约车、共享单车。打造全程电子化出行服务体系，实现各种运输方式的一体衔接。

三是发展未来产业，拓展人工智能等领域应用场景。推动数字经济产业集聚，打造交通产业园，提升交通运输在河北战略性新兴产业集群中的地位。

（五）探索建立新机制

一是推动全面深化改革。构建高水平交通运输市场经济体制，持续优化营商环境，培育开放包容、公平有序的交通运输市场。做好符合新质生产力发展的顶层设计，研究出台适应河北低空经济、路衍经济、枢纽经济等发展的政策法规。牢固树立企业主体地位，鼓励企业参与科技创新，培育打造一批智能交通、绿色交通等领域的领军企业。推进行业治理法治化进程，完善综合交通法规体系，深化交通运输综合执法体制机制改革，丰富监管手段，探索利用互联网、大数据等先进技术的新型监管模式，强化风险预警和分析。

二是扩大高水平对外开放。河北支持省属国有企业牵头建设河北国际航运服务中心，积极开通港口集装箱外贸航线和邮轮航线。拓展石家庄正定国际机场至东亚、东南亚、欧洲等地航线以及至中国香港地区的航线，机场国际航线辐射周边主要国家和地区。畅通陆路国际运输通道，推进中欧、中亚班列增点扩线，积极开行河北—东盟班列。

三是加强人才队伍建设。完善人才培养、引进、使用、合理流动的工作机制，引进培育战略科学家、科技领军人才、高水平科技创新团队。积极开展交通运输科技人才引领、青年人才成长、卓越工程师集聚、工匠培育等专项行动。依托重大项目、重大工程、重点院校，培养一批科技创新领军人才、青年拔尖人才，打造一批重点领域创新团队，推进创新人才培养示范基地建设。

参考文献

《习近平在中共中央政治局第十一次集体学习时强调：加快发展新质生产力扎实推进高质量发展》，《支部建设》2024年第8期。

魏际刚：《以新质生产力推动交通强国建设》，《中国水运》2024年第17期。

李冉：《以中国式现代化全面推进中华民族伟大复兴》，《红旗文稿》2022年10月25日。

《省领导来我市调研绿色低碳高质量发展工作》，《烟台日报》2023年3月18日。

许嘉扬、郭福春：《新质生产力与经济高质量发展：动力机制与政策路径》，《浙江学刊》2024年第4期。

吴雨洋、孙大飞：《新质生产力赋能交通运输高质量发展研究——理论内涵、掣肘问题与现实路径》，《商展经济》2024年第15期。

侯晓晖：《以创新赋能新质生产力》，《沈阳干部学刊》2024年第5期。

刘振国、王辉、张甜甜：《发展交通运输领域新质生产力的内在逻辑、作用机理与推进路径》，《交通运输研究》2024年第2期。

杨映琳等：《向"新"而行 唯"新"致远——关于甘肃发展新质生产力的八点思考建议》，《发展》2024年第6期。

楚乔：《新质生产力赋能天津文旅产业高质量发展路径研究》，《天津经济》2024年第9期。

张海洋：《河北交通强化攻坚建核心技术池》，《中国交通报》2024年11月12日。

《中共中央 国务院印发〈交通强国建设纲要〉》，中国政府网，2019年9月19日，https://www.gov.cn/gongbao/content/2019/content_5437132.htm。

《省交通运输厅印发通知部署在全省开展交通运输新质生产力发展行动》，河北省人民政府网站，2024年11月1日，https://www.hebei.gov.cn/columns/d590ca83-0050-47ff-9353-669dbe8c58bb/202411/01/f0ee4f6d-fce9-4dfd-8a1c-d64e50679c2d.html。

B.11 新质生产力赋能河北康养产业高质量发展研究

李珊珊　刘　静　赵一帆*

摘　要： 本报告以新质生产力赋能康养产业发展的主要特征为突破口，分析河北省推进新质生产力赋能康养产业发展的现状和存在的问题，借鉴国内康养产业科技赋能、绿色发展、产业融合等领域先进经验，提出了新质生产力赋能河北省康养产业高质量发展的着力点和对策建议。

关键词： 康养产业　新质生产力　智慧康养

党的十八大以来，以习近平同志为核心的党中央把维护人民健康摆在更加突出的位置，做出实施健康中国战略的决策部署，推动康养产业加速驶入高质量发展的快车道。作为符合新发展理念的先进生产力质态，新质生产力能够为康养产业发展提供技术、数据等先进要素支撑，推动康养产业技术赋能、服务模式创新、理念创新、产业融合，成为康养产业高质量发展的重要驱动力。

一　新质生产力赋能康养产业发展的主要特征

新质生产力具有技术上的突破性、生产要素的创新配置性、产业转型升

---

* 李珊珊，河北省宏观经济研究院高级经济师，研究方向为产业经济；刘静，河北省宏观经济研究院正高级经济师，研究方向为宏观经济；赵一帆，河北省宏观经济研究院实习研究员，研究方向为行政管理。

级的深刻性，将带来产业发展模式的系统性变革。新质生产力赋能康养产业涉及技术创新、服务模式创新、理念创新以及产业融合等多方面内容。随着健康中国、积极应对人口老龄化国家战略的深入实施，康养产业在新时代具有广泛的大众需求和广阔的发展空间，也将成为培育新质生产力的重要产业。

（一）新质生产力为康养产业发展注入动力

新质生产力本质是科技创新驱动的高质量生产力，能够为康养产业发展提供动力，随着新一代信息技术、人工智能、大数据等的发展，国家通过引入先进康养技术、设备和设施，推动互联网等技术与康养产业深度融合应用，催生出"互联网+康养""人工智能+康养"等康养产业新技术、新模式，提高服务效率和质量，促进康养产业高质量发展。

（二）新质生产力助推康养产业服务模式创新

当前，康养产业发展已进入品质化、多元化、个性化发展的新阶段，迫切需要在服务模式上进行创新，以满足人民群众日益增长的多样化需求，包括提供定制化的康养服务方案、专业的医疗护理服务等，拓展服务内容和方式，提升康养服务体验感。高素质的劳动者是新质生产力的第一要素，新质生产力赋能康养产业，培养具备专业知识和技能的高素质服务人员，为提供更加优质的康养服务提供人才支撑，满足人民群众对健康生活的高品质追求。

（三）新质生产力推动康养产业理念创新

绿色低碳是新质生产力的内在要求，新质生产力赋能康养产业，就需要在康养领域引入生态环保理念，推动康养产业与生态保护的良性互动，引导康养产业沿着绿色产业链的方向持续拓展。在康养生态资源的开发利用过程中，注重保护生态环境和文化遗产，通过推广绿色低碳的生活方式、减少资源浪费等方式，促进康养产业可持续发展。

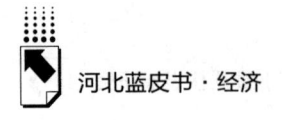

（四）新质生产力加速康养产业多业态融合

康养产业涵盖养老、养生、医疗、文化、体育、旅游等诸多业态，新质生产力赋能康养产业，可以促进康养产业与其他相关产业融合发展，如与旅游、体育、文化等产业跨界融合，形成文旅康养产业链，培育康养旅游度假区、康养特色小镇等一系列新业态，丰富康养服务产品体系，提升康养产业的整体竞争力和吸引力，进一步拓展康养产业市场空间。

二 河北省推进新质生产力赋能康养产业发展的现实基础

近年来，河北省以科技创新为动力，加快推进智慧健康养老服务体系建设，推动健康养老新技术研发与产品应用，促进"康养+"多业态融合发展，取得了一定成效，但也面临智慧康养产品与服务供给不足、产业发展模式不成熟、专业技术人才匮乏等问题。

（一）发展现状

1.智慧健康养老服务加快发展

充分运用新一代信息技术，积极推进"互联网+养老""互联网+医疗健康"等智慧康养平台建设，有效提升健康养老服务智慧化水平。2021年，全省13个市（含定州市、辛集市）已实现主城区养老服务综合信息平台全覆盖，邯郸等地开通了市级"互联网+养老"智慧平台，实现了"市、县（市、区）、乡镇（街道）、社区"四级互联互通，形成"老人线上点单、智慧平台派单、线下企业接单"的一刻钟服务圈模式，为老年人提供优质便捷的线上线下服务。"互联网+医疗健康"服务质效明显提升，截至2023年，全省共建设互联网医院57家，全年累计开展互联网诊疗服务140308人次，二级以上公立医院实现省内检查检验结果互认，方便患者看病就医。

2. 健康养老新技术研发与产品应用提速

加快推动企业和康养机构充分运用智慧健康养老产品，创新发展慢性病管理、居家健康养老、个性化健康管理、互联网健康咨询、生活照护、养老机构信息化服务等健康养老服务模式；针对家庭、社区、机构等不同应用环境，发展健康管理类可穿戴设备、便携式健康监测设备、自助式健康检测设备、智能养老监护设备、家庭服务机器人等，满足多样化、个性化健康养老需求。秦皇岛市惠斯安普医学系统股份有限公司、唐山启奥科技股份有限公司、河北雄安益康科技有限公司3家企业和秦皇岛市北戴河区东山街道入选2023年智慧健康养老应用试点示范名单，入选企业数量位居全国第一。

3. "康养+"多业态融合发展加深

各地依据自身资源禀赋和优势产业，加快培育"康养+中医药养生""康养+旅游"等新业态、新模式，康养产业发展潜力进一步释放。廊坊积极打造"医养结合"协同养老新模式，布局高端医养康养产业项目，吸引京津老年人跨城养老，三河燕达金色年华养护中心入住北京籍老年人占比在95%以上。承德依托温泉等优势资源，打造承德市国际康旅度假区等旅居康养项目，培育"温泉+养老""旅居+养老"等高端业态。2024年上半年，来承德旅居康养的京津老年人达20098人。保定依托当地独特的田园山水、风土人情，打造集休闲、旅游、居住、养老、农耕等功能于一体的"保定小院"，"五一"期间共接待游客1.2万人次，平均入住率达81.5%。邢台发挥中医药独特资源优势，加快中医药健康旅游示范基地建设，打造"扁鹊康养"品牌。秦皇岛立足"健康旅游""体育健身"，打造"医药养健游"体系，入选2023年度中国康养产业可持续发展能力20强，北戴河区入选2023年度中国康养产业可持续发展能力百强县。

（二）存在问题

1. 智慧康养产品与服务供给不足

相较于江苏、浙江等先进省份，河北省部分地区健康养老信息化服务平台建设较为滞后，尤其是农村地区问题更加突出，家庭、社区与健康养老服务机构之间尚未实现信息互联互通，健康养老上门服务内容较为单一、覆盖范围有限，尚不能完全实现"一体化、一站式"服务。康养制造优势产品多集中于附加值较低的日用辅助类、康复辅助类等产品，高端智能医疗器械等智能产品发展不足。从工业和信息化部公布的两批次老年用品产品推广目录来看，河北省共有28家企业48个产品入选，其中，卫生产品企业有7家，护理垫、纸尿裤生产企业有4家，手杖、助行器、轮椅生产企业有7家，产品科技含量不高且存在一定的同质性。

2.康养产业发展模式不成熟

目前，河北省涉及健康养老领域的信息基础设施网络仍不完善，高端产业孵化和服务平台匮乏，智能设备制造与服务提供、综合管理等环节的适配性不强，从事智慧医疗、智慧养老、智慧金融等的大型企业很少，同时，能够提供智慧康养服务的高端养老机构数量偏少，导致相关服务和产品应用受限，尚未形成支撑智慧康养产业快速发展的成熟的产业链条。产业融合发展程度不深，产品设计前瞻性、创新性不足，缺乏差异化、特色化、个性化产品，一些康养小镇、康养旅游项目规划建设注重地产、旅游类产品开发，对健康、养生、养老功能开发不足，成熟的商业模式还在探索过程中。据《中国康养产业发展报告（2022~2023）》，河北省仅有北戴河区、崇礼区入选中国康养产业可持续发展能力百强县，与四川、云南、贵州、海南等资源大省和浙江、广东等南方发达省份差距较大，与安徽、山西等中部省份相比也有一定的差距（见表1）。

表1 中国康养产业可持续发展能力百强县

省份	县（市、区）
四川省	盐边县、米易县、洪雅县、兴文县、都江堰市、崇州市、西昌市、峨眉山市、朝天区、苍溪县
贵州省	息烽县、赤水市、凤冈县、湄潭县、荔波县、兴义市、兴仁市、独山县、水城区
云南省	安宁市、腾冲市、景洪市、勐海县、大理市、澄江市、思茅区、金平苗族瑶族傣族自治县
广西壮族自治区	巴马瑶族自治县、乐业县、宜州区、昭平县、阳朔县、恭城瑶族自治县

续表

省份	县（市、区）
浙江省	桐庐县、仙居县、安吉县、永嘉县、武义县、德清县
广东省	新兴县、从化区、信宜市、蕉岭县、化州市、东源县
海南省	琼海市、文昌市、陵水黎族自治县、保亭黎族苗族自治县、万宁市
江西省	庐山市、井冈山市、全南县、铜鼓县、樟树市
安徽省	霍山县、青阳县、黄山区、岳西县、怀宁县
福建省	武夷山市、长汀县、仙游县、将乐县、清流县
山西省	沁源县、云州区、陵川县、左权县、垣曲县
湖北省	鹤峰县、恩施市、英山县、嘉鱼县
河南省	修武县、鄢陵县、卢氏县
江苏省	如皋市、宜兴市、太仓市
陕西省	石泉县、凤县、宜君县
重庆市	石柱土家族自治县、綦江区、武隆区
山东省	单县、蒙阴县、东阿县
湖南省	渌口区、麻阳苗族自治县
河北省	北戴河区、崇礼区
天津市	蓟州区
辽宁省	桓仁满族自治县
吉林省	抚松县
黑龙江省	五大连池市
内蒙古自治区	牙克石市
新疆维吾尔自治区	温泉县

资料来源：《中国康养产业发展报告（2022~2023）》。

3. 康养产业专业技术人才匮乏

人才是支撑产业发展的第一资源。当前，河北省养老、护理、康复等领域专业康养人才匮乏，既有医学背景，又有经营管理能力的人才更加匮乏，护理人员平均年龄大、学历低、入职门槛低、待遇低、专业训练不足，养老机构普遍面临招人难、留不住人等问题，严重影响康养服务质量和水平提升。相关调查报告显示，七成以上养老服务机构存在人力资源供应不足的问题，51.5%的养老护理员年龄集中在50~59岁，57.2%的养老护理员月薪低于3000元，年均养老护理员流失率达20.4%。

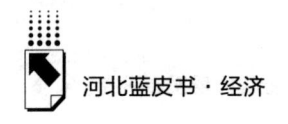

三 国内推进新质生产力赋能康养产业发展的先进经验

推进新质生产力赋能康养产业发展，是康养产业高质量发展的方向和趋势，我国各地围绕培育康养新质生产力，在推动科技赋能、绿色发展、促进产业融合、强化人才支撑等方面做出了积极探索，形成了一批可借鉴的先进经验。

（一）推进智慧康养场景应用

随着互联网、大数据、人工智能等现代信息技术快速发展，各地积极探索智慧康养发展模式，"人工智能+康养"等应用场景日益广泛。浙江省推动智慧养老机构建设，引入智慧照护系统、智能穿戴设备等先进技术，实现机器人辅助生活服务与康复训练，大幅提升健康养老服务质效；开展"浙里适老""信号升格"专项行动，推进数字技术适老化，建设兼顾老年人需求的智慧社会。山东省各地积极探索智慧养老服务平台建设，通过大数据、人机交互、医疗护理、康复保健、健康管理、移动互联网等技术的有效融合，为老年人提供个性化、精准化的康养服务。粤港澳大湾区依托人工智能、大数据、云计算等先进技术，大力发展智慧康养产业，提供远程诊疗、个性化健康管理等智慧康养服务，提升康养产业服务质量、智能化水平和便捷性，为老年人带来更加优质、高效的康养体验。

（二）坚持绿色低碳发展

各地深入挖掘生态、文化等资源，注重生态环境保护与利用，着力推动康养产业高质量发展，打造一批独具特色的全国生态康养产业发展高地。海南省聚焦气候康养、中医药康养、温泉康养、森林康养、康养旅游五大领域，绘制全岛"健康长寿地图"，打造"健康岛、长寿岛"、"康养陵水"、"候鸟"家园、"中国天然氧吧"等康养文化品牌，打造具有海南特色、康养主题突出的全球知名健康旅游目的地。贵州省遵义市利用红色文化资源，多元化发展研学康养和疗愈康养业态，打造"醉美遵义、康养福地"；六盘水市围绕休闲、运动、康养等主题，培育滑雪、温泉、索道、山地运动、低空飞行等新业态新产品，打造"中国凉都、康养胜地"。安徽省黄山市依托黄山生态资源、徽州文化资源，培育"养生+养心+养神"模式和"养在黄山四季里"特色品牌，打造世界级休闲度假康养旅游目的地。

（三）促进"康养+"多业态融合发展

当前，随着人民生活品质的日益提升，人们不仅有传统的健康养老需求，对休闲养生、体育健身、文化旅游等方面的需求也非常旺盛。加速健康养老相关优势资源整合，推动形成"康养+"多业态融合发展的模式，已成为各地培育康养新质生产力的重要手段。海南省推动特色康复疗养、休闲养生与健康旅游深度融合，从南到北打造多种资源组合开发的康养旅游线路，形成"康养+旅游""康养+乡村体验""康养+过冬"等发展模式，数据显示，每年有超过100万名老年人到海南省过冬，旅居养老市场规模位居全国前列。山东省构筑"康养+生态"，形成以文化为引领、旅游为主体、康养为支撑的"文旅康养+"产业新模式，注重"文旅康养+"市场细分，绘制齐鲁康养打卡精品路线，推出旅游度假、健康医养、心灵探寻、教育研学等多种形态的产品，打造"仙境海岸、养生福地"养老健康旅游服务经济带。目前，包括129个齐鲁康养打卡点和70条康养打卡精品路线的"中医药+"康养休闲新业态已覆盖全省，形成山东省康养产业发展新增长点。

（四）强化康养产业人才支撑

康养专业人才匮乏是制约培育康养产业新质生产力的重要因素，近几年，各地纷纷出台政策措施，加快康养产业人才队伍建设，并取得一定成效（见表2）。江苏省在全国率先建立养老护理职称体系，畅通职业晋升路径；浙江省探索建立优秀养老护理人才进事业编制路径，拓展人才职业发展空间，吸引更多专业化人才投身养老护理行业。山东省完善康养产业人才队伍激励机制，针对入职养老服务机构的高校毕业生、取得高级职业技能等级的养老护理员实施奖补政策，将优秀养老服务人才纳入高层次人才库；搭建养老服务人才政校企对接交流平台，促进校企深度合作与人才供需对接；开展多层次职业技能培训，创新职业技能培训模式，通过"线上直播+线下指导"相结合、举办职业技能大赛活动等方式，有效提升人才专业技能。

表2 部分地区针对毕业生入职养老机构的奖励政策

地区	奖励政策
北京	设立应届毕业生入职奖励，按照本科及以上6万元、专科（高职）5万元、中职4万元的标准，分3年发放入职奖励
天津	养老护理员可按"海河英才"行动计划技能型人才引进条件办理落户
上海	与养老机构签订5年及以上服务合同，具有中专（职校、技校、高职）学历和具有专科（高职）及以上学历的养老护理员，由市级福利彩票公益金分别给予3万元和4万元的入职补贴，分3次发放 杨浦区将养老护理员作为重点人才引进落户
广东	对优秀人才在居住落户、住房保障、子女就学等方面给予优惠政策。推动养老护理员职业技能等级认定工作，完善与养老护理员职业技能等级配套的薪酬激励机制。深圳市符合相关条件的养老机构从业人员，可享受最高1.5万元的入职补贴和每月100~800元的岗位补贴
山西	入职并从事老年人服务的从业人员，硕士研究生及以上学历、本科学历、大专学历、中专学历分别给予6万元、5万元、4万元、3万元的一次性入职奖励。入职奖励分3年发放
山东	对入职养老机构的毕业生，给予1万~2万元的一次性入职奖补
南京	从事护理岗位满5年，全日制本科以上毕业生奖补5万元，大专奖补4万元，中专奖补3万元。非全日制毕业生按照全日制的70%奖补
西安	从事护理岗位满5年，给予本科及以上毕业生5万元、专科（高职）毕业生4万元、中职毕业生3万元

资料来源：根据网络资料整理。

四 新质生产力赋能河北省康养产业高质量发展的着力点

推动新质生产力赋能河北省康养产业发展，应紧紧把握技术创新、服务模式创新、理念创新、产业融合四大主要创新方向,改变传统的康养产业发展模式,推动产业效能大幅提升,实现康养产业高质量与可持续发展。

(一)提升康养产业科技创新能力

1. 强化关键核心技术攻关

聚焦康养产业发展需求,重点围绕生物医药、高端医疗器械、康复辅助器具等技术领域,依托相关领域领军企业及高校和科研院所,创新科研组织模式,开展重大关键技术攻关,超前部署前沿引领技术,突破一批"卡脖子"技术,鼓励企业牵头联合优势力量组建创新联合体,承担战略创新任务,培育牵引性、支柱性的重大技术和产品,提升产业链自主可控水平和科研创新能力,建成具有国际影响力的生命健康创新策源地。

2. 建设高水平科技创新平台

聚焦生命健康、生物技术、人工智能等重点领域,加快打造创新联合体,布局建设一批重点实验室、技术创新中心、新型研发机构、院士工作站等高能级创新平台。充分发挥国家级创新平台引领作用,统筹人才、项目、平台一体化发展,推进产业链前端科学研究和产业链后端产品开发应用一体化发展。持续推进石家庄市国际生物医药园、北戴河国际生物医学中心、雄安新区健康传播院士基地、国家区域医疗中心等载体建设,加快完善和布局一批与生命健康紧密相关的大型创新基础设施。

3. 推进科技成果应用转化

推动康养产业"产学研用"协同创新,统筹推进基础研究、产品研发成果转化,加快完善以企业为研发主体、科研院所为技术支撑、市场需求为导向、特色产品为核心的康养产业技术创新体系。加快康养产业特色专业孵化器建设,组建一批产业技术创新战略联盟,鼓励雄安新区和国家级、省级经济技术开发区及高新技术产业开发区、行业龙头企业围绕康养产业共性需求和技术难点,建设一批特色专业孵化器。聚焦重点产业链,加强中试基地、性能评估、检测平台建设,让技术从"实验室"走到"应用场",加快产品创新转化。

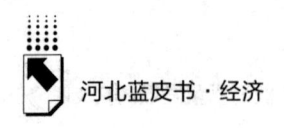

（二）开展康养产业数字赋能

1. 加快智慧康养平台建设

推动信息技术产业转型升级，构建"互联网+康养"产业发展模式，打造智慧康养公共服务平台，构建横向采集跨部门数据、纵向贯通各级区域全民健康信息平台的数据底座，推动各类健康养老服务信息"集零为整"、共享共用、集中存储、统一管理，形成"立足当地、服务全省、辐射京津"的智慧康养公共服务模式。统筹推动康养服务设施和设备智能化改造，实现康养服务机构"基础硬件+智能软件"全面升级，面向家庭、社区加快推广智能终端设备应用，推动康养信息智能化采集和共享利用。

2. 积极搭建智慧康养应用场景

探索建立智慧康养应用场景标准体系，积极拓展智慧康养应用场景，围绕养老服务、医疗服务、健康管理、健康旅游、体育健身、康复辅助训练等服务内容，打造智慧养老院、智慧医院、智慧健康管理、智慧景区、智慧体育等兼具推广性和实效性的智慧康养场景，推进智能康复辅助器具示范应用和智能终端平台互联互通，推动智慧康养产业精细化、规模化发展。依托智慧康养行业领军企业，开展智慧康养应用场景试点示范，探索形成可复制、可推广的智慧康养场景应用模式。

（三）推动康养产业服务模式创新

1. 加快康养产业标准化建设

实施标准化战略，鼓励健康养老、道地药材、康复辅具等重点企业积极参与相关标准制定，完善产品标准和服务规范，以生产标准和服务标准创新，提升产业发展标准化、规范化水平。完善康养产业品牌标准架构，构建由基础标准、技术标准、应用标准组成的品牌标准体系。

2. 提升康养服务和产品质量

推行全面质量管理，实施品质升级行动，以品质提升推动康养产业发展。完善养老机构等级评定制度，加强对标对表指导，推动评定结果与运营补贴等挂钩，促进养老机构服务提质增效。实施健康旅游、体育健身质量提升工程，完善相关基础设施，丰富服务内容，优化服务环境。增加高品质老年用品供给，开发推广康复治疗器械、智能养老监护、家庭服务机器人等高端智能产品。

3. 加强高素质人才引进培养

打通高层次康养产业人才来冀创新创业"绿色通道"，引进康养产业领军人才和创新团队，培养一批康养产业高端人才。完善康养职业教育体系，鼓励大中专院校增设康复治疗学、养老服务管理、心理学等康养类专业，优化康养类课程设置；支持校企联合开展"2+2+2"贯通培养项目，围绕老年保健与管理等康养类专业，定制定向培养专业人才。研究制定康养产业人才需求、项目、资源和政策四张清单，绘制产业人才地图，建立人才与项目对接机制，将康养相关专业人才纳入紧缺工种目录，加强康养服务人员培训。畅通职称评审渠道，支持医养结合机构中从事医疗、护理等相关工作的专业技术人员申报医疗卫生系列高级职称，探索建立养老护理职称体系。加大对在养老机构稳定就业的人员奖励力度。

（四）推进康养产业绿色低碳发展

1. 发展绿色生态康养产业

依托河北森林、温泉、草原、海滨等生态资源，大力发展森林康养、温泉康养、草原康养、海滨康养等生态康养业态，同时注重生态环境保护，实现经济效益和生态效益的双赢。加强生态康养品牌建设，打造具有竞争力的生态康养品牌，提高市场知名度和美誉度。坚持差异化发展，针对不同人群的康养需求，开发温泉康养、森林氧吧、避暑度假、滨海养生、草原休闲、乡村体验等生态康养系列产品，打造一批各具特色的生态康养示范基地，培育差异化、特色化竞争优势。

2. 推行绿色低碳生产生活方式

实施绿色技术创新攻关行动，推动生物医药、健康食品、康复辅具、老年用品等康养制造业绿色发展，推进工艺技术设备绿色化改造，建设绿色工厂和绿色园区。倡导绿色消费、自然环保、节俭健康的生活方式，全面推行生活垃圾分类，开展绿色养老院、绿色社区、绿色出行等创建行动。

（五）促进康养产业多业态融合发展

1. 推进"康养+文化体育"融合发展

围绕崇礼冰雪、秦唐沧海洋、坝上森林草原、衡水湖等自然资源，以及太行红色文化、沧州武术、邯郸太极拳等特色文化，打造一批冰雪文化、海洋文化、森林文化、草原风情、航空科普、红色文化、武术民俗等度假酒店和主题酒店，举办冰雪运动、海上运动、航空运动、森林健身、草原运动、武术比赛等赛事和红色纪念日等节庆活动，打造一批高品质"康养+文化体育"旅游目的地。

2. 推进"中医药+"产业融合发展

发展"中医药+旅游"，开发"中医药+温泉""中医药+森林""中医药+民宿"等精品项目，打造一批兼具休闲度假、中医调理功能的"体验园""养生村"。发展"中医药+文化"，开发特色中医药文创产品，加强"祁州四绝"等中医药非物质文化遗产传承保护，建设一批中医药文化传承创新基地。发展中医药衍生产业，鼓励企业开发以中药为基础的保健品、功能食品、日用品、化妆品，以及农药、兽药、饲料添加剂等产品，开发以中医诊疗技术为基础的医疗保健器械等产品。

3. 培育"康养+金融"新业态

依法合规发展养老金融业务，拓展养老财务规划、资金管理、风险保障等服务。鼓励养老服务企业与保险公司合作，开展"消费换养老"服务，通过优惠、返利等方式将养老服务消费转入养老保险账户，在促消费的同时增加养老金。丰富个人养老金产品，探索将国债、特定养老储蓄、指数基金等纳入产品范围，加快专属商业养老保险发展。规范发展商业医疗保险，加强康养类金融产品研发与健康、养老照护等服务衔接，推进人寿保险与长期护理保险责任转换业务。

参考文献

《山东省医养健康产业发展规划（2023—2027 年）》，山东省人民政府网站，2023 年 9 月 21 日，http：//www.shandong.gov.cn/art/2023/9/21/art_267492_59167.html。

吴江、冯定国：《加快形成新质生产力的人才驱动策略》，《当代经济管理》2024 年第 9 期。

张国禄：《河北省依靠科技创新积极应对人口老龄化研究》，《海峡科技与产业》2024 年第 8 期。

张俊：《上海推出若干政策措施扶持养老机构纾困发展》，《中国社会报》2022 年 6 月 28 日。

明儒君：《全力打造养老服务高质量发展新格局》，《共产党员（河北）》2023 年第 21 期。

"十五五"前瞻篇

B.12 "十五五"河北省推进京津冀协同发展主要思路和重点任务研究

张金杰 王哲平 李贻超 赵大密*

摘　要： 推动京津冀协同发展，是习近平总书记亲自谋划、亲自决策、亲自推动的国家重大战略。十年来，河北省推进京津冀协同发展取得显著成效，当前协同发展即将进入"十五五"全方位、高质量深入推进的新时期，本报告在问卷调查的基础上，系统总结和分析了自京津冀协同发展战略实施以来，河北省推进协同发展的经验和不足之处，在对接京津、服务京津中加快发展自己，借鉴国内外其他典型城市群、都市区做法，提出"十五五"期间河北省推进京津冀协同发展的主要思路和重点任务。

关键词： 京津冀协同发展　"十五五"　河北省

---

* 张金杰，河北省宏观经济研究院研究员，研究方向为区域经济；王哲平，河北省宏观经济研究院研究员，研究方向为统计学；李贻超，河北省推进京津冀协同发展服务中心经济师，研究方向为人力资源管理；赵大密，河北省宏观经济研究院研究实习员，研究方向为数量经济。

"十五五"河北省推进京津冀协同发展主要思路和重点任务研究

自京津冀协同发展战略实施十年来，河北省始终把推进京津冀协同发展作为重大任务和重要机遇来抓，牢牢把握京津冀协同发展的重大意义和目标要求，推进京津冀协同发展取得显著成效。"十五五"时期是三地联合建设中国式现代化的先行区、示范区的关键时期，河北省要学习贯彻习近平总书记重要讲话重要指示精神，全力推动京津冀协同发展不断迈上新台阶，在推进京津冀协同发展和高标准高质量建设雄安新区中彰显新担当，在对接京津、服务京津中加快发展自己。

一　河北省推进协同发展取得的主要成效

（一）"三区一基地"功能定位深入落实

全国现代商贸物流重要基地建设步伐加快，石家庄等国家物流枢纽、中国快递示范城市、国家骨干冷链物流基地深入建设。2019~2024年，河北省快递业务量年均增速超过40%。全国产业转型升级试验区建设深入推进，化解过剩产能卓有成效，传统产业提质增效明显，新兴产业加快发展。2023年，高新技术产业增加值占规模以上工业产值的比重达到21.4%。全国新型城镇化与城乡统筹示范区建设稳步推进，河北省常住人口城镇化率提高13.47个百分点。京津冀生态环境支撑区建设取得重大成效，河北省优良天数增加81天。

（二）承接北京非首都功能疏解初见成效

雄安新区建设取得重大阶段性成果，重点片区和重点工程建设扎实推进，已开发总建筑面积达4476万平方米，白洋淀生态环境治理和保护取得历史性成效，白洋淀水质稳定保持在Ⅲ类标准。首批疏解项目建设取得突破性进展，2024年雄安新区落地央企二级、三级子公司达40家。京冀曹妃甸协同发展示范区、北京大兴国际机场临空经济区等重点平台承接能力持续增强，北京亦庄·永清高新技术产业开发区、京唐智慧港等一批专业化、特色

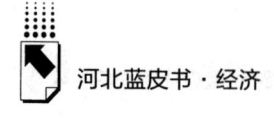

化承接平台不断涌现，一大批产业、教育、医疗等转移合作项目在河北省落地。

（三）重点领域协同发展率先实现突破

交通一体化成效明显，截至2023年底，河北省与京津连通铁路达23条、连通公路达50条。生态环境联建联防联治成效明显，永定河流域、潮白河流域出境入京水质保持在Ⅲ类和Ⅱ类，三地$PM_{2.5}$年均浓度比2013年下降六成左右。产业对接协作逐步深入。河北省积极与京津共建生物医药、新能源和智能网联汽车等6条产业链，共育集成电路、电力装备等五大产业集群，在全国率先创建跨区域智能网联汽车道路测试场景，京津冀生命健康产业集群产业规模和实力位居全国前列。

（四）公共服务共建共享逐步推进

河北省与京津246所中小学、幼儿园开展联合办学，与京津8所高职院校开展跨省市单独招生试点和"3+2"中高职联合培养。加快与京津合作共建国家区域医疗中心，持续开展京津冀医联体建设，深入推进医疗机构检验结果互认和医学影像检查资料共享，河北省群众在家门口就能享受到京津优质医疗服务。区域养老保险、失业保险转移接续政策逐步完善，三地同级别医院住院医保报销实现同标准、同待遇。三地共建京津冀公共就业服务招聘网等平台，促进劳动力转移就业和人才有序流动。

二 京津冀协同发展过程中存在的问题

京津冀协同发展是一个长期、系统工程，通过问卷调查发现，河北省与京津协同发展还存在一些短板。

（一）产业协作水平不高

产业一体化是推动京津冀协同发展的关键支撑，离开产业一体化，区域一体化就无从谈起。调查中发现,河北与京津产业协作仍存在层次、水平不高等问题,主要表现在以下几个方面。一是河北省各地承接的京津新项目、大项目、科技含量高项目依然较少,承接项目的质量不高。二是产业协作方式模式创新不足。京津企业多以成立分公司、子公司的方式向河北省转移,大部分外迁企业的研发、营销等高附加值环节工作仍留在京津,对河北省创新发展带动作用有限。三地在跨省市投资、园区共建、产业转移、财税分配等关键事项方面采取的重大创新举措仍较少,尚未真正在产业统筹规划开发、错位分工布局、联合招商服务等方面形成紧密的合作关系。

(二)京津人才向河北省流动迁移的难度大

人才是第一生产力,是区域高质量发展的重要支撑,京津人才是京津冀协同发展战略赋予河北省的最宝贵资源。但从调查中发现,当前河北省在用足用好京津人才方面仍受到诸多制约。一方面,京津人才随企业向河北省转移仍面临诸多困难,如随企外迁技术人员子女异地就学面临课程设置与教材两地不统一、受学籍限制无法回京津参加升学考试的问题。另一方面,河北省高等教育资源匮乏,高端人才不足,再加上人才工资待遇、工作环境、社会服务等方面与京津存在较大差距,导致人才吸引力差,京津转移企业在河北省重新招才引才难度更大。

(三)交通一体化水平有待进一步提升

河北省与京津交通一体化发展虽取得了明显的成效,但与打造京津冀世界级城市群的要求相比仍有一定的差距。从交通"硬"联通来看,当前京津冀区域内交通以北京为中心的规划建设格局仍未彻底改变,河北省内部交通通达性、便捷性有待进一步提升,省会石家庄通向张家口高铁须绕行山西省,宁晋县、蔚县等许多县至今不通铁路。从交通"软"联通来看,河北省与北京市交通路网依然存在"堵点""卡点",高速路网河北省界、北京界均设置检查站,给往返人员带来诸多不便。随着京津冀一体化发展水平提升,北京市与河北省周边地区的通勤人员日益增多,但高峰期往返票源紧张。

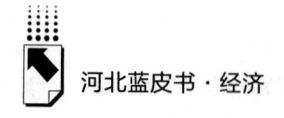

（四）部分环节体制机制障碍依然存在

一是京津冀三地在企业资质认定、人才资质认定等方面依旧存在体制机制障碍，如从北京市迁入河北省的印刷企业需要重新办理《出版物经营许可证》，而不能直接使用原北京公司取得的《出版物经营许可证》；建筑工程八大员（质检员、安全员、施工员、材料员、资料员、监理员、造价员、合同员）部分证件只能在本省（市）使用，京津冀三地互通互认尚未实现。二是部分改革激励举措依然存在覆盖面窄、力度小的问题。例如，北京市在北京·沧州渤海新区生物医药产业园实施的"异地延伸监管"政策仅适用于原料药企业，导致制剂等其他医药企业不能顺利疏解至该园区。

三 世界知名城市群腹地与中心城市协同发展经验做法

（一）纽约大湾区：通过由"点"到"面"的轴向扩展实现腹地城市与中心城市共同发展

1870年以前，湾区城市处于分散发展状态，随着产业结构的变化和横贯大陆铁路网的形成，城市数量急剧增加，规模不断扩大，区域内的城镇化水平提高，各城市的建设区也基本成型，形成单中心城市体系。1920~1950年美国进入工业化后期，中心城市规模较前一阶段有所扩大，城市发展不断向郊区扩展，逐渐形成以纽约、费城两个超级城市为核心的城市发展轴线。中心城市与周边区域慢慢连接起来，形成纽约大湾区的雏形。1950年后，纽约大湾区发展进入成熟阶段。科学技术的发展以及产业结构向知识密集型转变，城市产业结构得到优化。区域内各城市的形态演化以及枢纽功能逐渐走向成熟，湾区的空间范围沿着以纽约、费城两个超级城市为核心的城市发展轴线方向向外扩展，形成以纽约为核心的世界级城市群。

（二）日本东京湾区：千叶县通过"要产业"和"创产业"并举推动东京产业协作

千叶县是东京湾区的重要组成部分。千叶县凭借其良好的基础设施和较低的运营成本，成为承接东京产业转移的重要地区，逐步从食品、酒的制造中心转变为以钢铁、石化为主的重工业地带。东京的金融、科技、信息等高端服务业为千叶县的制造业提供了强大的支撑；千叶县的制造业则为东京提供了丰富的原材料和制成品。两者在产业链上相互依存和相互促进，共同推动整个东京都市圈的繁荣。千叶县并没有等、靠、要东京的资源与政策，而是在此基础上挖掘自身的产业潜力，结合本地资源优势和市场需求，通过制定和实施一系列产业战略，打造具有地方特色的新兴产业集群，如绿色化学产业集群、生物·生命科学产业集群等，提升区域竞争力。通过"要产业"和"创产业"并举的策略，千叶县不仅成功承接了东京的外溢产业，还培育了一批具有国际竞争力的新兴产业集群，为千叶县的经济发展注入了新的活力，为东京湾区的经济增长提供了重要支撑。

（三）长三角地区：昆山通过分流吸引上海项目，实现产业规模化发展

昆山位于上海周边，地理位置优越，这为昆山承接上海溢出产业提供了便捷的交通条件，降低了物流成本，提高了产业转移的效率。昆山拥有较为完善的产业链，特别是在汽车零部件、电子信息等领域，拥有众多配套企业和产业集群。这种产业基础使得昆山具备承接上海外溢项目的条件和能力，因此，昆山能够充分利用上海的产业辐射，承接其溢出的产业项目。昆山市政府出台了一系列招商引资政策，鼓励和支持企业来昆山投资兴业。例如，昆山发布《关于支持产业创新集群建设的若干政策（试行）》，提供了包括土地供应、税收优惠、人才引进等方面的政策支持。这些政策为企业提供了良好的投资环境和保障，吸引了众多原本计划在上海落地的项目。这些项目在昆山得到了良好的发展，为昆山带来了显著的经济效益和社会效益。

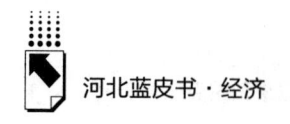

（四）长三角地区：安徽省通过打造"飞地经济"模式，探索与上海一体化发展新路径

"飞地经济"是指两个互相独立、经济发展存在落差的行政地区打破原有的行政区划限制，通过跨区域经济合作，促进生产要素跨区域流动和地区间资源互补与协调发展。"飞地经济"分为"正向飞地"与"反向飞地"两种模式。"正向飞地"模式是指经济发达地区在欠发达地区设立一块经济飞地，形成飞出地"资本+技术+管理优势"与飞入地"土地+劳动力+自然资源优势"的结合。黄山茶林场是上海在安徽打造的"正向飞地"，农场以经营茶、林为主，也经营农、牧、副、渔业。近年来，随着旅游业的发展，黄山茶林场已转型为东黄山国际休闲度假区，成为沪皖两地交流合作的纽带。"反向飞地"模式是指经济欠发达地区在经济发达地区设立一块经济飞地，形成飞出地"资源+政策优势"与飞入地"技术+人才优势"的结合。宣城主动在上海松江区设立"科创飞地"，这是安徽与上海打造"反向飞地"的新探索。通过在上海设立科创平台，宣城能够直接对接上海的科技创新资源，吸引高端人才和优质项目落地，推动本地产业升级和经济发展。在长三角一体化发展战略背景下，安徽积极探索政府引导、企业参与、优势互补、园区共建、利益共享的"飞地经济"模式，借船出海、借梯登高，推动安徽与上海区域市场协同、科技创新一体、产业发展联动。

（五）粤港澳大湾区：东莞通过产业转移与科技渗透，逐步实现与深圳产业链创新链深度协作

追溯深圳向东莞进行产业转移的历史，可分为三个阶段。首先是初步迁移阶段，在20世纪80年代后期，深圳作为改革开放的前沿阵地，随着经济的发展和产业结构的调整，部分产能开始向周边地区转移。东莞凭借其与深圳相近的地缘优势和较低的劳动力成本，开始承接深圳的部分产业转移；其次是加速迁移阶段，2008年国际金融危机后，深圳为应对经济冲击，进一步加大产业转型升级的力度，推动电子信息、装备制造等技术密集型产业向东莞转移；最后是深度融合阶段，东莞通过建设产业园区、优化营商环境等措施，进一步吸引了深圳及周边地区的产业转移，形成与深圳深度融合的产业发展格局。深圳和东莞的高校、科研机构与企业之间建立了紧密的合作关系，共同推动产学研深度融合。两地共建科技创新平台，如松山湖科学城和深圳市光明区科学城等，这些平台在科技研发、人才培养、成果转化等方面发挥重要作用，推动深圳与东莞的科技渗透和产业链创新链深度协作，形成总部在深圳，产品研发与生产制造在东莞的一体化双城协同发展格局。

四　"十五五"期间河北省推动京津冀协同发展的主要思路

全面贯彻落实习近平总书记关于推进京津冀协同发展重要讲话和重要指示批示精神，牢牢把握京津冀协同发展阶段特征和使命要求，全面树立"一盘棋"思想，进一步增强抓机遇、应挑战、化危机、育先机的能力，聚焦在对接京津、服务京津中加快发展自己，以全领域对接、全省域融入、全方位协同为主题，以全面缩小与京津发展差距为方向，以加快承接北京非首都功能为核心，以对接京津市场、利用京津资源、集聚京津要素为关键，以产业深度协同、综合环境赶超、协作机制创新为抓手，着力织补"硬"联通网络，塑造"软"联通优势，打造点轴圈联动发展格局，实现一体化发展，全力推动协同发展由重点领域率先突破向全领域协同转变、由点状区域引领向全省域协同融入转变、由政府强力推动向政府市场同步发力转变、由优化存量到优化存量与增量并重转变，努力在推进协同发展中彰显新担当，加快经济强省、美丽河北建设，全力与京津共建中国式现代化先行区示范区。

（一）聚焦全面缩小与京津发展差距的奋斗方向

缩小区域发展差距，实现区域相对均衡发展是区域协调发展的核心要义之一。区域之间发展水平的巨大差距是当前京津冀协同发展的核心问题,是打造京津冀一体化发展格局,建设中国式现代化先行区示范区的主要障碍。河北的高质量发展是京津冀协同发展的重点和难点,因此"十五五"期间河北推动京津冀协同发展必须把握好河北发展与京津冀协同发展的辩证关系,深刻认识发展好自己就是对京津冀协同发展的最大贡献,只有借助京津冀协同发展才能更好发展自己,努力在对接京津、服务京津中加快发展自己,全面缩小与京津的发展差距。

(二)突出全领域对接、全省域融入、全方位协同发展的主题

区域协调发展是一项系统性工程,涉及经济、社会、生态方方面面,加之受行政区划的影响,因此由易到难、由浅及深、由局部到全局是推动区域协调发展的一般规律。京津冀协同发展在关键领域和重点区域取得了明显成效,当前进入了爬坡过坎、滚石上山、攻坚克难的关键时期,因此,"十五五"期间河北推动京津冀协同发展必须聚焦打造京津冀一体化发展格局的总目标,围绕京津冀高质量发展的总要求,明确区域可持续协调发展的内在机理,以高水平对接、全省域融入、深层次协同为主题,推动京津冀协同发展向更广、更深、更高层面拓展。

(三)围绕对接京津消费市场、利用京津创新资源、集聚京津高端要素三个关键

从区域中心腹地发展的一般规律来看,当中心区域发展到一定程度后,通过人流、资金流、信息流、技术流、物流以及制度输出等,对周边产生促进和带动作用。腹地则是中心区域制造、消费的支撑地,以及开放、创新的延伸地,中心区域与腹地的发展是相辅相成的。河北是京津两个特大城市的直接腹地,京津的市场、要素、资源是河北高质量发展的独有优势。"十五五"期间,河北推进京津冀协同发展,全面缩小与京津的发展差距,必须进一步强化区位优势,充分发挥重大国家战略的带动作用,紧跟京津两大城市消费市场不断升级、高端资源要素向外扩散辐射的趋势,围绕对接京津消

费市场、利用京津创新资源、集聚京津高端要素三个核心，育产业、建平台、优环境，在推动京津冀协同发展中实现河北的高质量发展。

（四）抓住产业深度协同、综合环境赶超、跨区域协作机制创新三个抓手

京津冀协同发展是一项长期性战略工程，不同阶段应围绕不同阶段特征、发展目标、突出问题，明确不同的发展任务及落地实施的重点抓手。从区域协调发展的一般规律来看，经济一体化是区域一体化发展的核心，产业协作是区域协调发展的重要内容，当前河北与京津发展差距不断扩大，其重要原因就在于产业发展的错位和断层。从区域协调发展的内在逻辑来看，其可持续发展的核心是探索突破行政区限制的区域协调机制。从河北与京津发展的差距来看，表象是经济实力差距较大，核心是基础设施、城市品质、营商环境等综合发展环境的差距导致的高端要素承接不力。"十五五"期间，河北遵循区域协调发展的一般规律，明确区域协调发展的核心，聚焦河北推动京津冀协同发展的主要障碍，抓住产业深度协同、综合环境赶超、跨区域协作机制创新三个抓手，引领带动京津冀协同发展走深走实。

五 "十五五"期间河北省推动京津冀协同发展的主要任务

根据京津冀协同发展向纵深拓展的客观需要，河北在对接京津、服务京津中加快高质量发展。"十五五"期间，河北推进京津冀协同发展的主要任务突出抓好以下几个方面。

（一）聚焦两大重点突破，引领全面协同

1.探索产业链融合协作新方式，加快打造京津冀世界级先进制造业集群

结合三地产业发展特征和水平，积极探索产业合作新模式新路子，推动

京津冀产业协同发展迈向更高水平,加快打造京津冀世界级先进制造业集群。一是重点关注京津头部企业生产力布局,采取"总部+生产基地"开发模式,建设专业化配套主题园区,实施一批京津头部企业上下游产业项目,提升河北与京津产业链对接融合水平。二是引导河北钢铁、化工、建材、装备等优势行业领军企业,瞄准京津高端制造企业生产配套需求,加快提升产品质量,进入京津原材料和零部件采购网络,建设京津重要产品原材料和核心零部件供给基地。三是抢抓企业应对国内国际双循环突发性风险挑战、实施供应商"双布点"机遇,实施精准招商,吸引京津龙头企业的重要供应商、加工制造商在河北"就近布点"。

2. 推进要素共享共用,共同增强高质量发展战略支撑

充分利用人才、技术等京津优质资源,推进三地先进要素均衡有序流动和共享共用,弥补河北先进资源供给不足的短板,为河北高质量发展注入新动力,增强三地协同发展的战略支撑。一是用好京津人才。结合河北实际需求,创新用才机制,拓宽招才渠道,大规模引用京津人才,改变区域内河北人才向京津单向流动、京津人才向区域外溢出的不利局面。二是构建京津研发、河北转化的科技成果转移转化体系。创新京津科技成果在河北转移转化方式,加强与京津创新协作,积极与京津共建一批新型研发机构,共建"京津冀科技资源共享服务平台",吸纳更多京津科技成果在河北落地转化,借力京津技术资源和转化项目,推动河北经济转型升级。

(二)强化三方面"软协同",破除三地融合隐性障碍

1. 推进区域政策协同,降低发展引力差

京津政策优势依然明显,河北对产业项目和发展要素的吸引力相对较弱,京津产业和要素向河北转移意愿不强。推动京津冀协同发展政策一体化,构建有利于区域一体化发展的政策环境。一是推进产业政策统一。对标中关村科技园等,逐一梳理分析河北与京津在高端高新产业项目引进、战略性新兴产业培育、高端人才引育、科技创新及成果转化等方面支持政策的差距,推进与京津在税收减免、土地政策、财政资金保障等方面协同发展。二

是推进开放政策统一。加快推进河北与京津在金融服务、商务服务、外资准入、国际贸易、航运、外籍人员出入境等方面政策统一，推动北京服务业扩大开放试点政策在河北复制推广。

2. 推进规则制度统一，促进区域高效协作

部分制度规则不统一，是当前北京非首都功能疏解和产业转移的重要阻碍，要加强三地制度规则统一。一是推进市场基础制度统一。推进企业转移手续办理协作，确保企业开办、变更、注销制度一致，全面取消对企业跨区域经营、迁移设置的不合理条件以及妨碍统一市场和公平竞争的制度。二是推进经济管理制度和社会治理制度相统一。推进区域财政税收、金融投资、产权交易、劳动就业等经济管理制度相统一，积极开展高等教育、医疗养老保险、社会服务保障等制度同城化试点，推动企业生产经营资质和检验检测结果互认。三是推进区域质量标准体系统一。联合制定"京津冀标准"，统一行业、食品、中医药、交通、养老等领域标准。深化京津冀质量标准体系统一认证，推进京津冀计量中心和国家产品质量检验检测中心建设。

3. 推进营商环境对接，共创政府服务典范

北京非首都核心功能疏解项目能否在河北落地，并留得住、发展好，要看河北是否拥有一流的营商环境。一是全面落实京津冀营商环境一体化"1+5"协议，推动区域审批许可事项清单合一、证照资质互认，破除地方保护、市场分割、指定交易等妨碍市场公平竞争的制度藩篱。二是共同维护市场竞争秩序，打造公平、可预期的市场竞争环境。三是加强市场监管，强化政务服务、网络交易、消费者权益保护、重点产品追溯等跨区域监管。

（三）巩固三个领域协同成果，开展深度协作

1. 加强交通设施建设，提升内外通达能力

强化京津冀区域内部次中心城市、节点城市之间交通联系，"硬""软"联通兼顾，促进三地协同发展。一是持续提升区域路网通达度，打通"大动脉"、畅通"微循环"。推进环渤海高铁、雄忻高铁、石衡沧港城际铁路、

石雄城际等重大轨道交通项目建设，加快秦唐高速、京哈高速公路、沿海公路等建成通车，提升河北省内部各市之间的交通通达度。二是着力解决交通"连而不畅"的问题。推进京冀公路、铁路检查站合并，避免重复检查。增加京冀高峰期往返高铁班次，满足两地人员的通勤及日常交通需求。推进环京周边地区定制快巴增点扩面，形成灵活、便捷、快速的环京地区通勤圈。

2. 推动生态同建同治，共创绿色治理典范

统筹推进生态环境高水平保护与经济社会高质量发展，深化三地生态环境联防联控联治，共同打造天蓝、地绿、水秀的美丽京津冀。一是巩固拓展大气环境联合治理成果，完善京津冀污染治理联防联控机制，将京津冀大气污染联防联控机制扩展到水、土壤、危险化学品污染防控治理等领域，协同推进京津冀空气、地表水等质量持续改善。二是建立健全京津冀地区生态协同保护机制，共同推动首都"两区"高标准建设，加强坝上地区退耕还草轮牧，提升森林生态系统功能，统筹区域水资源规划、管理、调配，构建"首都水塔"，打造首都生态腹地。联合推进有利于区域生态环境质量整体提升的重大项目、重大工程，建立健全生态分区管控体系。

3. 促进公共服务共建共享，共塑优质生活圈

要以增进人民福祉、促进共同富裕为最终目标，完善公共服务跨区域协作机制，加快推动与京津公共服务领域合作走向深入。一是依托雄安新区北京非首都功能疏解集中承载地，有序承接在京高校、医院等高端公共服务机构，落实配套政策，建好配套设施。二是强化廊坊北三县、怀来县等区域与京津一体化发展，推动环京地区快速融入京津优质公共服务供给圈。推动河北其他市县根据自身功能定位，引入京津公共服务资源，与京津联合探索共建共享新模式，高标准建设新城区、开发区公共服务设施，推动京津冀公共服务一体化发展。

（四）瞄准京津两大高端市场，加快提升服务能力

1. 瞄准京津居民高品质生活需求，打造高品质快消品供给地

针对京津高品位、高质量的生活消费需求，河北充分利用毗邻京津、运输成本低等独特优势，加强农产品、食品等供给，做强供给主体，畅通销售渠道，打造京津优质高档生活消费品供给基地。一是瞄准京津市场，壮大预制菜产业集群，加快布局建设一批涵盖主流菜系及特色菜系的预制菜产业园，培育一批涵盖生产、冷链、仓储、流通、营销、进出口等环节的预制菜行业示范企业，新建和改扩建一批中央厨房项目，建设环京津预制菜供应和中央厨房产业基地。二是发挥气候、地理环境和区位优势，加快打造世界一流奶源基地，多方位扩大京津优质乳品市场，建设京津鲜牛奶、纯牛奶及其他优质乳制品供给基地。三是加强与北京稻香村、好利来、桃李面包等企业合作，发挥河北农产品质优、运输时间短等优势，建设京津高品质焙烤食品、肉食、速食食品等原材料供给基地，以及优质鲜食干果、水果、功能食品等供给基地。

2. 瞄准京津居民多方位精神服务需求，打造功能性服务供给地

针对京津居民不断升级的精神文化需求，结合河北自然生态禀赋、地理空间、要素成本等优势，精准对接需求，积极发展面向京津的服务业，打造京津特色服务新高地。一是加快发展高端康养产业。立足优美的自然环境、宜人舒适的气候，针对京津高端、大众、银发市场，大力发展以休闲养生、健康度假、养老护理、高端商务休闲等为主的休闲康养产业。重点在环京津地区谋划一批避暑生态养生园、温泉康养小镇、滨水养生度假村、养生别墅、老年养生社区、度假村、高端会所等项目，打造京津冀休闲康养"后花园"。二是发展特色精品旅游观光项目。针对京津亲子客群、青少年客群、年轻白领客群等不同需求，开发草地湿地休闲游玩、非物质文化遗产体验、遗址遗存和民俗农耕文化体验等精品旅游项目，发展微旅游、慢休闲、研学游、短途游、小假期游、自驾游、野营游等新业态新项目，使河北成为京津居民向往之地。三是推动户外体育运动产业发展。围绕满足京津青少年等群体健体、猎奇、寻趣、求知等消费需求，发挥河北地貌类型丰富多样的资源优势，以"山、水、雪、海"型户外体育运动为特色，大力开发户外运动系列产品，打造京津居民户外运动基地。

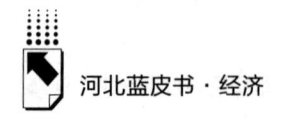

（五）用好改革创新关键一招，推动深层次协同发展

目前，京津冀协同发展进入爬坡过坎、攻坚克难的深水区，只有创新协作机制，才能实现深层次协同破局，协同发展才能获得更多实质性进展。要坚持改革创新先行，在技术协同、产业协作、生态共建、公共服务共享等领域建立机制化、市场化推进机制，激发深度协同新动力，形成三地利益共同体，推动协同发展不断取得更多实质性、突破性进展。坚持向改革要动力，持续破除协同发展的各种壁垒，加强协同发展的制度保障，推动京津冀协同发展取得更多实质性、标志性成果。聚焦交通、生态、产业、科创、教育、医疗卫生等重点领域，与京津联合推出一批深层次、大力度的改革举措。探索跨省市投资、产业转移、园区共建、科技成果落地等项目的收益分配和投入共担机制。建立京津产业转移项目能耗指标、环境容量同步转移机制。按照"谁收益，谁支付"的原则，完善京津冀市场化、常态化、规范化的横向生态保护补偿机制。

参考文献

林宏：《世界都市圈发展的借鉴与启示》，《统计科学与实践》2017年第1期。

陆颖：《世界级都市圈区域市场一体化发展态势研究》，《竞争情报》2021年第5期。

高智、张金杰：《推动京津冀协同发展不断迈上新台阶》，《河北日报》2023年9月6日。

张金杰：《推动京津冀产业协同发展迈向更高水平》，《河北日报》2023年5月12日。

B.13 "十五五"时期河北省沿海地区高质量发展研究[*]

梁世雷 罗静 赵大密 侯宜林[**]

摘　要： 河北提出要向海发展、向海图强，加快建设陆海联动、产城融合的临港产业强省，标志着河北沿海地区发展开启新篇章、进入新阶段。据此，本报告从系统总结河北沿海地区高质量发展主要进展和存在问题入手，结合河北沿海地区高质量发展战略部署和要求，明确提出"十五五"时期河北沿海地区高质量发展的总体思路和战略任务，为河北相关部门推进沿海地区高质量发展提供具有理论和实践价值的决策依据。

关键词： 沿海地区　高质量发展　河北省

河北沿海地区区位条件优越、港口优势明显、枢纽地位突出，在全省发展大局中战略地位突出、作用举足轻重。其能否在高质量发展上实现战略突破，将直接影响全省高质量发展的进程。推进河北沿海地区高质量发展，是落实海洋强国战略、完善海洋强国总体布局的必然要求，是纵深推进京津冀协同发展、与京津共同打造中国式现代化建设的先行区示范区的战略举措，是将沿海优势转化为发展优势、打造全省高质量发展增长极的具体实践。

---

[*] 本报告系河北省"三三三人才工程"资助项目"借力京津推动我省开发区创新发展研究"（项目编号：C20231069）的研究成果。

[**] 梁世雷，河北省宏观经济研究院研究员，研究方向为区域经济；罗静，河北省宏观经济研究院研究员，研究方向为产业经济；赵大密，河北省宏观经济研究院研究实习员，研究方向为数量经济；侯宜林，河北大学国际经济与贸易专业本科在校生。

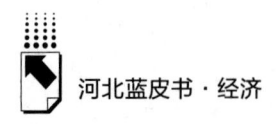

"十五五"时期，面对新时代、新征程、新使命，河北必须把沿海优势认识好、巩固好、拓展好，坚持"从全局谋划一域"，着力推动沿海地区高质量发展，为加快建设经济强省、美丽河北，奋力谱写中国式现代化建设河北篇章扛起新担当、做出新贡献。

一 河北沿海地区高质量发展的现实基础

近年来，河北沿海地区发展取得重要进展，在全省发展中的功能地位不断提升，已具备加快推进高质量发展的基础和条件。

（一）综合实力稳步提升

近年来，河北沿海地区经济持续稳定发展，综合实力和竞争力不断提升。2020~2023年，沿海地区生产总值由12596.6亿元提高到15574.4亿元，占全省的比重由34.8%上升至35.4%；沿海地区生产总值年均增长7.3%，高于全省6.7%的年均增速；人均地区生产总值从69381元增加到86086元，比全省平均水平（59440元）高44.8%。一般公共预算收入由2020年的940.9亿元增加到2023年的1096.6亿元，年均增长5.2%。[①]

（二）港口基础优势凸显

近年来，河北港口建设不断加快，货物吞吐量稳步增长，在沿海港口中的综合竞争力全方位提升。根据河北省发展改革委相关资料，截至2023年底，全省拥有港口经营企业89家，从业人员10万余人；港口生产性泊位达257个，设计通过能力达11.85亿吨；货物吞吐量达到13.6亿吨（见表1），创历史新高。其中，唐山港完成货物吞吐量8.42亿吨（见表2）。累计开通集装箱航线65条，10条集装箱外贸航线实现与日韩主要港口直接通达，55条内贸集装箱航线实现全国沿海主要港口全覆盖。

---

① 数据来源：2022~2024年《河北统计年鉴》。

表1 2023年我国沿海省（市）港口货物吞吐量及增速

单位：万吨，%

序号	省（市）	货物吞吐量	同比增速
1	山东	197399	4.4
2	广东	188392	7.3
3	浙江	162533	5.5
4	河北	136265	6.7
5	辽宁	75341	1.7
6	上海	75277	12.6
7	福建	74894	4.9
8	天津	55881	1.8
9	江苏	52807	21.0
10	广西	44003	18.5
11	海南	20679	10.0

资料来源：中华人民共和国交通运输部网站。

表2 2023年我国沿海规模以上港口货物吞吐量及增速

单位：万吨，%

序号	港口名称	货物吞吐量	同比增速
1	宁波舟山港	132370	4.9
2	唐山港	84218	9.5
3	上海港	75277	12.6
4	青岛港	68367	4.0
5	广州港	64283	2.2
6	日照港	59284	3.9
7	天津港	55881	1.8
8	烟台港	48465	4.8
9	北部湾港	44003	18.5
10	黄骅港	33083	5.0

资料来源：中华人民共和国交通运输部网站。

（三）重化工业基础雄厚

近年来，河北沿海地区精品钢铁、绿色石化、高端装备等优势主导产业加快发展，在全省中的实力地位持续提升。根据河北省工业和信息化厅相关数据，2023年沿海地区精品钢铁产业实现营业收入9623.7亿元，粗钢和钢材产量占全省的比重均超过60%，既是河北钢铁产业的主要集聚地，也是世界知名的钢铁产业基地。绿色石化产业实现营业收入3781.1亿元，占全省石化产业的55%，基本形成石油化工、煤化工、盐化工、化工新材料和精细化工"五化"并举的产业发展格局。高端装备实现营业收入3785.7亿元，占全省的1/3，形成以修造船、汽车、石油装备、港口输送机械、桥梁钢梁等为主导的装备制造体系。

（四）港产城加速联动

近年来，河北沿海地区大力推进港口带动、园区支撑、港城互动开发模式，在港口加速发展的带动下，临港工业园区和沿海城市新区加快建设。截至2023年底，沿海地区拥有各级各类园区40余个，其中国家级经开区3个、国家级高新区1个，占全省国家级开发区数量的1/3。同时，港产城融合发展已现雏形，初步形成以曹妃甸港区—曹妃甸经开区—曹妃甸新城—唐山中心城区、黄骅港—黄骅城区—渤海新区—沧州中心城区、秦皇岛海港城区—秦皇岛经济技术开发区—秦皇岛中心城区的空间统筹发展格局。

（五）协同发展态势良好

近年来，河北沿海地区深入落实京津冀协同发展战略，积极承接京津产业转移，不断强化与京津协同创新，协同发展呈现良好态势。根据河北省发展改革委相关资料，截至2023年底沧州与11所京津高校进行了校校合作，与176家京津企业开展了校企合作，构建了"京津研发、沧州转化"的协同模式。截至2023年底，京冀曹妃甸协同发展示范区累计实施京津亿元以上产业项目291个，完成投资1874亿元。津冀（芦·汉）协同发展示范区累计实施亿元以上合作项目170个，完成投资546亿元。河北港口集团有限公司与天津港集团签署战略合作协议，正携手共建世界级港口群。

二 河北沿海地区高质量发展的主要问题

虽然河北沿海地区取得了长足发展，但与高质量发展的要求相比仍存在一定差距，沿海优势尚未充分转化为发展优势，打造全省高质量发展增长极仍需付出更大努力。

（一）腹地支撑不足，集疏运体系尚不完善，实现港腹双向奔赴仍需加力

港口发展离不开广阔的腹地和完善的集疏运体系，但从河北港口腹地来看，黄骅港作为津冀港口群里的支线港，其直接腹地为神东煤田、沧州市，间接腹地为冀中南地区，腹地经济规模较小，对黄骅港建设综合性大港支撑不足；唐山港、秦皇岛港作为传统的能源大港，随着"北煤南运"格局调整以及直接腹地产业结构升级，对大宗原材料需求正在收缩，腹地对港口的支撑作用下降。从集疏运体系来看，黄骅港的朔黄、邯黄、沧港三条铁路运输线路尚未实现真正意义上的互联互通，唐山港与天津、秦皇岛港与辽宁方向交通运输线路有限，沿海区域铁路主动脉连接不畅。

（二）港口功能单一且同质化严重，现代化港航设施建设滞后，建设世界一流港口群仍需加力

近年来，河北港口吞吐量快速提升，但在港口功能、结构和布局上仍存在明显短板。一是港口功能"断代滞后"。河北港口以装卸仓储业务为主，集装箱发展不足，经济功能发展滞后。2023年，煤炭、矿石吞吐量占货物总吞吐量的76%；河北港口集装箱吞吐量仅为326万标箱。[①] 二是港口信息化、智能化水平较低，智慧港口与数字港口建设刚刚起步，尚难以适应生产智能、管理智慧、服务柔性的现代化港口发展要求。三是港口竞争力有待提

---

① 数据来自中华人民共和国交通运输部网站。

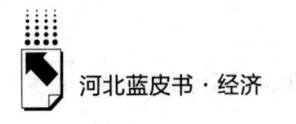

升。津冀港口合作缺乏有效的利益协调机制，省内港口仍有近40%的泊位分属不同业主，港口一体化发展仍受到制约。

（三）优势产业链短群弱，新兴产业量小体弱，构建现代化产业体系仍需加力

河北沿海产业发展优势仍集中在传统产品和个别环节上，产业链式延伸、集群化发展的态势尚未形成。一是优势产业链短群弱。钢铁产业"头"大"尾"短，石化产业"油头大而缺化、化身多而不联、轻纺尾尚属空白"，装备制造缺"核"少"心"，而且钢铁和装备制造产业链融合不深。二是新兴产业量小体弱。海洋生物、海洋新材料、海洋可再生能源等海洋新兴产业发展严重不足。2023年，沿海地区高新技术产业增加值占规模以上工业比重仅为16.9%，比全省平均水平低4.5个百分点。[①] 三是现代港口服务业发展滞后。物流、贸易、金融、信息等现代港口服务功能薄弱，跨境电商、航运金融、全程供应链服务等新模式发展与先进地区尚有一定差距。

（四）区域之间尚未同向发力，港产城尚未相融相长，实现沿海地区深度融合发展仍需加力

从区域统筹上看，河北海岸带地区产业缺乏统筹规划与布局，导致工业区、旅游区等各产业功能区布局散乱，区域分工合作水平较低，空间开发不尽合理。从港城发展情况来看，长期以来秦皇岛以煤炭运输为主的港口功能与城市和产业空间布局矛盾突出，曹妃甸港、黄骅港整体处于"有港无城""大港小城"状态，尚难以满足港口对各项服务的需求。从港产方面来看，港产联动不足，如黄骅港原油、液体化工品通过能力有待提升，对临港产业的支撑能力有限；秦皇岛港旅游码头建设滞后，与秦皇岛打造国际一流旅游城市的目标不相适应。

---

① 根据《河北统计年鉴2024》整理。

（五）软硬环境总体欠佳，发展平台能级不高，提升高端要素吸纳集聚能力仍需加力

从生态环境来看，河北沿海地区环境容量较小、生态系统脆弱，部分生态系统自我调控能力弱，客观上对临港产业发展形成生态约束。从营商环境来看，根据《中国城市营商环境研究报告2023》，2022年全国营商环境百强城市中，唐山居第44位，沧州居第92位，秦皇岛未入列。赛迪顾问城市经济研究中心发布的"投资竞争力百强区（2022）"榜单显示，河北沿海地区无一入围。从发展平台来看，沿海地区唯一一家国家级高新区在全国综合排名中居100位以外；在国家级经开区中，秦皇岛经济技术开发区在全国国家级经开区中排名靠前，也仅居第43位。

三 "十五五"时期河北沿海地区高质量发展的总体思路

"十五五"时期，要紧紧把握全球沿海地区发展趋势，抢抓海洋强国建设、"一带一路"倡议、京津冀协同发展、临港产业强省建设等重大机遇，发挥港口资源和空间区位等独特优势，加快推进高质量发展，全力向海图强、向海图兴、向海图存，努力在京津冀协同发展、环渤海地区发展、经济强省、美丽河北建设中拓展新空间、展现新作为。

（一）发展目标

确定沿海地区"十五五"时期的发展目标，一方面，要考虑沿海地区"十五五"时期重要指标的要求；另一方面，要考虑沿海地区"十五五"时期新的功能定位。首先，从"十五五"时期重要指标的要求来看，沿海地区要发挥在全省乃至在京津冀地区的引领和支撑作用，努力建设"海上新河北"，力争发展速度领跑全省、发展质量领跑全省，在建设经济强省、美丽河北中走在全省前列。其次，从沿海地区"十五五"时期新的功能定位来看，要发挥京津冀地区和环渤海交汇区的特殊区位优势，努力打造京津冀中国式现代化建设先行区示范区的重要支撑、环渤海高质量发展增长极、对内对外双向开放合作的新枢纽、海洋资源高质量开发保护示范区。

（二）主题主线

聚焦沿海地区高质量发展的目标要求，立足沿海地区高质量发展的基础条件，结合海洋强国建设的战略部署，明确"十五五"时期河北沿海地区发展的主题主线。一是以高质量发展与高水平保护良性互动为主题。"十五五"时期，要切实践行习近平经济思想和习近平生态文明思想，坚持在发展中保护、在保护中发展，实现经济社会发展与人口、资源、环境相协调，推进高质量发展与高水平保护共生共存、协同共进，努力开创环渤海生态保护和高质量发展的新局面。二是以集约高效、统筹联动、安全韧性为主线。"十五五"时期，沿海地区要适应资源环境条件，走集约高效发展道路；要深入推动海陆统筹、港产城融合、产业联动、京津冀协同，构建统筹联动发展新格局；要以安全韧性为主线，统筹好发展与安全，树牢底线思维，提高发展韧性，增强高质量发展能力。

（三）总体格局

坚持区域统筹、陆海联动、港产城融合、点轴面结合，立足产业集聚态势、空间演进趋势和区域比较优势，推进沿海地区国土空间合理利用、陆海资源优化配置和区域功能统筹布局，构建"一带三区五廊多点"的总体空间格局。一条沿海蓝色经济发展带，即由北起山海关南至海兴的沿海县（市、区）组成的沿海岸线一带，要以集约、高效、绿色、现代为方向，着力构建以海洋经济为主导，优势互补、协调联动、功能复合的沿海蓝色经济发展带。三个核心承载区，即秦皇岛中心城区、唐山中心城区和沧州中心城区，要坚持现代城市发展与海洋元素有机融合，按照"强港、兴产、活城"的要求，持续推进港口转型升级、中心城市能级提升、滨海港城功能完善，打造引领沿海、辐射全省的高质量发展新引擎。五条陆海联动发展廊道，即京唐秦、石衡沧港、承唐曹、张保雄港、邯黄5条陆海联动发展廊道，要以交通大通道为骨架，积极推进沿线港口、城市、产业园区、功能平台等一体化发展，实现沿海与腹地之间资源统筹、产业协作、创新协同、开放联动、要素共享，形成港腹双向奔赴、陆海双向互济的空间发展新格局。多个重要支撑节点，要着力提升各类沿海开发区（园区）发展能级，强化各类功能性平台引领带动作用，构建层次合理、特色鲜明、功能多元的节点体系。

（四）关键抓手

"十五五"时期，河北推进沿海地区高质量发展，要聚焦"港、产、城、腹"四个关键领域，突出"发展环境"这一关键抓手，着力实现五个新突破。一是在港口迭代升级上实现新突破。顺应世界大型港口发展趋势，以功能转型为重点，着力推进港口迭代升级，打造世界一流综合贸易港群。二是在海洋新质生产力培育上实现新突破。积极布局海洋科技创新平台，完善海洋创新生态，发展海洋领域前瞻产业，激发海洋新质生产力的核心动力。三是在海洋中心城市提质上实现新突破。增强城市经济实力，塑造城市特色风貌，提升城市功能品质，优化城市发展格局，推进港产城协同发展，打造现代化海洋中心城市。四是在陆海联动发展廊道建设上实现新突破。以海陆统筹、港腹联动为方向，系统谋划沿海与共建"一带一路"国家的交通基础设施建设，创新与城市、园区等载体平台的合作模式，打造陆海联动、东西互动发展新枢纽。五是在综合发展环境优化上实现新突破。打造在全国具有示范作用的营商环境，全面优化营商环境；强化沿海地区生态环境综合整治，以海洋生态环境高水平保护促进沿海地区经济高质量发展。

四 "十五五"时期河北沿海地区高质量发展的战略任务

"十五五"时期，是河北加快驶入高质量发展轨道的关键时期，加快建设临港产业强省，推动沿海地区高质量发展，必须坚持向海发展、向海图

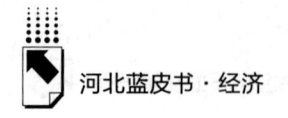

强，站在全省发展全局的高度，从更长历史进程、更大区域范围、更高战略维度，科学谋划"十五五"时期沿海地区高质量发展的战略任务。

（一）以"优功能、拓腹地、辟航线"为路径，打造现代化港群体系

以建设世界一流港口群为目标，全力推进港口转型升级和资源整合，促进港口布局更合理、功能更优化、设施更现代、服务更完善，努力建设安全便捷、智慧绿色、经济高效、支撑有力的世界一流港口。

1. 优化港口功能布局

明确秦皇岛港、唐山港、黄骅港功能定位，坚持存量资源优化调整与增量资源精准配置并重，进一步优化港口功能布局。按照"转煤、稳矿、拓箱、增油气"的思路，推进集装箱、汽车滚装、散杂货、油品、LNG、游轮码头和专业化库、场、罐区配套工程项目建设，优化港口功能。高标准建设唐山港铁矿石、LNG等物流贸易加工基地和黄骅港汽车及零部件等交易中心，提升跨境商品集散、国际中转、交易结算、转口贸易等功能。完善临港金融、会计、保险、法律、信息、咨询等服务业务，构建高质量、国际化的港航服务体系。

2. 完善港口集疏运体系

坚持消断点、补节点、畅堵点，规划建设疏港铁路、疏港公路、长输管道等集疏运项目，统筹推进海铁联运、公铁联运等，构建多区联合、多港联动、多式联运的集疏运体系。秦皇岛港，重点推进环渤海城际铁路、承秦铁路、迁青铁路、京秦高速公路、秦唐高速公路等项目，加强集疏港铁路、公路与港口的有效衔接。唐山港，重点实施迁曹铁路、汉曹铁路、唐曹铁路、唐秦高速、迁曹高速、赤曹公路、遵曹公路等项目建设，构建便捷高效的集疏运体系。黄骅港，重点推进邯港、曲港高速公路等项目建设，在渤海新区靠近港口区域规划建设大型铁路编组站。

3. 积极开辟内外贸航线

以外贸互补、内贸互挂、干支联动为重点，积极开拓内外贸航线，培育壮大本土航运企业。大力开拓外贸航线，巩固秦皇岛港至日韩、唐山港至日

本航线,开通黄骅港至日韩航线,发展与上海、天津、大连等外贸内支线,完善海上互联互通网络。持续加密内贸航线,加强与中国远洋海运集团等大型航运公司战略合作,加密华东、华南集装箱内贸直航航线,完善省内"三港四区"间"海上穿梭巴士"。培育远洋海运中坚力量,支持省属国企牵头建设河北国际航运服务中心,做大做强渤海远洋(河北)运输有限公司,提升唐山东方海运有限公司、唐山港合德海运有限公司等运力,打造河北海运品牌。

4. 建设智慧绿色平安港口

着力推进智慧、绿色、平安港口建设,全面提升港口现代化水平。建设智慧港口,推动唐山港、黄骅港专业化矿石码头以及各集装箱码头智能化改造升级,实施"互联网+港口"计划,打造数字化、智慧化港口示范场景。建设绿色港口,引导港口集疏港车辆优先使用新能源,推动大宗货物运输"公转铁""公转水",采取散货作业防尘抑尘措施,推动船舶靠港使用岸电,支持秦皇岛港创建全国沿海港口首个"5A级工业旅游景区"和五星级"绿色港区"。建设平安港口,建设港口危险货物安全监管平台,推动重要设施设备实时监测、智能感知和风险预警,打造安全可视、风险可控、隐患自动排查、协同监管、应急联动的平安港口。

(二)以培育新质生产力为重点,构建现代化产业体系

统筹临港产业和海洋经济功能布局,优化提升优势主导产业,做大做强战略性新兴产业,不断开辟产业发展新领域新赛道,着力构建现代化产业体系。

1. 建设现代港口物流产业集群

推动沿海物流产业集群式发展,实现港口由运输大港向贸易大港的转变。一体化布局发展临港物流、专业制造物流、生活性物流、冷链物流产业集群,培育壮大一批"总部型"供应链、"产业基地型"供应链。推动唐山市港口型国家物流枢纽升级,加快推进沧州港口型国家物流枢纽、秦皇岛国家骨干冷链物流基地建设,依托河北自由贸易试验区曹妃甸片区建设我国北方大型现货交易基地。鼓励建设新型物流基础设施和多式联运设施,搭建物

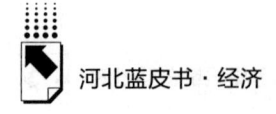

流信息平台、网络货运平台，建设一批标准化、集成化智能云仓。

2. 推动优势主导产业强链壮群

按照规模化集聚、链条化延伸、高端化发展的要求，加快推进优势主导产业"聚链成群"，着力打造具备世界影响力的优势产业集群。精品钢铁，以产品高端化、生产绿色化、流程数智化、产业集群化为重点，优化产品结构，延伸产业链条，促进"钢铁向材料、制造向服务"转型，打造世界领先的精品钢铁基地。绿色石化，发挥沿海地区产业基础、园区平台、港口配套、市场便利等优势，着力推动石化工业向精细化、链条化、循环化方向发展，打造全国先进绿色石化基地。高端装备，瞄准高端化、智能化、服务化发展方向，聚焦重点产业链，做强平台，推动产业"强点延链成群"，打造全国先进装备制造基地。

3. 培育壮大战略性新兴产业

完善战略性新兴产业布局，拓展高质量发展空间。生物医药，着力引进一批基因工程药物、现代微生物药物、医疗器械研发制造、医疗康养等项目，构建"医药养健游"大健康产业链。新材料，重点发展先进金属材料、无机非金属材料、高分子材料、功能材料、绿色新材料等领域，打造全国知名的新材料产业基地。电子信息，加快布局大数据、云计算、精密电子元器件制造等产业，打造具有全国影响力的信息技术产业基地。新能源与能源装备，大力推进先进光电装备、智能电网、新能源汽车和储能设备等产业发展，打造全国重要的新能源与能源装备产业基地。节能环保，重点建设沧州环保治理设备产业集群、唐山节能环保装备产业集群和秦皇岛污染防治装备产业基地。现代海洋产业，培育壮大海洋新能源、现代海工装备、海洋生物医药、海洋新材料、海水淡化及综合利用等新兴产业，构建现代海洋产业体系。

4. 打造国际滨海旅游休闲康养胜地

以国际化、品质化为导向，统筹推进"海岸—海域—海岛"全域旅游开发，打造国际滨海旅游休闲康养胜地。推进山海关长城文化体验、北戴河休疗度假、黄金海岸四季旅游、渤海湿地休闲等特色旅游区建设，构建特色鲜明、业态多样的滨海旅游带。积极发展邮轮旅游、海岛旅游、滨海养生、海洋文化、冬休度假等旅游业态，推出高品质滨海旅游产品。推动秦皇岛打造国际一流旅游城市、唐山打造东北亚中国工业文化旅游名城、沧州打造"河海狮城、文武沧州"特色旅游城市，塑造市域旅游品牌。推动滨海旅游与港口、生命健康、临港工业、海洋渔业等深度融合，打造"旅游+""+旅游"产业集群。

（三）以"三中心城市、三新城"为核心，建设现代化沿海都市带

坚持以港带城、以城促港的发展理念，加快推进"三中心城市、三新城"建设，推动港产城一体化发展，打造现代化沿海都市带，构建港产城融合互动、协调共进的发展格局。

1. 提升中心城市发展能级

统筹城市生产、生活、生态布局，推进城市业态更新、功能更新、品质更新，打造现代化、综合性、多功能的海洋中心城市。秦皇岛要突出城市历史文化、滨海特色，推动城市基础和服务设施国际化，提升公共管理水平和城市建设品质，增强高端商业、创新研发等要素资源集聚能力，打造国际一流滨海城市。唐山要以"三个努力建成、三个走在前列"为目标，优化主城区与组团城区功能布局，加快传统产业转型升级和新兴产业培育发展，打造东北亚地区经济合作的窗口城市。沧州要立足"建设沿海经济强市"发展目标，高标准建设大运河生态景观带、高铁中央商务区等重点区域，培育具有区域影响力的产业创新平台和国际交往平台，打造环渤海地区重要的现代化工业城市。

2. 打造宜居宜业临港新城

以现代化、国际化为方向，加速完善临港新城生活服务、商业商务、科技信息、文化娱乐等港城功能，打造宜居宜业的临港新城。曹妃甸新城要按照"一港双城"南部核心城市功能定位，加快完善市政基础设施和公共服务体系，高品质打造商务中心和高端生态宜居社区，建设繁荣、舒适、美丽的现代化滨海城市。黄骅新城要按照国际标准、时代风韵、滨海特色的要

求，根据"一核、三片、四带、多节点"城市布局，有序建设城市商圈、城市高端业态集聚区，打造现代化滨海活力新城。北戴河新区要以北戴河生命健康产业创新示范区建设为引领，集聚优质要素和高端产业，推动医、药、养、健、游一体化发展，打造国际知名高端康养旅游度假目的地。

3. 促进港产城深度融合发展

以世界级港口群为支撑，以现代临港产业体系为核心，以宜居宜业宜游城市为载体，统筹推进港产城空间优化、功能集成、链式耦合，构建港产城深度融合发展新格局。调整完善国土空间、基础设施、产业发展等规划体系，优化港口、城市和产业空间布局，推动港口作业区、临港产业区、临港新城等有机嵌入、联动发展。健全港产城深度融合发展协调机制，完善港口岸线、土地等资源开发利用管理体制，实现港产城资源整合和优化配置。推动港产城各类基础设施共建共享和互联互通，增强港产城深度融合发展服务能力。

（四）以海洋科技创新为动力，打造创新发展"蓝色"新引擎

以海洋科技创新为重要引擎，加快构建具有沿海特色的科技创新体系，依靠科技创新开辟高质量发展新领域新赛道，塑造高质量发展新动能新优势。

1. 建设高水平创新平台

以提高产业技术源头供给能力为重点，着力构建高水平、多元化创新平台体系。聚焦海洋新能源、现代海工装备、海洋生物医药、海洋新材料等海洋经济领域，布局建设一批海洋领域工程实验室、工程研究中心、企业技术中心、重点实验室等创新载体。支持涉海企业联合高校、科研院所、中介机构、金融资本等多元化力量，组建创新联合体、产业技术创新联盟，促进新技术快速大规模应用和产业迭代升级。支持优势企业、高等院校、科研院所等创新主体，自建或共建检测中心、设计中心、科技信息中心、中试基地等各类公共技术服务平台，搭建制造业互联网"双创"平台。

2. 培育科技型企业

健全科技型企业梯度培育机制，完善科技型企业孵化育成体系，构筑科技型企业集聚发展高地。强化科技型中小企业分类指导、外引内育、梯次培育、差异扶持，推动科技型中小企业发展。选取技术领先、成长性高、带动性强的高新技术企业，提供定制化的基础服务、发展服务和延伸服务，推动其发展成为行业"排头兵"。推动龙头企业加快突破一批关键核心技术，成长为带动产业转型升级、引领产业技术创新方向的科技型领军企业。围绕战略性新兴产业和海洋经济领域，前瞻性培育和引入一批战略性、关键性科技型企业。

3. 壮大创新型人才队伍

坚持"人才是第一资源"，壮大创新型人才队伍，打造创新人才集聚高地。深入落实"人才强冀工程"、"巨人计划"和"青年拔尖人才支持计划"，支持燕山大学等高校创建海洋学科和设立涉海特色专业，大力引培事关沿海高质量发展全局的战略科技人才、高端创新团队。支持沿海三市规划建设科技人才广场，争创国家级人力资源服务产业园。以"特聘专家""技术顾问""科技特派团""周末工程师"等多种方式引进用好人才，支持科研人员以项目合作、智力入股、兼职兼薪、特聘岗位等形式服务于产业实践。

4. 构建全方位服务体系

构建多位一体、有机融合、开放共享的创新服务网络，全面提升科技创新服务能力。以曹妃甸区、渤海新区等功能区域为重点，推动建设开放式创新创业服务平台、区域性科技成果转移转化服务平台、专业性检验检测公共服务平台和综合性中小企业公共服务平台，构建市场化、专业化、网络化的创新服务平台体系。健全技术成果交易中心、产权交易中心等多层次技术市场，支持发展专业化、市场化技术交易服务机构和经理人队伍，构建要素齐全、功能完善、开放协同、专业高效的科技成果转移转化服务体系。

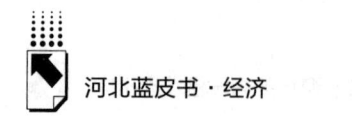

（五）以高能级平台、开放型枢纽为支撑，构筑双向开放合作新高地

围绕服务和融入新发展格局，以高能级平台、开放型枢纽为支撑，着力推动陆海统筹、联动开放，加快发展更高层次的开放型经济，构建更高水平的开放新格局。

1. 深入推进与京津协同发展

着力写好服务京津、利用京津、融入京津三篇文章，在协同京津中补齐短板、拉长长板、锻造新板。加快建设京冀曹妃甸协同发展示范区等平台，推动在功能布局、要素配置等方面与京津全方位对接，积极承接京津企业项目转移、高端要素外溢和科技成果转化，打造京津产业转移的首选地、协同创新的新基地。积极探索协同发展新模式，借鉴京津冀·沧州生物医药产业园的模式，有序探索资质证照互认等机制，吸引京津产业项目分类组团化、集群化向沿海地区转移。推进与京津自由贸易试验区联动发展，探索"一地创新、三地互认"。

2. 建设高能级开放平台枢纽

加快建设中国（河北）自由贸易试验区曹妃甸片区，加速释放"国家级经济技术开发区+综合保税区+自由贸易试验区+国家跨境电子商务综合试验区"平台政策红利，打造东北亚经济合作引领区、临港经济创新示范区。加快中国（唐山）和中国（沧州）跨境电子商务综合试验区建设，高标准建设秦皇岛跨境电商零售进口试点，推动沧州黄骅港综合保税区申报建设和封关运营。加强内陆"无水港"和具备多式联运功能的货运枢纽建设，在晋冀鲁豫、陕甘宁蒙等腹地，实施"一市一（无水）港"战略，构建"以港口为龙头、内陆港为节点、多式联运为脉络"的陆向开放体系。

3. 构建更高水平开放型经济新体制

发挥沿海地区对外开放先锋队和试验田作用，在构建高水平开放型经济新体制方面走在前列、先行示范。积极开展首创性、集成化、差别化改革探索，在产权保护、环境标准、电子商务、金融服务等方面，推进与国际规则、规制、管理、标准相通相容。深化港口国际贸易"单一窗口"建设，支持唐山国家跨境贸易便利化试点建设，争取国家赋予河北沿海地区重点区域外籍人才引进有关出入境便利政策，秦皇岛港至天津港外贸内支线采用"联动直通"通关模式，争取国家将国际航行船舶保税加油许可权下放至沧州，稳妥推进"船边直提""抵港直装"作业模式，探索扩大跨境贸易单证信息共享范围。优化营商环境，支持中国（河北）自由贸易试验区营商环境制度创新高地、秦唐沧港口营商环境示范区等建设，鼓励沿海三市争创国家营商环境试点城市。

（六）以海洋生态文明建设为引领，绘就沿海高质量发展新底色

坚持高质量发展和高水平保护相统筹，立足陆海生态系统的完整性和连通性，系统推进陆海生态保护和环境治理，充分展现"生态绿+海洋蓝"，守护好广阔而美丽的蓝色家园。

1. 统筹陆海生态系统保护与修复

创新完善"陆域—海岸带—海域"综合修复模式，提升陆海生态环境质量和生态系统服务功能。科学划定陆海一体化保护空间，严格落实主体功能区和生态保护红线，加强沿海空间资源利用管控，构建人与自然和谐共生的生态空间形态。构建由沿海基干林带和纵深防护林带组成的海岸带防护林体系，实施受损岸线生态修复工程，推进滦南湿地、歧口湿地等生物栖息地保护与修复。建立陆海自然保护地，健全海洋生物多样性调查、监测、评估和保护体系，加强陆海生物多样性保护。

2. 强化陆海污染联防联控

加强重点流域、区域、海域污染防治目标衔接，推进陆海污染联防联控、同防同治。持续推进入海河流全流域治理，健全"近岸水体—入海排污口—排污管线—污染源"全链条治理体系。深化工业污染源精准防治，推进城镇污水处理提质增效，加强农村农业生态环境综合治理，深入打好蓝天、碧水、净土保卫战。推进海洋垃圾污染陆海协同防治，开展近岸海域水产养殖污染防治，加强港口和船舶污染防治。完善海洋环境监测体系，健全

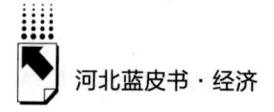

突发性海洋环境事件应急响应体系，构建海域、陆域、岸线、港口、产业"五位一体"的环境监管体制。

3.推动经济社会发展全面绿色转型

聚焦精品钢铁、绿色石化等重点行业，开展制造业绿色发展重点专项和示范工程，培育一批绿色工厂、绿色发展领军企业，建设一批"近零碳"示范园区和示范工厂。加快建设新型能源体系，构建绿色高效交通运输体系，推广绿色生活方式，推动重点领域绿色转型。实施陆海统筹生态增汇、海洋缺氧环境增汇、海藻养殖区上升流增汇、贫营养海区施肥增汇等工程，布局建设蓝色碳汇生态功能区，探索开展海洋碳汇交易试点，打通"碧海银滩"向"金山银山"转化的海洋生态产品价值转换之路。

参考文献

王园、黄甜：《我国沿海地区海洋经济高质量发展综合评价》，《盐城师范学院学报》（人文社会科学版）2021年第2期。

孙久文、高宇杰：《中国海洋经济发展研究》，《区域经济评论》2021年第1期。

方忠：《高水平推进沿海地区高质量发展》，《群众》2022年第5期。

张丽、葛春凤：《我国海运业发展存在的主要问题及对策建议》，《港口经济》2017年第2期。

王一鸣等：《关于科技创新赋能我国产业高质量发展的若干思考》，《中国科学院院刊》2023年第5期。

刘波：《探索有江苏特色的沿海高质量发展新路》，《唯实》2021年第7期。

B.14 "十五五"时期京津冀协同创新背景下"北京研发、河北转化"可行性路径研究

杜 欣*

摘 要： 自京津冀协同发展战略实施以来，京冀协同创新共同体建设取得重大进展，"北京研发、河北转化"的局面正在逐步形成。我们也要看到，由于京冀创新研发能力与产业梯度的巨大落差，以及创新成果供给与需求错位等，北京很多创新成果难以高效率、低成本地在河北落地转化。河北自身存在建设用地总量和结构不能满足企业需求、人力资源结构性短缺、"融资难、融资贵、服务水平不高"的现象依然存在、基础设施建设滞后、产业协作网络不健全等多方面问题，这制约了京冀协同创新的进一步深入。"十五五"时期，河北需下大力气改善自身营商环境，吸引发达地区尤其是京津地区合适的产业梯度性、系统性向河北转移和落地。这需要河北优化协同创新路径，抓住北京疏解非首都功能的历史机遇，吸引和利用高端要素资源，进而辐射带动全省科技创新。

关键词： 协同创新 技术转移 京津冀地区

北京是我国创新资源集聚、创新实力强劲的地区。河北拥有环京的地缘优势，传统产业基础雄厚，天然具备打造研发转化共同体的可行性。河北要发挥环京津的地缘优势，从不同方向打造联通京津的经济廊道，北京、天津要持续深化对河北的帮扶，带动河北有条件的地区更好承接京津科技溢出效

---

* 杜欣，河北省社会科学院副研究员，研究方向为河北区域创新体系构建和数字经济成长问题。

应和产业转移。但从实际情况来看，河北与北京仍未摆脱"高资源集聚低区域内扩散、高成果产出低区域内转化"的老问题，并没有形成"北京研发、河北转化"的协同发展态势。河北与北京的发展差距没能成为"发展空间"反而成了"发展鸿沟"。加快推进"北京研发、河北转化"，是提升京津冀科技成果区域内转化质效，打造区域性研发转化产业化共同体的客观要求，对更好地贯彻落实习近平总书记重要指示批示精神和党中央决策部署，将京津冀建设成为中国式现代化建设的先行区示范区具有十分重要的意义。

一 京冀协同创新推进现状

2024年是京津冀协同发展战略实施的第十年。十年来，北京、河北沿着习近平总书记指引的方向谋思路、打基础、寻突破，京冀协同发展取得了重大进展。作为京冀协同发展的一项重要内容，京冀协同创新共同体建设不断加快，协同创新逐步深化，"北京研发、河北转化"的局面正在逐步形成。

（一）初步建立协同创新制度框架

京津冀三地联合出台《关于推进京津冀协同创新共同体建设的决定》。北京与河北两地的经信（工信）部门、科技部门相继签署一系列协议，涵盖推动重点产业链协作机制构建、科技协同创新机制设立等多个方面。两地还确立了协同创新联席会议制度与定期会商制度，在科技资源的开放共享与科技成果转移转化方面加强协调。此外，两地还尝试推行一批有利于协同创新的制度，包括一区多园模式、总部—孵化基地模式、整体托管模式以及创新链合作模式等。例如，北京经济技术开发区与河北廊坊永清高新区积极探索并实践"双方人员交叉任职，共建共管"的合作模式，有力地推动区域协同发展。

（二）区域协同创新平台布局不断完善

河北·京南国家科技成果转移转化示范区成功入选全国首批国家级科技成果转移转化示范区。京津冀国家技术创新中心河北中心与京津地区的高校、科研院所、企业，如中国科学院、中国林业集团等开展深度合作。河北省展示交易中心携手行业一线技术转移机构，如中国技术交易所等，共同搭建科技成果协同转化中心等五大核心平台。在省内，逐步建成以雄安新区为核心承载区，以北京大兴国际机场临空经济区等5个合作平台为协同重点区，以4个特色专业平台与33个个性化平台为有力支撑区的"1+5+4+33"承接平台布局架构[①]，为区域科技成果转化与创新发展筑牢根基。

（三）首都科技成果向冀外溢

京津冀协同发展十年间，北京向河北输出技术合同成交额呈现显著的增长态势，从32.4亿元一路攀升至274.8亿元，其年均增长率达到26.8%。[②] 作为重要创新策源地的中关村，众多企业在河北多地成功布局。截至2023年末，中关村企业于河北设立的子公司与分公司数量累计达5589家，相应的投资额高达1015.01亿元。北京高校与河北省各地也展开广泛合作，到2024年，清华大学、北京理工大学等多所高校与河北省共同建设了9家科技平台示范基地。仅在2023年，这些示范基地就获得31项授权发明专利，共实施23个科技成果转化项目。[③]

在"北京研发、河北转化"积极推进的同时，我们也要看到，京冀协同创新也面临多方面挑战，北京很多创新成果难以高效率、低成本地在河北落地转化。一是创新研发能力与产业梯度的巨大落差；二是创新成果供

[①] 霍相博、王成慧：《推动更多京津科技成果在河北落地生"金"》，《河北日报》2024年8月30日。
[②] 《共建创新共同体 京津冀协同发展迈入新阶段》，人民政协网，2024年4月28日，https://www.rmzxw.com.cn/c/2024-04-28/3534591.shtml。
[③] 王璐丹、刘荣荣：《加快科技成果转化，赋能产业创新发展》，《河北日报》2024年8月9日。

给与需求错位;三是创新成果转化专业服务机构与专业人才队伍匮乏;四是没有完备的制造业体系加以支撑;五是分散疏解导致协同效应下降;六是配套政策体系不完善;七是资质标准异地互认困难、跨地区转移的企业在统计口径上衔接困难;八是公共服务水平落差大,导致项目及人才难以在河北落地。

二 市场主体反映的具体问题和诉求分析

在调研中我们发现,当前河北发展环境仍存在一些不足之处,导致北京企业并没有把河北当作投资创业首选地,需加以关注并改进。

(一)建设用地总量和结构不能满足企业需求

调研发现,用地依然是科技型中小企业发展壮大的瓶颈之一。目前,河北项目用地依然紧缺,可供地与用地需求常常难以匹配,难以满足企业扩大生产的需要。例如,由北京迁入石家庄鹿泉区的某智能科技有限公司,在鹿泉产业园购有厂房,但是目前厂房面积限制了企业产能提升,企业需要50亩左右地块自建厂房,园区仅能提供15~20亩地块。

(二)人力资源结构性短缺问题日益突出

调研发现,当前河北劳动力供给结构与科技型中小企业需求不匹配,劳动者所掌握的专业知识技能不能充分满足市场主体成长需要,一些行业出现"人们找不到工作、企业招不到人"的现象。此外,河北薪资水平偏低,生态环境宜居度不高,文化、娱乐、生活设施配套不足,子女就学问题也一直困扰来冀工作人员,生活留人、享受留人难以实现。具备高技能、高素质的高端人才普遍热衷于前往北京寻求体面和高薪的工作。例如,石家庄生物医药企业的技术人才大量流向北京,出现"本地人才留不住、外来人才不愿来"的现象。

（三）"融资难、融资贵、服务水平不高"的现象依然存在

调研发现，当前河北企业"融资难"和"融资贵"的现象依然存在。例如，廊坊燕郊某稀土新材料公司反映，同样是四大国有银行，北京贷款利率比河北低0.45个百分点。此外，调研还发现，河北金融机构涉外业务能力与发达地区存在较大差距，部分业务尚未开展或办理效率较低，影响企业开展国际贸易。比如，廊坊某空港机场设备制造公司反映，开设外汇账户需一个月甚至更长时间，但在北京一周内就能办完；在国外中标后，国际保函几个月都无法开具，深圳一周即可开具完成。这反映出河北针对外贸企业的金融服务能力还需持续提升。

（四）基础设施建设滞后

调研发现，河北部分园区的水、电、气、暖、交通、通信、管网和垃圾、污水处理等基础设施不完善，存在不能正常使用的情况，导致企业缺乏必要的建设运营条件，影响项目建设进度及日常生产生活。比如，航天五院某地航天产业基地项目和中国农业大学某地教学实验场项目，均反映当地电力系统负荷不足，雨污水管线等市政配套亟须完善。由于基础设施不完善，部分企业不得不自掏腰包解决基本公共服务缺失的问题，显著增加了企业负担。

（五）产业协作网络不健全

调研发现，河北企业大多没能融入北京创新链和产业链，缺乏配套能力，在承接北京技术外溢、实现梯度发展上没有优势。北京的成果和项目多舍近求远"蛙跳式"落地到高效率、低成本的长三角、珠三角地区。在北京流向外省的技术合同中，流向河北的占比始终不到10%。北京有高校、科研院所反映，相对于长三角、珠三角地区的企业，河北企业与北京高校、科研院所对接不多，主动性较差。

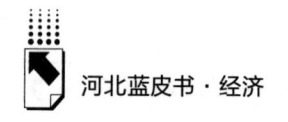

（六）优惠政策针对性有待进一步提升

调研发现，河北部分优惠政策的针对性不强，企业获得感不强。近年来，为助企纾困，减轻企业负担，政府出台了多项扶持科技型企业的政策，但这些政策大部分是从减免角度出发的，也就是说企业先得有营收，才可能减免。如果企业经营困难，持续亏损，反而享受不到这些政策优惠。对于科技型企业来说，由于相当多的企业处于研发投入远大于收益的阶段，这些政策根本无法惠及企业，难以发挥"雪中送炭"的作用。

三 "十五五"时期进一步推进"北京研发、河北转化"的思路

（一）国内外科技创新形势研判

谋局必先谋势，谋定方能后动。世界发展环境正面临"百年未有之大变局"，"十五五"时期各种风险和挑战前所未有。面对新形势、新挑战，"十五五"时期，河北需下大力气改善自身营商环境，吸引发达地区尤其是京津地区合适的产业向河北转移和落地，引领产业迈向中高端；实施从基础研究到应用基础研究，再到产业化技术开发的全链条设计重大攻关工程，增强河北优势产业领域的国际话语权；盘活关键要素资源，以科技创新推动产业转型升级。这都要求河北抢抓京津冀协同创新共同体建设发展机遇，积极推动"北京研发、河北转化"，吸引和利用高端要素资源。

（二）总体思路

落实《京津冀协同发展规划纲要》，深入学习贯彻习近平总书记关于推动京津冀协同发展的一系列重要指示批示，切实增强协同创新的自觉性、主动性和创造性；以疏解北京非首都功能为"牛鼻子"推动京冀协同创新，加快推进两地形成布局合理的创新链、产业链；不断推动体制机制创新，服

务好京冀两地的创新主体，不断优化创新生态，推动京冀两地创新要素高效配置。到2030年，"北京研发、河北转化"的建设成效显著，京冀协同创新机制趋向成熟，区域创新资源分布更加合理，创新驱动发展战略深入推进，京津冀区域协同创新能力全面提升，形成区域协同创新全新格局。

（三）优化路径

根据上述总体思路，考虑京冀协同创新现状，建议采取以下路径进一步推进"北京研发、河北转化"。

1. 增强产业关联和创新联系

强化京冀两地产业关联和创新联系，是推动"北京研发、河北转化"的关键。一方面，要以产业集聚加强联系。两地通过共建产业园区的方式，吸引上下游企业集聚，推动双方企业实现良性互动、深度融合，形成一体化的产业链与产业生态，并逐步从产业链融合向创新链融合过渡。另一方面，要以科技创新服务加强联系。科技创新服务作为产业发展的"润滑剂"与"催化剂"，在强化京冀两地产业关联与创新联系中扮演不可或缺的角色。北京作为全国科技创新的高地，在研发设计、科技情报、科技金融等诸多领域具有优势，充分发挥这些优势，既有助于提升河北产业基础水平，又有助于推动河北企业融入北京创新网络。

2. 寻求诉求契合点

京冀两地各类创新主体涵盖科研机构、高校、企业等，它们因所处地域、发展阶段、资源禀赋的差异，利益诉求也大相径庭。北京的科研机构与高校多聚焦于高端科研成果产出、前沿技术探索，期望获得充足的科研经费，实现顶尖人才汇聚以及学术声誉提升；河北的企业侧重于技术落地转化、市场拓展、成本控制，渴望借助北京的科技优势提升产品竞争力，拓展更广阔的市场。深化京冀协同创新，务必要在两地创新主体利益诉求中寻求最大公约数，减少协同阻力，激发内生动力。目前，两地创新主体共同利益诉求主要集中在北京成果在冀转化、部分关键产业核心技术攻关以及科技创新服务等领域，应针对上述契合点精准施策。

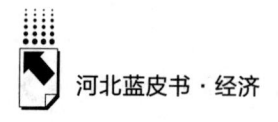

3. 推进利益共享

有效协调双方的利益诉求，构建以利益共享为核心的驱动机制，成为京冀协同创新破局的关键所在。为此，一方面，建立合理的利益分配机制，让参与方都能从中获利，激发持续投入的动力。根据两地投入的土地、资金等资源占比，协商确定合理的收益分配比例，确保合作的公平性与持续性。另一方面，拓展合作模式，京冀两地不要拘泥于现有的"一区多园""整体托管"等园区合作模式，可参照合肥经验，通过股权合作的方式，共同投资孵化项目，待项目成熟后，按照股权比例分享收益；还可打造技术共享平台，由两地企业、科研机构共同出资，平台汇聚各方的先进技术与创新成果，供成员单位付费使用。

4. 加强政策支持

政府作为区域协同发展的引领者与推动者，其政策的协同发力对加强京冀两地产业关联和创新联系至关重要。政府若能打出一套有效"组合拳"，必将极大地提升协同创新水平，激发协同创新活力。为提升协同政策的有效性，首先，提升政策专业性。应根据"北京研发、河北转化"的具体方向，有针对性地出台引导扶持政策，避免政策大而化之与面面俱到。其次，保证政策稳定性。要避免政策的频繁变动，给企业跨区域投资、研发、生产决策树立明确的风向标和稳定的预期，增强企业协同创新的信心。再次，保障政策系统性。高度重视政策冲突情况，协同创新政策必须与产业、区域、科技等关联政策相协调，避免出现不符合国家政策导向的情况。最后，强化政策时效性。应针对新出现的问题，及时出台应对措施，推动协同创新深入发展。

5. 营造良好环境

创新要素属于高端要素，是新质生产力的重要组成部分，具有流动性强、敏感性高等特点。推进京冀协同创新，要持续优化营商环境，促进创新要素在京冀区域合理流动与优化配置。一是优化区域创新创业生态。进一步提高政府行政审批效率、公共事务办事效率等，降低交易成本。规范交通运输、检查收费、供气、供电、供暖等公共服务标准，提高服务质量。二是不断增强区域创新创业配套能力。提高专用设备、基础设施等一体化水平,让人们可以高效率、低成本创新创业。加快推进京冀区域公共服务共建共享,提高教育、医疗、文化、体育等公共服务品质,让创新创业者舒心、省心、放心、安心。三是进一步深化跨行政区域的科技体制改革,消除协同创新中的体制障碍和堵点,推动京冀协同创新不断取得新进展。

四 针对"接不住"问题重点施策

为真正尽快形成"北京研发、河北转化"的协同创新格局,需要在尽量短的时间内解决河北"接不住"的问题,建议在努力夯实河北产业基础和营造良好环境吸引外地产业转移两方面集中施策。

(一)有针对性招商

将目光聚焦河北的主导产业方向,对国内外处于领先地位的"链主"企业进行全面梳理,精心遴选出一批在技术实力上稍强于本地配套水平的龙头企业,积极开展招商引资工作,以期充分发挥带动作用。在吸引龙头企业入驻的过程中,把具有高成长潜力的科技企业列为长期的招商重点目标,通过优质的产业生态和充足的资金支持,加速汇聚一批在细分领域表现卓越的独角兽企业、瞪羚企业以及专精特新"小巨人"企业,以此推动产业链现代化水平快速提升。依据当前产业链在补链、强链、延链方面的实际需求,精准定位产业链中存在的薄弱环节和缺失部分,有针对性地实施补充式招商策略,持续提高现有产业链的垂直整合程度和市场竞争力。构建长效的招商机制,促使招商团队朝着投行化、专业化的方向发展,切实为招商引资项目的落地提供全方位、高质量的服务保障。

(二)大力育才聚才留才

对河北各个行业急需的人才类别进行系统梳理,根据实际需求对院校的专业设置进行适当调整,加大对本土人才的培养力度,不断夯实本土人才的储备基础。积极推动京冀地区人才资质的相互认可，为北京的人才和团队来冀服务创造更为便利的条件。全面贯彻落实各类人才计划和相关政策，切实加强对引进人才的人文关怀，在落户、医疗、养老以及子女就学等方面提供更加周到、高效、贴心的服务，全力营造"以环境吸引人才、以服务留住人才"的良好氛围。在注重壮大高层次人才队伍的同时，将工作重心适当下移，加强对中级以上技工、管理和销售等实用型人才的引进与培养。采取有效措施降低企业的招工成本，搭建高效的公共就业服务平台，统筹协调解决就业难和招工难这两个突出问题。

（三）优化土地供应方式

持续深化工业项目用地"标准地"改革，全方位简化、优化工业用地的供应流程，确保项目能够在最短时间内开工建设，切实为企业减轻负担。创新工业用地出让制度，积极推进弹性年期出让、先租后让、长期租赁等能够匹配企业需求、降低企业用地门槛、稳定企业发展预期的多元化供地方式，使土地能够更加精准地流向最需要的企业和产业。明确土地的开发建设期限、投资强度、违约责任等内容，从源头上规范企业的用地行为，对企业自身原因导致闲置超过规定期限的土地，坚决依法收回土地使用权，收回的闲置土地，经过重新规划和整理后，优先调配给那些急需用地的企业。

（四）提升基础服务品质

持续完善生产和生活方面的基础服务，着重解决那些制约企业发展的水电气暖路等市政配套设施不完善的问题，以及影响人员生活置业的商业服务配套不成熟的问题。合理调控水电气暖网等服务的价格，切实减轻企业的负担。对供水供电供气企业的收费项目实行清单式管理，严令禁止清单外收费，保障市场主体合法权益，增强市场主体对经营成本的可预测性，避免不明收费产生的财务风险。实施用水、用电、用气"欠费不停供"政策，确保困难企业生产经营活动能够继续正常开展；设立费用缓缴期，同时在缓缴期间免收欠费滞纳金，进一步减轻企业的经济负担，让企业能够轻装上阵，集中精力改善经营环境。在不断健全传统基础设施的同时，大力建设智算平台数据中心等新型信息基础设施，为建立数字经济产业集群奠定基础。

(五) 加大融资保障力度

注重贷款期限与企业经营周期的匹配情况，紧密结合企业的生产经营周期，科学合理地设置贷款周期和还款方式，更好地满足科技型中小企业在不同经营阶段的融资需求。充分发挥财政资金的杠杆作用，加大政府基金对从事关键核心技术攻关的企业、专精特新中小企业以及专精特新"小巨人"企业的投资力度，助力其成长为在产业链中具有生态主导力的头部企业。积极鼓励银行业金融机构以制造业产业链的核心企业和"链主"企业为依托，大力开展应收账款融资、预付款融资、订单融资、存货和仓单质押融资等业务，为产业链上下游的中小企业提供期限适配、成本合理、手续便捷的综合性金融服务。持续落实好普惠小微贷款支持工具和支农支小再贷款两项货币政策工具，进一步提高对小微企业的金融支持水平。引导市场化企业征信机构采集非信贷替代数据，开发企业信用报告、信用画像、信用评分等征信产品，为中小企业融资提供精准服务。

(六) 营造更优政策环境

探索将政策优惠方式由"抵扣法"转变为"抵税法"，切实解决部分亏损企业难以享受优惠政策的问题。借鉴美国经验，允许亏损企业将研发费用加计扣除部分，申请以前年度已缴纳企业所得税的退税，或者按照研发费用的一定比例抵免当期其他税种的税款，以此降低企业的研发投入。建立"多投多奖、少投少奖"的奖励机制，以税务部门在开展加计扣除时确定的企业年度研发费用总额为基准，按照一定比例给予企业研发投入资金补助，对于研发投入较上一年度有所增长的企业，根据其年度研发投入增加额再给予一定比例的奖励性补助。推行行政执法综合监管模式，建立健全综合监管制度，制定并公开综合监管事项清单，设立联合执法日，组织多部门开展集中执法行动，切实减少执法检查的频次。

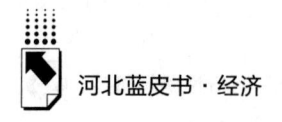

五　职能部门分工建议

一是建议政务服务管理、市场监管、住建、发改等部门在深化简政放权、提高服务水平、营造一流政务环境方面施策。二是建议自然资源、财政、金融、人社等部门在强化土地、金融、人才要素供给方面施策。三是建议科技、财政、税务、发改、住建、教育、卫健、医保等部门在加强产业配套和创新政策支持方面施策。四是建议发改部门在对接北京创新链方面施策。五是建议政务服务管理、司法、市场监管等部门在加强法治建设、打造稳定可预期的经营环境方面施策。

参考文献

叶堂林：《京津冀产业高质量协同发展中存在的问题及对策》，《北京社会科学》2023年第6期。

田学斌、李伟烁：《京津冀协同发展十周年的成就与现实思考》，《区域经济评论》2024年第5期。

颜廷标：《构建京津冀协同创新共同体：底层逻辑与优化路径》，《河北学刊》2023年第6期。

王春蕊：《深入推进京津冀协同创新共同体建设》，《河北日报》2023年4月21日。

王璐丹、刘荣荣：《加快科技成果转化，赋能产业创新发展》，《河北日报》2024年8月9日。

霍相博、王成慧：《推动更多京津科技成果在河北落地生"金"》，《河北日报》2024年8月30日。

B.15 "十五五"时期河北省制造业增量空间及发展对策研究[*]

杨华 王素平 赵丹扬[**]

摘 要： 科学确定河北未来5年制造业增长潜力较大的重点领域，积极拓展制造业增量空间，事关全省经济高质量发展和现代化建设全局。本报告在深入分析河北制造业主导产业发展现状和问题的基础上，通过分析全球排名前100的制造业独角兽企业行业分布情况，结合国家制造业发展要求和部署，综合考虑河北制造业发展基础和方向，确定河北"十五五"时期制造业增长潜力较大的行业领域，并提出拓展产业增量空间的对策建议，为加快建设经济强省提供支撑。

关键词： 制造业 增量空间 独角兽企业 高质量发展

在区域经济版图中，制造业至关重要，不仅在经济运行中发挥"压舱石""稳定器"的作用，更是产业升级和科技创新的主导力量。河北是制造大省，但不是制造强省，科学确定未来5年制造业增长潜力较大的重点领域，积极拓展制造业增量空间，事关全省经济高质量发展和现代化建设全局。要在深入分析河北制造业增长现状和问题的基础上，科学筛选"十五

---

[*] 本报告系河北省宏观经济研究院院立课题"'十五五'时期河北省制造业增量空间及发展对策研究"（课题编号：SHGYYL2024-06）及河北省社会科学基金项目"京津冀产业链创新链双向融合与河北省制造业升级路径研究"（项目批准号：HB21YJ025）的研究成果。

[**] 杨华，河北省宏观经济研究院副研究员，研究方向为产业经济；王素平，河北省宏观经济研究院研究员，研究方向为产业经济、区域经济；赵丹扬，河北省宏观经济研究院研究实习员，研究方向为产业经济。

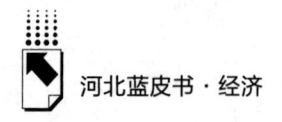

五"时期制造业增长潜力较大的行业领域，确定制造业主导产业，提出拓展制造业增量空间的对策建议，为加快建设经济强省提供支撑。

一 制造业发展现状和存在的问题

河北加快建设制造强省，制造业规模保持平稳增长，规模以上制造业营业收入由2018年的37503.9亿元增至2023年的49387.4亿元，年均增长5.66%。产业结构不断优化，高端装备制造、新一代信息技术等产业规模持续壮大，高新技术产业增加值占规模以上工业增加值的比重由19.5%提高到21.4%，制造业高质量发展迈出坚实步伐。但也要看到，河北制造业发展仍存在整体规模偏小、结构调整步伐较慢、传统制造业占比较大、新兴制造业发展不快等问题。全省制造业高质量发展的支撑和动力引擎仍未转移到新兴产业上来。

（一）传统制造业

河北传统制造业主要包括先进钢铁、绿色化工、健康食品、现代轻纺四大类。传统制造业总体规模呈缓慢上升态势，四大产业营业收入由2018年的22926.46亿元增至2023年的28152.70亿元，年均增长4.19%，比全省规模以上制造业平均增速低1.47个百分点。分领域来看，健康食品、绿色化工和先进钢铁营业收入总体保持增长态势，其中，健康食品营业收入由2868.22亿元增至4198.60亿元，年均增长7.92%，增速排在四大产业之首；绿色化工营业收入由4800.14亿元增至6526.90亿元，年均增长6.34%，增速排在第2位；先进钢铁营业收入由12564.91亿元增至15647.40亿元，年均增长4.49%，增速基本与传统制造业持平；现代轻纺营业收入显著下降，由2693.19亿元降至1779.80亿元，年均下降7.95%（见图1和图2）。究其原因，主要是其细分行业中纺织业、纺织服装服饰业，以及皮革、毛皮、羽毛及其制品和制鞋业营业收入下降明显，分别下降5.22%、8.68%和33.73%。

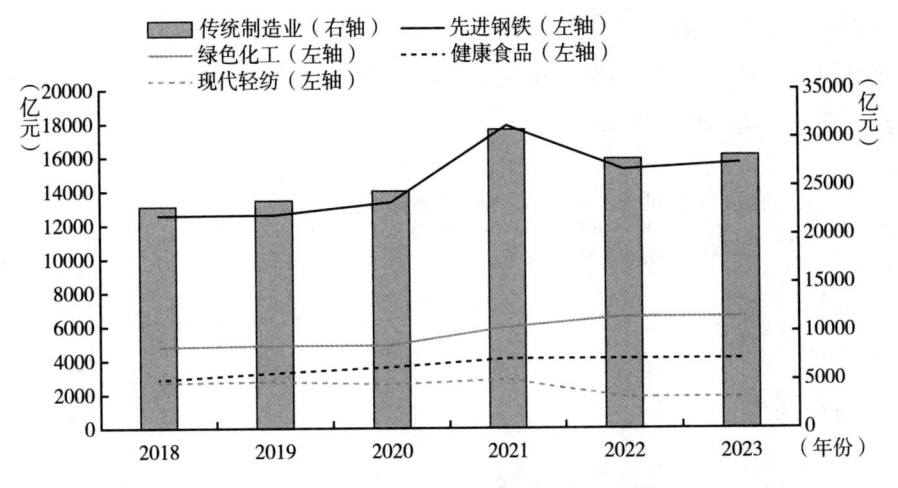

图1　2018～2023年河北传统制造业营业收入

资料来源：根据历年《河北统计年鉴》《河北统计摘要》数据计算。

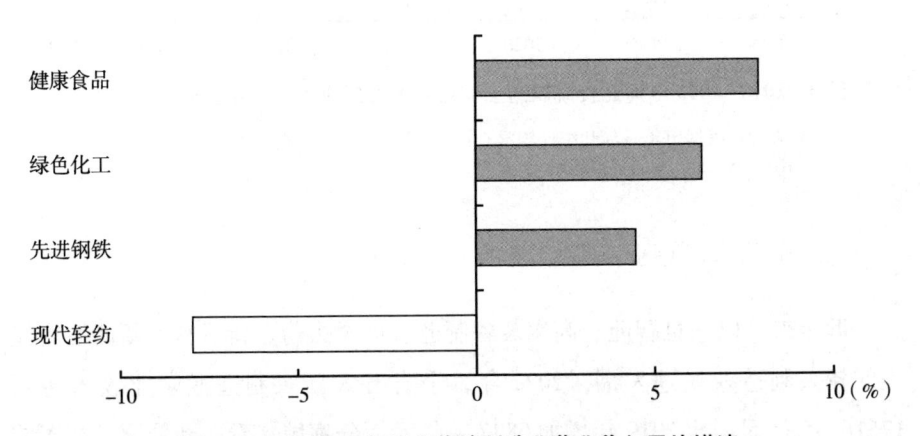

图2　2018～2023年河北传统制造业营业收入平均增速

资料来源：根据历年《河北统计年鉴》《河北统计摘要》数据计算。

从营业收入占比情况来看，传统制造业营业收入占规模以上工业营业收入的比重总体呈下降趋势，由2018年的58.53%降至2023年的54.58%，下降3.95个百分点。从细分领域来看，先进钢铁营业收入占规模以上工业营业收入的比重由32.08%降至30.33%，下降1.75个百分点，但仍为占比最大的传统产业；健康食品、绿色化工营业收入占比在波动中略有上升，分别提升0.82个百分点和0.40个百分点，占比分别达到8.14%和12.65%；现代轻纺占比降幅最大，达到3.43个百分点，降至不足4%（见图3）。

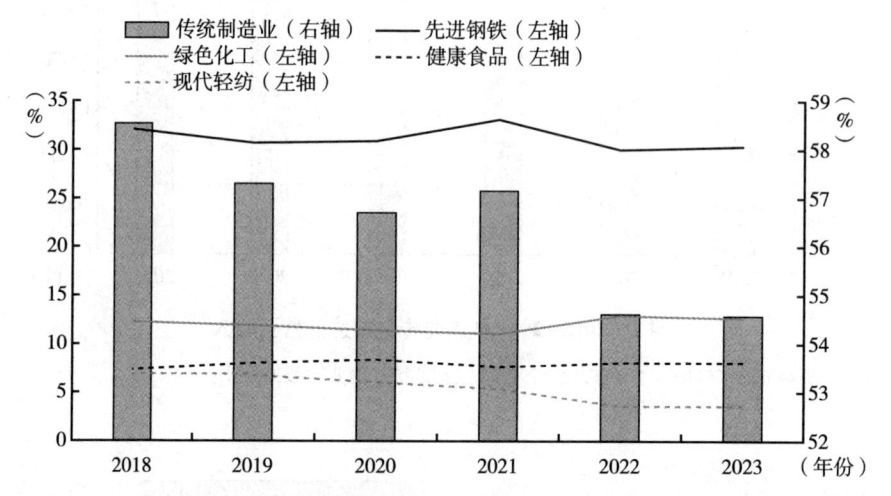

图3 2018~2023年河北传统制造业营业收入占规模以上工业营业收入的比重

资料来源：根据历年《河北统计年鉴》《河北统计摘要》数据计算。

（二）新兴制造业

近年来，以信息智能、高端装备制造、生物医药、新材料、新能源为代表的新兴制造业快速发展。2022年，全省五大新兴制造业营业收入达到17516.45亿元，比2019年增加5337.4亿元。分领域来看，新能源、高端装备制造、信息智能营业收入年均增速均在两位数以上，其中，新能源营业收入增长最快，由2019年的605.11亿元增至2022年的986.20亿元，年均增长17.68%；高端装备制造营业收入由7416.86亿元增至10955.80亿元，年均增长13.89%；信息智能营业收入由582.93亿元增至860.70亿元，年均增长13.87%。生物医药、新材料年均增速相对较低，分别为9.98%和9.55%，分别由932.15亿元增至1239.90亿元、2641.96亿元增至3473.85亿元（见图4和图5）。新兴制造业增速较快，但整体规模不大，除具有一定基础的高端装备制造、新材料外,信息智能、新能源、生物医药营业收入规模均低于传统制造业。

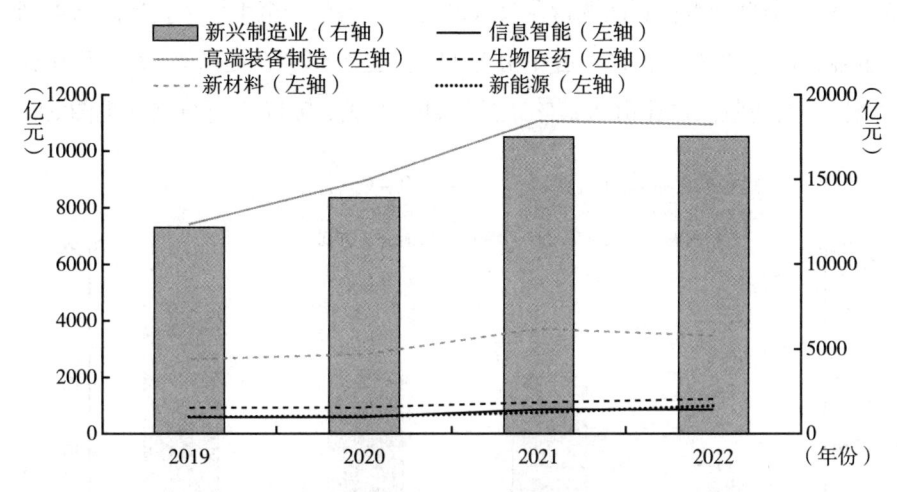

图4 2019~2022年河北省新兴制造业营业收入

资料来源:根据历年《河北统计年鉴》《河北统计摘要》数据计算。

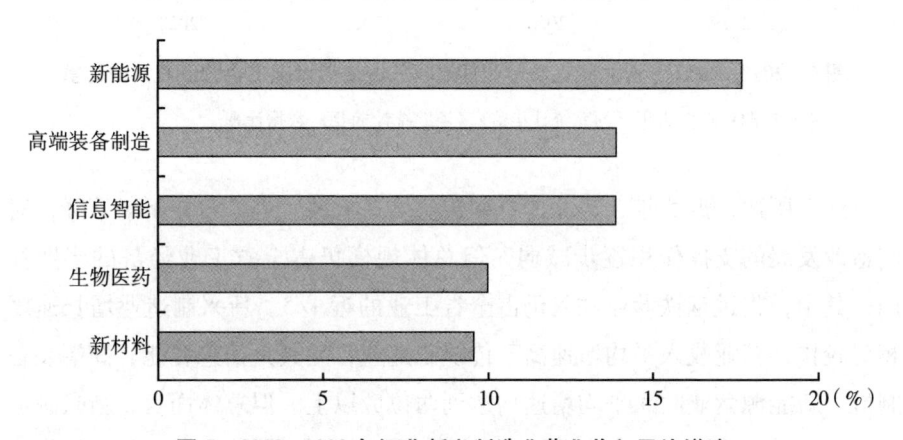

图5 2019~2022年河北新兴制造业营业收入平均增速

资料来源:根据历年《河北统计年鉴》《河北统计摘要》数据计算。

从营业收入占比情况来看,五大新兴制造业营业收入占规模以上工业营业收入的比重总体呈上升态势,由2019年的29.64%升至2022年的34.43%,提高4.79个百分点。从细分领域来看,高端装备制造营业收入占比由18.05%升至21.53%，位居五大新兴制造业之首；其余四大产业营业收入占比均较低且变动不大，其中，新材料营业收入占比由6.43%升至6.83%，提高0.40个百分点；新能源营业收入占比由1.47%升至1.94%，提高0.47个百分点；信息智能营业收入占比由1.42%升至1.69%，提高0.27个百分点；生物医药营业收入占比由2.27%升至2.44%，提高0.17个百分点（见图6）。

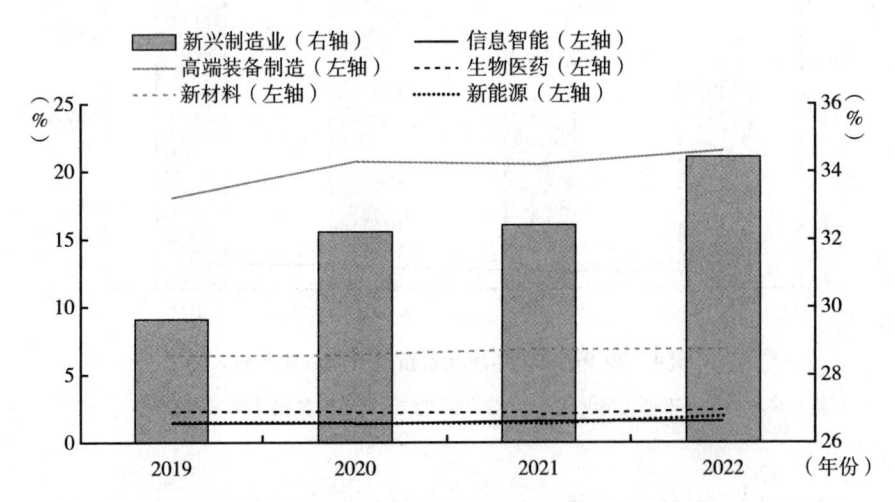

图6 2019~2022年河北新兴制造业营业收入占规模以上工业营业收入的比重

资料来源：根据历年《河北统计年鉴》《河北统计摘要》数据计算。

综上所述，近5年，河北传统制造业增速放缓，规模占比不断下降，对制造业发展的支撑作用逐步减弱，但总体规模仍占全省工业经济的半壁江山，其中，先进钢铁营业收入仍占全省工业的近1/3。新兴制造业增长速度相对较快，营业收入平均增速高于传统制造业，尤其是信息智能、高端装备制造、新能源营业收入平均增速均达到两位数以上。但总体而言，新兴制造业规模仍然较小，在全省工业中的实力地位不高，对制造业发展的支撑作用有待进一步增强。

二 "十五五"时期制造业重点增长领域分析

"十五五"时期，国内外科技创新和宏观经济形势发生深刻变化，以钢铁、化工、纺织等为代表的传统制造业增长空间进一步收窄，河北以传统产业为主导的制造业体系将受到严峻挑战，优化产业结构、明确制造业重点拓展领域十分重要且紧迫。通过分析全球排名前100的制造业独角兽企业行业分布情况，结合国家制造业发展要求和部署，综合考虑河北制造业发展基础和方向，确定河北"十五五"时期制造业重点增长领域。

（一）全球制造业独角兽企业行业分布情况

按照《高成长企业分类导引》（GB/T41464—2022），独角兽企业是指成立年限不超过10年、获得过专业机构的私募融资且尚未上市，最后一轮融资的投后估值在10亿美元及以上且累计融资在5000万美元及以上的企业。独角兽企业是全球最具成长性、创新性和市场潜力的企业，代表了未来增长潜力较大的产业方向，对新领域、新赛道发展具有重要的引领作用。本报告以胡润研究院发布的"2024全球独角兽榜"为基础，筛选排名前100的制造业独角兽企业，并分析其所属行业领域。可以看出，全球制造业独角兽企业主要从事新一代信息技术、新能源、高端装备制造、航空航天、健康食品、新能源汽车、生物医药、新材料、现代轻纺和绿色化工十大行业。其中，新一代信息技术、新能源、高端装备制造三大领域独角兽企业数量居前3位，合计59家，占比超过50%；航空航天、健康食品、新能源汽车、生物医药企业数量在6~9家；新材料、现代轻纺和绿色化工企业数量相对较少，分别为4家、4家和1家（见图7）。

从各领域细分行业来看，新一代信息技术独角兽企业集中分布在半导体行业，企业数量占80.95%。新能源独角兽企业主要分布在动力电池及材料、光伏设备及系统集成等行业，其中，动力电池及材料行业企业数量最多，占比达到52.38%。高端装备制造产业门类较多，机器人企业数量超过40%。健康食品独角兽企业主要分布在食品饮料、食品科技和烟草制品行业，其中，食品饮料企业数量占比达到2/3。在生物医药领域，50%的独角兽企业从事基因与细胞药物研发，其他3家企业分别分布在医疗器械、AI制药行业。新材料独角兽企业行业布局较为分散，先进金属材料、化工新材

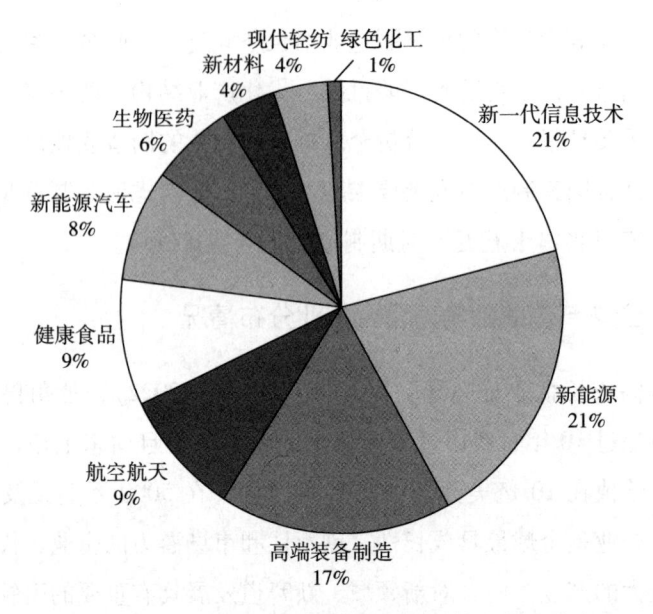

图7 2024全球独角兽榜前100制造业企业行业分布

料、纳米材料等均有涉及。航空航天、新能源汽车、现代轻纺、绿色化工等领域独角兽企业分布均较为集中，其中，在9家航空航天独角兽企业中，7家从事商业航天业务，另外2家分别从事航空装备和低空装备制造；现代轻纺行业的4家独角兽企业均为纺织服装服饰企业，绿色化工领域独角兽企业仅1家，主要从事化妆品生产和销售（见表1）。

表1 2024全球独角兽榜前100制造业企业细分行业分布

单位：家

产业领域	细分行业	企业数量
新一代信息技术	半导体	17
	芯片	4
	小计	21
新能源	动力电池及材料	11
	光伏设备及系统集成	5
	充电站及虚拟电厂等	2

续表

产业领域	细分行业	企业数量
新能源	其他新能源装备	3
	小计	21
高端装备制造	机器人	7
	计算机、通信和其他电子设备制造业	5
	增材制造（3D打印机）	2
	智能小家电	1
	电动滑板车	1
	汽车及汽车零部件	1
	小计	17
健康食品	食品饮料	6
	食品科技	2
	烟草制品业	1
	小计	9
生物医药	基因与细胞药物	3
	医疗器械	2
	AI制药	1
	小计	6
新材料	先进金属材料	1
	化工新材料	1
	纳米材料	2
	小计	4
航空航天	商业航天	7
	航空装备	1
	低空装备	1
	小计	9
新能源汽车	新能源汽车及零部件	8
现代轻纺	纺织服装服饰	4
绿色化工	化妆品	1
总计		100

注：根据胡润研究院发布的"2024全球独角兽榜"计算。

（二）河北制造业增长空间较大的行业领域

从国家重点发展的制造业领域来看，我国重点发展新一代信息技术、高档数控机床、航空航天、海洋工程装备及高技术船舶、先进轨道交通装备、新能源汽车、电力装备、农机装备、新材料、生物医药及高性能医疗器械等多个重点领域。《中华人民共和国国民经济和社会发展第十四个五年规划和2035年远景目标纲要》提出，聚焦新一代信息技术、生物技术、新能源、新材料、高端装备、新能源汽车、绿色环保以及航空航天、海洋装备等战略性新兴产业，构筑产业体系新支柱；在类脑智能、量子信息、基因技术、未来网络、深海空天开发、氢能与储能等前沿科技和产业变革领域，谋划布局一批未来产业。综合考虑国家制造业发展战略部署，选择新一代信息技术、高端装备制造、新能源、新材料、生物医药、新能源汽车、航空航天产业为"十五五"时期河北制造业重点拓展领域（见图8）。

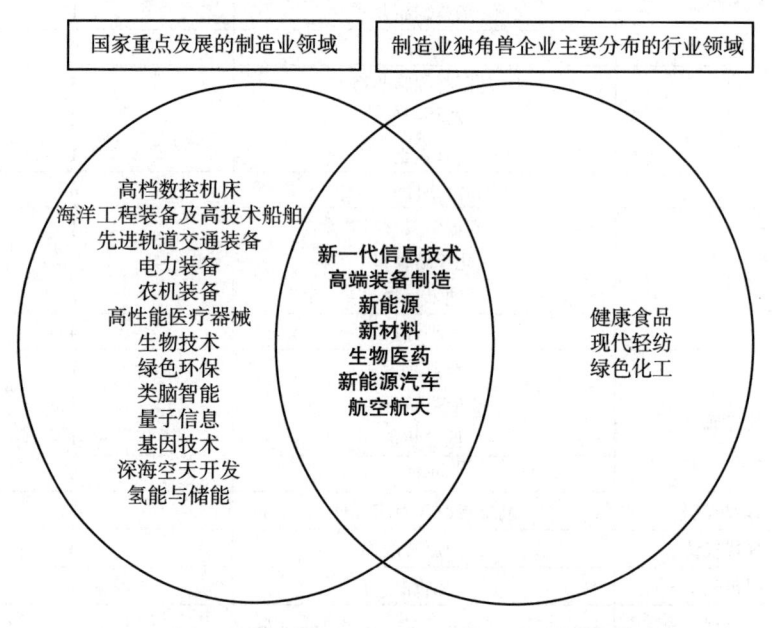

图8 "十五五"时期河北制造业重点拓展领域选择示意

资料来源：《中华人民共和国国民经济和社会发展第十四个五年规划和2035年远景目标纲要》

从河北制造业发展的重点方向来看，《河北省制造业高质量发展"十四五"规划》明确提出着力发展半导体器件、新型显示、现代通信等新一代信息技术产业，机器人、轨道交通装备、航空航天、智能制造、新能源汽车和智能网联汽车等高端装备制造产业，生物技术药、化学药、现代中药等生物医药产业，光伏和风电设备、智能电网装备、储能和动力电池等新能源产业，以及先进金属材料、高性能复合材料、碳基新材料、电子信息材料等新材料产业，前瞻布局区块链、太赫兹、类脑智能、量子信息、基因技术、前沿新材料、第三代半导体、柔性电子等前沿领域。自2023年以来，河北密集出台《加快河北省战略性新兴产业融合集群发展行动方案（2023—2027年）》《河北省支持机器人产业发展若干措施》《关于加快推动河北省低空制造业高质量发展的若干措施》等政策文件，支持制造业重点细分领域发展壮大。按照独角兽企业细分行业分布，结合河北产业发展重点方向，进一步聚焦"十五五"时期全省制造业重点拓展领域细分赛道：半导体、机器人、动力电池及材料、先进金属材料、基因与细胞药物、新能源汽车及零部件、低空装备（见图9）。

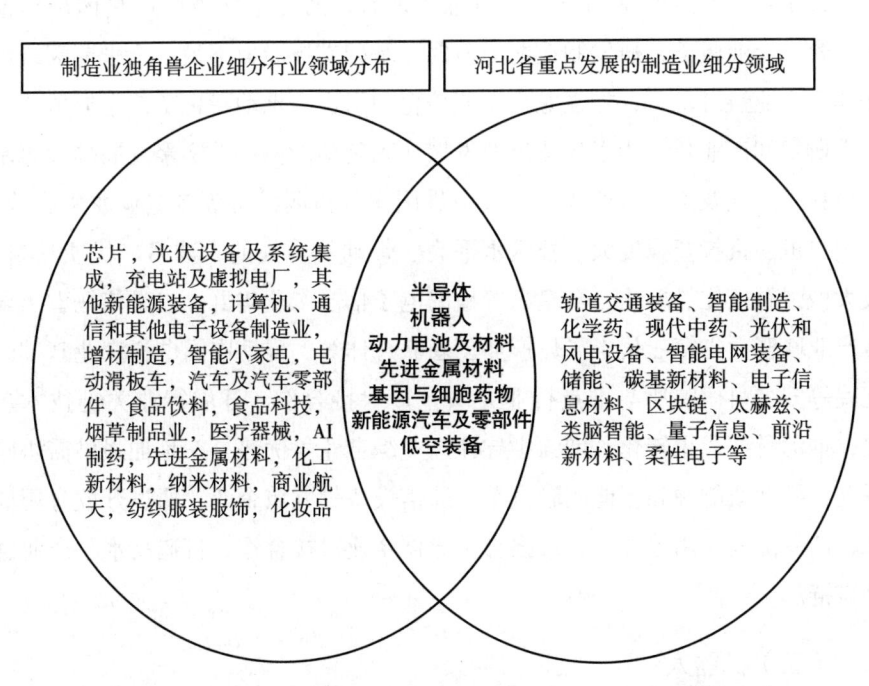

图9 "十五五"时期河北制造业重点拓展领域细分赛道选择示意

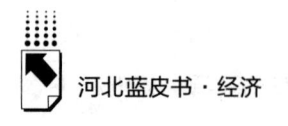

三 "十五五"时期制造业重点领域拓展增量空间的建议

聚焦制造业重点拓展领域细分赛道，瞄准产业发展短板和产业链关键环节，依托重点企业，打造和实施一批具有全局影响力和带动力的重大项目，最大限度扩大产业规模、拓展增量空间、增强竞争实力，全力构建以新一代信息技术、高端装备制造、新能源、新材料、生物医药、新能源汽车、航空航天七大制造业为主导的产业布局，为建设制造强省、推动产业高质量发展提供有力支撑。

（一）新一代半导体

河北拥有同光半导体、中瓷电子等半导体材料龙头企业，具备做大做强新一代半导体产业的基础条件。但总体来看，河北半导体产业整体规模偏小，骨干企业匮乏，研发制造能力薄弱，基础支撑能力不足。未来要围绕半导体全产业链各环节，加强龙头企业培育和引进，推动特色工艺半导体关键技术研发和产业化，为半导体产业发展注入新动能。一是集聚发展硅片等制造材料生产线及上下游产业，积极引进国内外检测设备等制造业龙头企业，加快引进一批投资强度大、技术水平高、带动能力强的大项目、优质项目，做大做强石家庄、廊坊、秦皇岛等地的电子信息产业集群。二是依托省半导体产业联盟、省第三代半导体产业创新联合体等，推动中国电科产业基础研究院等知名科研院所与重点行业龙头企业对接合作，开展行业关键技术攻关，推动科技成果转化，增强半导体产业综合竞争优势。三是加强供需协同联动，推动新能源和智能网联汽车、通信设备等领域企业，通过开放应用场景、产品优先应用等方式，加强与半导体企业对接合作，打造高水平产业链供应链。

（二）机器人

河北机器人产业具备一定基础，在焊接机器人、巡检机器人、特种机器人等领域市场占有率全国第一，初步形成唐山、廊坊两大机器人产业集群。但总体来看，河北机器人产业发展仍存在产业规模小、行业领域窄、龙头企业匮乏、服务机器人发展滞后等问题，亟须精准施策、靶向发力，尽快在机器人产业新赛道抢占先机、形成优势。一是推动龙头制造企业向机器人领域拓展。支持优势制造企业实施生产线"机器人化"改造项目，鼓励有条件的企业通过组建机器人分公司、强化与机器人创新机构合作、收购相关企业等方式，拓展机器人领域业务，加快进入机器人市场，壮大龙头企业队伍。二是着力引进服务机器人企业。密切跟踪国内服务机器人龙头企业发展动态和投资动向，争取引进1~2家具有全国乃至全球影响力的服务机器人企业；动态监测省外高成长性潜力企业，着力引进一批服务机器人"雏雁"企业落户河北；加强产业链招商，吸引上下游配套企业集聚，尽快培育形成具有河北特色的服务机器人产业链。三是积极探索机器人应用和推广新机制，加大对机器人用户的奖励力度，探索机器人产品共享应用新模式，创新机器人推广应用风险共担机制，为机器人企业发展拓展市场空间。四是与京津共建机器人产业链生态圈。抢抓京津冀协同打造机器人产业链的重大机遇，与京津协同推进机器人产业协同示范园区建设，以典型应用场景吸引京津科技成果转化和产业转移，推进京津人工智能与河北机器人产业融合创新，与京津共同打造具有全球竞争力的机器人产业集群。

（三）动力电池

目前，河北动力电池已构建起从基础原材料到组件的全产业链生态，拥有河北坤天新能源股份有限公司、国轩高科股份有限公司、河北金力新能源科技股份有限公司、石家庄尚太科技股份有限公司等国内领先企业。但仍要看到，全省动力电池产业规模偏小、企业数量不多、研发实力较弱、产业配套尚不完善，需要加快推动电池关键核心技术创新，积极培育和引进上下游企业和项目，延伸产业链，助力打造京津冀电力装备产业集群。一是加强关键核心技术攻关，支持坤天新能源等龙头企业联合省内外高校、科研院所，共建高水平技术创新中心，迭代开发标志性的拳头产品，重点推进高能量密度磷酸铁锂电池、高镍正极、富锂锰正极、硅碳负极等的研发和产业化应用。二是建立健全国内外行业龙头库、隐形冠军企业库和招商目标库，以广东、上海、浙江等地为重点，着力引进全固态电池材料等新技术产业化项目，推动产业链上下游配套企业集聚。三是加强废旧动力电池回收利用，建立覆盖全省的废旧动力电池回收网络，实施废旧动力电池回收利用项目，推动电池生产企业、汽车制造商、回收企业等产业链上下游协同合作，形成废旧动力电池回收利用产业链，促进动力电池产业绿色高质量发展。

（四）先进金属材料

河北先进金属材料产业基础雄厚，拥有承德建龙特殊钢有限公司、河北钢铁集团石家庄钢铁有限责任公司、河北龙凤山新材料科技集团有限公司、河冶科技股份有限公司等龙头企业，培育形成一批特殊钢、纯铁、钒钛等铁基新材料产品，未来要瞄准产业重点领域、前沿方向，加快高能级创新载体建设，强化创新型龙头企业培育，着力破解"卡脖子"技术难题，加快先进金属材料在航空航天、轨道交通、海洋工程等领域创新应用，推动产业链上下游协同发展，加强与高性能复合材料等产业融合发展，促进全省先进金属材料产业高质量发展。一是加快建设高能级创新载体，重点推动河北省钢铁实验室建设，围绕先进铁基材料冶炼及加工、特种钢铁材料制备等技术，强化行业龙头企业与高校、科研院所的创新合作，促进科技创新成果转化应用，力争每年突破1~2种关键短板材料。二是谋划实施一批先进铁基材料、特种钢铁材料产业化项目，加快推动河北龙凤山新材料科技集团有限公司5N级超纯铁生产线建设，壮大先进金属材料产业规模。三是抓住新一轮大规模设备更新和消费品以旧换新契机，积极推动先进金属材料在重大工程和政府采购项目中的应用，鼓励通过省工业企业服务平台挂网交易等多形式开展产销对接活动，引进一批先进金属材料下游应用项目，从需求端牵引先进金属材料产业发展。四是推动高性能复合材料等前沿新材料产业协同发展，以张家口、承德、邯郸等地为重点，加快高性能玄武岩纤维、碳纤维、碳基复合材料、高纯石墨材料等高性能复合材料研发应用，构建先进金属材料与高性能复合材料上下游产业链协同机制，实现资源共享和优势互补，提升河北新材料领域综合竞争力。

（五）基因与细胞药物

考虑到河北生物医药产业创新发展实力较弱、制剂类产品同质化问题突出、基因与细胞治疗等创新药物研发滞后等问题，瞄准基因与细胞药物赛道，围绕基因编辑、核酸序列设计与合成等重点领域，加强关键技术攻关，着力引进产业化项目，培育生物医药产业竞争新优势。一是开展关键核心技术攻关，谋划建设河北省生物实验室，组织开展高通量靶点筛选、体外基因修饰系统、新型载体递送、高质量源头细胞制备等关键技术攻关，加快推进基因与细胞治疗药物开发进程。二是依托河北医科大学第一医院、河北医科大学第二医院、河北医科大学第三医院和河北医科大学第四医院等三甲医院，探索建设基因治疗及相关领域临床医学研究中心，促进基因治疗药物临床试验和产业化应用。三是绘制基因与细胞药物产业链招商地图，以上海、江苏、天津等省（市）为重点，大力引进基因与细胞领域知名企业、初创公司和科研团队，推动华北制药、石药集团等生物医药骨干企业加快向基因与细胞药物领域拓展，培育壮大基因与细胞药物产业主体。

（六）新能源汽车及零部件

河北新能源汽车产业基础较好，拥有长城汽车、河北长安等龙头企业。2023年在汽车行业规模增速放缓的情况下，河北新能源汽车制造业营业收入同比增长120.8%，显示出较强的韧性。但也要看到，河北新能源汽车产业链仍不完整，汽车零部件企业数量少、规模小、产品种类不全，新产品和技术研发滞后，多项核心技术和环节仍依赖域外供应链。未来要聚焦重点领域，着力补短板、锻长板，大力发展新能源汽车自主品牌，支持汽柴油整车制造企业加强新能源和智能网联汽车板块布局，打造以智能网联新能源物流车、乘用车为主体，相关配套产业协同发展的产业格局。一是围绕新能源和智能网联汽车核心零部件，加快布局电机、电控、传感器、燃料电池等细分领域，重点引进和培育激光雷达、核心芯片、感知系统、智能座舱等上游高利润零部件企业，提高产业配套能力。二是支持龙头企业牵头组建产学研创新共同体，加强整车及关键零部件核心技术攻关，强化产业技术创新能力。三是借鉴上海、山西、重庆等地做法，布局建设"光储充放"一体化智慧能源站，协同京津打造"车路云一体化"产业生态，为新能源汽车产业发展奠定坚实基础。

（七）低空装备

河北低空装备产业具有一定的发展基础，全省拥有低空航空器整机研发和制造企业20余家，零部件企业近百家，已在石家庄、保定、沧州等地形成一定的集聚效应。但与先进地区相比，河北低空装备行业具有影响力和带动力的龙头企业匮乏，应用场景仍待进一步拓展。未来要聚焦通用航空装备、通信导航装备、地面保障装备等重点领域，加强产品创新研发，加大行业龙头企业和项目引进力度，延伸产业链，推动低空装备产业做大做强。一是依托中航通用飞机有限责任公司、白鲸航线（北京）科技有限公司等优势企业，积极开展轻型多用途飞机、工业级无人机等高端产品开发，加快北斗卫星导航终端和测试系统研制与规模化生产。二是以广东、湖北、浙江等地为重点，加大招商引资力度，重点聚焦各类低空航空器整机、核心零部件和关键材料研发制造龙头企业，因地制宜招引一批战略性、标志性、引领性重大产业项目。三是探索"低空+"新模式，加快拓展公共服务、客货运输运营、市场消费等领域应用场景，积极争取雄安新区国家城市空中交通管理试点，推动低空装备制造产业创新发展。

参考文献

杨华、苏凤虎、吴讓：《京津冀产业链创新链双向融合与制造业升级路径研究》，经济管理出版社，2023。

王添灏、郑天池、邓洁玉：《江苏省第三代半导体产业创新发展现状及路径》，《科技和产业》2024年第16期。

王丹丹、关乐宁：《"十五五"时期我国机器人产业面临形势和发展路径研究》，《中国信息界》2024年第6期。

金永花：《新发展机遇期我国新能源汽车产业链水平提升研究》，《经济纵横》2022年第1期。

《高质量发展看河北｜雄安给"低空+"找了多少"搭子"》，中国雄安官网，http：//www.xiongan.gov.cn/2024-11/11/c_1212407048.htm，2024年11月11日。

B.16 "十五五"时期河北发展枢纽经济的总体思路与实施路径

李义生*

摘　要： 本报告在深入梳理枢纽经济概念、内涵、特征及发展趋势的基础上，围绕河北物流强省建设，聚焦培育壮大以集聚要素、配置资源、协同产业、价值创造为主体功能的枢纽经济，分析河北发展枢纽经济的空间、产业、创新三大基础条件，从降成本、促融合、提能级三个维度提出发展枢纽经济的总体思路，并围绕设施联通、要素集聚、产业融合、价值创造等方面，提出发展枢纽经济的主要路径和对策建议。

关键词： 枢纽经济　产业融合　供应链组织　河北

枢纽经济是一种以交通、物流枢纽为依托，具有较强要素集聚、资源配置和产业协同效应的新型经济形态。培育壮大枢纽经济，对培育经济发展新动能、促进区域协调发展和高水平对外开放具有十分重要的意义。

一　枢纽经济的概念

（一）枢纽经济的内涵和特征

《国家交通强国建设纲要》《"十四五"现代物流发展规划》《国家物

---

* 李义生，河北省社会科学院财贸和数字经济研究所副研究员，研究方向为现代物流。

流枢纽布局和建设规划》等政策文件，明确提出"大力发展枢纽经济"。同时，不论理论层面还是实践层面，对枢纽经济概念、内涵及发展规律的认识，仍处于探索阶段。如汪鸣认为枢纽经济是依托交通物流等基础设施网络，通过优化空间分工体系和供应链服务体系，提升经济运行质量和效率的新型经济形态。[1] 刘伟认为枢纽经济是指通过物流供应链集聚发展要素，实现产业链供应链网络化拓展的产业集群。[2] 宫银峰认为枢纽经济是枢纽与产业互动形成的特色经济。[3]

综合目前枢纽经济发展的现状，依据国家政策导向，本报告认为，枢纽经济是以交通、物流等枢纽设施为基础，以集聚要素、配置资源、协同产业、价值创造为主体功能，具有较强的网络化、融合化、智慧化特征的新型经济形态。

1. 设施为基

发展枢纽经济必须以高能级、网络化交通、物流设施为基础。高效畅达的物流设施网络为构建"集聚—增值—扩散"发展模式、推动生产力空间布局优化和形成完整的产业链、供应链与价值链提供了基础支撑。

2. 集聚为先

经济、产业和资源要素不断向中心城市集聚，再向周边地区辐射，是现代经济发展的基本规律之一。实现产业集聚发展离不开载体支撑，要求物流枢纽、物流园区、交通枢纽等各类发展载体强化产业集聚功能。

3. 融合为要

枢纽经济依托交通区位条件和产业环境发展，推进枢纽经济规模化发展要求实现两个融合：一是与国内外市场融合，构建内畅外联的服务网络，发挥枢纽经济载体全球分工网络节点作用；二是与产业融合，推进供应链、产业链、价值链深度融合，充分发挥物流产业的价值创造功能。

---

[1] 《汪鸣：物流枢纽经济区建设的意义与思路_学术研究_中国物流与采购网》，中国物流与采购网，2024年4月22日，http://www.chinawuliu.com.cn/xsyj/202404/22/630034.shtml。
[2] 刘伟：《依托国家物流枢纽的枢纽经济发展思路与路径研究》，《中国市场》2021年第3期。
[3] 宫银峰：《枢纽经济的产业链布局与优化》，《群众》2021年第10期。

4. 增值为本

发展枢纽经济的根本目的在于提升供需适配水平和价值创造能力，带动现代（订单）农业、高端装备制造业、高新技术产业、现代流通产业、国际贸易等协同发展，促进多业态融合，加快向价值链中高端迈进（见图1）。

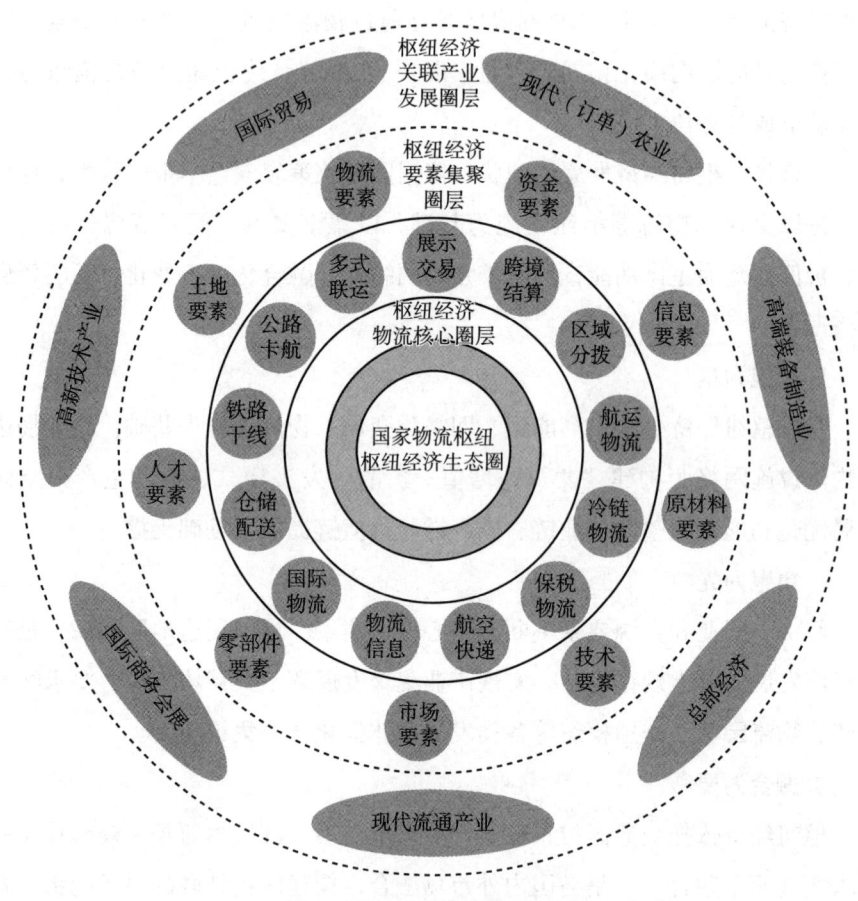

图1 枢纽经济产业生态示意

资料来源：刘伟《依托国家物流枢纽的枢纽经济发展思路与路径研究》，《中国市场》2021年第3期。

（二）枢纽经济的发展趋势

"十四五"期间，我国加强交通基础设施建设，加快国家级枢纽设施布局，推动交通、物流与关联产业融合发展，枢纽经济呈现设施网络化、功能集成化、模式集约化、运行智慧化的发展新趋势。

1. 政策驱动效应显著，国家级战略布局趋于完善

近年来，围绕全国统一大市场建设，国家以"交通强国""物流强国"建设为抓手，持续推进物流枢纽设施布局优化，超前规划建设国家综合立体交通网主骨架，基本构建起"枢纽+通道+网络"的物流体系，交通设施网络实现系统性高效衔接。2024年，共有152个国家物流枢纽承载城市，国家物流枢纽网络均衡发展水平进一步提高，国家物流大通道、综合运输大通道以及重要铁路物流基地、内河港口等重要物流节点实现有效衔接，基本覆盖或有效辐射国内生产总值在4000亿元以上的城市，进一步增强对区域经济产业转型升级发展的支撑作用。

2. 枢纽功能迭代升级，产业链跨区联动日益增强

随着区域协调发展战略深入实施，各类交通基础设施、物流枢纽呈现补短强基、适度超前、集聚发展的态势。顺应区域产业转型升级要求，很多地区积极探索"产业集群+物流枢纽"的协同发展模式，将建设枢纽经济示范区、培育壮大枢纽经济，作为降低全社会物流成本、优化区域投资环境和培育城市新增长极的重要举措。例如，河南发挥空港型、陆港型、生产服务型、商贸服务型等国家物流枢纽优势，培育壮大一批枢纽偏好型产业，实施"枢纽+产业链"培育计划，推动枢纽功能深度嵌入区域和国内外产业分工网络，有力地促进产业链、价值链、供应链、创新链多链深度耦合。

3. 模式创新加快提速，供应链体系更加完善

随着我国传统运输、仓储业态加快向现代物流服务转型升级，具备一体化解决方案和集成化组织功能的现代供应链体系，成为枢纽经济发展的主攻方向。一方面，适应高质量发展要求，需要打破传统粗放产业组织形态，推进产业链上下游协同高效运作；另一方面，推动产业高端化发展，需要专业化、一体化、集成化供应链解决方案，为精益生产提供有力支撑。

4. 数字赋能业态创新，智能化组织形态加快升级

随着新一代信息技术、人工智能技术的广泛应用，商贸物流领域成为最

丰富的数字技术深度应用场景，智慧化、数字化新业态新模式加快涌现。数字技术和物流组织的有机连接，有力地促进枢纽经济由信息化驱动向智能化驱动转变，构建供需精准匹配、高效应变的数字供应链，成为产业发展新赛道。枢纽经济的智能化转型，进一步拓展了人工智能技术在精准预测超大规模供需变化、自动生产资源调配方案等领域的应用场景，为人工智能技术与产业融合发展奠定坚实基础。

二 河北发展枢纽经济的基础条件

近年来，河北锚定全国现代商贸物流重要基地功能定位，着力推进物流强省建设，"枢纽+通道+网络"的现代物流运行体系日益完善，现代化产业体系加快构建，发展枢纽经济的条件更加成熟。

（一）设施互联拓展枢纽经济发展空间

"十四五"期间，河北充分发挥"东出西联、承南接北"交通区位优势，着力推进枢纽城市、物流枢纽和综合立体交通网建设，形成以枢纽城市、国家物流枢纽、交通通道为主骨架的设施网络，为发展枢纽经济奠定了坚实基础。

1. 国家级枢纽城市群步入全国第一方阵

河北各类国家级枢纽城市集群化发展特征显著，在物流、邮政快递、综合交通、冷链等领域形成一批国家级枢纽城市群，为枢纽经济发展提供了空间。截至2024年，全省国家物流枢纽布局承载城市增至7个（石家庄市、保定市、邯郸市、秦皇岛市、唐山市、沧州市、廊坊市）。雄安新区、廊坊市、石家庄市、保定市、唐山市入选国家邮政快递枢纽承载城市，石家庄市、唐山市、秦皇岛市、邯郸市、雄安新区入选全国性综合交通枢纽城市，石家庄市、保定市、秦皇岛市、唐山市、沧州市入选国家骨干冷链物流基地布局承载城市。

2. 国家物流枢纽加快向资源配置中心和产业组织中心转型

国家物流枢纽作为物流体系的基础设施，辐射区域广、集聚效应强、服务功能优、运行效率高，在全国物流网络中发挥关键节点、重要平台和骨干枢纽的作用。到2024年，河北已有陆港型、商贸服务型、港口型、生产服务型四种类型物流枢纽加入国家物流枢纽联盟。国家物流枢纽的仓储配送、多式联运、口岸通关、干支衔接等配套设施不断健全，供应链金融、商务服务、公共服务等综合服务功能日益完善，石家庄国际陆港、唐山曹妃甸港等国家物流枢纽加快构建规模化组织、一体化运行的物流集散网络，沧州黄骅港、邯郸国际陆港等国家物流枢纽不断强化产业组织功能，推动物流枢纽与区域现代化产业体系联动对接，国家物流枢纽加快由传统设施集群向资源配置中心和产业组织中心转型。

3. 综合立体交通网络畅达全国、联通世界

近年来，河北加快推进多节点、网格状、全覆盖的综合立体交通网络建设，海陆空三大交通通道无缝对接国家"四横五纵、两沿十廊"物流大通道。2024年，全省路网密度是全国平均水平的2倍；沿海港口货物吞吐量突破14亿吨，集装箱航线增至67条，通达180个国家和地区；铁路货运量、公路货运量分别达5.6亿吨和22.8亿吨；石家庄正定国际机场和北京大兴国际机场航空货邮吞吐量分别突破6.8万吨和32.0万吨，分别增长12.6%和25.4%。

（二）产业聚链成群夯实枢纽经济基础

"十四五"期间，河北坚持创新驱动发展，推动传统产业转型升级、战略性新兴产业融合发展和特色产业集群发展，形成传统优势产业、战略性新兴产业和县域特色产业三大枢纽偏好型产业集群，为发展枢纽经济提供了有力的产业支撑。

1. 传统优势产业夯实河北枢纽经济基础

河北制造业产业链完备，其既是钢铁、装备制造产品的生产大省，也是煤炭、铁矿石、粮食等大宗商品中转集散大省。传统产业延链补链强链，传统优势企业加快向综合服务商转型，促进钢铁、装备制造等产业链与煤炭、铁矿石等原材料供应链深度融合、一体运作，推动曹妃甸片区大宗商品交易

中心、河北钢铁交易中心、河北省再生资源智慧服务平台等建设，深化大数据应用，完善供需精准匹配枢纽功能，有助于河北提升物流枢纽组织效能，增强全球资源配置能力。

2. 战略性新兴产业拓展供应链网络

通过强化龙头带动、完善产业链条、优化产业生态，河北基本构建起"986"战略性新兴产业融合集群。产业集群化势必带动产业融合化、生态化发展。一方面，催生供应链管理、定制供应等适应柔性制造的专业化物流服务，以确保产业链供应链安全；另一方面，战略性新兴产业对供应链提出更高要求，需要与物流企业建立长期稳定合作关系，共建覆盖供应商、生产企业和营销渠道的供应链网络，共同打造跨企业、跨区域、跨行业的产业生态。

3. 县域特色产业要求供应链集成运作

当前，产业链整合效率低、抵御风险能力弱，是河北县域特色产业发展的突出短板，迫切需要以推动资源共享为抓手，以产业链供应链融合为突破，构建覆盖全产业链的"共享智造"支撑体系，打造转型升级新模式。要求搭建供需对接平台，推出一体化、柔性化、智能化供应链解决方案，引导产业链上下游对接。县域特色产业转型升级，为整合物流设施、建设枢纽型物流园区提供了有利条件。

（三）新业态新模式助力枢纽经济创新发展

"十四五"期间，河北着力强化科技赋能，在交通、物流等领域培育壮大新业态新模式，国家物流枢纽、邮政快递枢纽等各类枢纽经济载体逐步成为新业态新模式集聚融合新高地，围绕枢纽经济创新发展进行了有益探索。

1. 在数字赋能上取得新突破

新一代信息技术和智能输送分拣装卸设备得到推广应用，建成一批标准化、集成化智能云仓，初步构建起物流大数据服务体系，物流数据互联互通、共享交换进程明显加快，网络货运、数字仓库、无接触配送、低空配送等物流新模式新业态不断涌现。截至2024年，全省440余家无人驿站投入运营，布设智能快件箱超5000组。

2. 在优化组织上实现新进展

三大港口型枢纽集疏运体系日趋完善，建立健全陆海联运、多式联运体系，实现铁路专用线进码头、进园区，有力地促进河北港口由传统枢纽港向现代化综合贸易枢纽港转型。石家庄、唐山等国家物流枢纽深入实施国家综合货运枢纽补链强链，推广"一单制""一箱制"，培育壮大多式联运经营主体，推动跨省区物流专线"并线""组网"，"园区对园区""工厂下单、铁路服务"等物流新模式不断涌现。

3. 在绿色转型上取得新成效

大力支持物流枢纽场站、仓储设施、运输工具等绿色化升级改造，推广合同能源管理等节能管理模式，开展绿色物流企业对标达标行动。绿色低碳、高效节能物流技术和设施设备应用水平显著提升，不断完善充换电基础设施网络，充分保障新能源物流车辆应用。张家口、雄安新区、沧州、邯郸等地积极拓展氢能物流车辆应用场景，物流园区利用屋顶发展光伏发电，物流包装加快绿色化、减量化、可循环利用，石家庄、衡水等全国绿色货运配送示范城市引领作用不断增强。

同时，也应当看到，河北是物流大省而非枢纽经济大省、是枢纽设施大省而非枢纽经济强省的现状仍未改变，培育壮大枢纽经济还面临设施网络协同不够、产业链供应链融合不深、统筹规划不足、政策力度不强等突出矛盾，亟须进一步整合资源、强化功能、加大创新力度，推动枢纽经济高质量发展。

三 河北发展枢纽经济的总体思路

培育壮大枢纽经济需要在优化经济要素时空配置、重塑产业空间分工体系和全面提升城市能级三个维度寻求突破。

（一）以降低全社会物流成本为契机推进效率变革

以调结构、促改革为主要途径，着力建强网络、畅通末梢，通过枢纽建

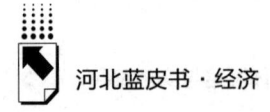

设优化调整产业布局，以促进物流资源配置效率最大化和效益最大化为主攻方向，提高全社会物流组织化程度和效率，有效降低生产、效率、流通等全链路成本。

（二）以深化产业融合为重点重构产业组织形态

顺应新一轮科技革命和产业变革，统筹推动物流业降本增效提质和制造业转型升级，着力推动物流业与制造业主体融合发展、设施设备统筹联动、业务流程一体运作、标准规范有效衔接和信息资源共享共用，促进物流业制造业协同联动和跨界融合，助力产业链延伸、供应链稳定和价值链提升。

（三）以提升枢纽城市能级为突破增强资源配置功能

发挥各类枢纽城市交通区位优势，着力推动重大基础设施和枢纽偏好型产业布局，整合存量资源、完善服务功能、集聚高端要素、强化运营管理，培育壮大"枢纽+产业"集群，推动枢纽城市向区域产业组织中心和资源配置中心转型，为新时代新型城镇化建设注入强大动能。

四 河北发展枢纽经济的实施路径

（一）围绕链接全球市场，加强资源配置能力建设

聚焦国家战略安全、"冀货出海"、构建高水平开放体系等需求，着力提升大宗商品全球配置能力、国际市场通达能力和新兴国际贸易业态集聚能力。

1. 建设全球大宗商品供应链组织枢纽

围绕打造冀津世界级港口群，瞄准秦皇岛港、唐山港、黄骅港三大港口功能定位，加快推进集装箱、液化天然气、油品、矿石、滚装、粮食、特色农产品等专业化泊位建设改造，加强集疏运体系建设，拓展货物集散、国际

中转、转口贸易、保税监管等服务功能，推动沿海港口由传统卸载港向现代物流港转型。依托沿海港口专业码头和国家物流枢纽，建立健全金属矿石、煤炭、油品、粮食等大宗商品供应链服务体系，主动对接上下游生产销售企业仓储资源，打造具有快速响应功能的大宗商品分拨配送网络，实现大宗商品物流集聚发展。支持曹妃甸建设国家铁矿石保税存储基地和保税混配基地。鼓励大宗商品运输企业调整和优化运输结构，发展铁路散粮运输、棉花集装箱运输和能源、矿产品重载运输。

2. 畅通陆海空国际物流通道

主动对接"一带一路"国际物流大通道，重点拓展唐山港、黄骅港国际矿石运输航线，稳定原油海上运输通道；依托大型航运企业的集装箱运输网络，进一步巩固秦皇岛港、唐山港日韩集装箱航线，积极开辟东南亚、东亚地区航线，拓展覆盖国内主要港口的内贸集装箱直航航线。推进中欧国际班列图定化运行，引导国际班列向境外经贸合作区、境内重点产业园区延伸，争取国家支持冀中南智能港建设中欧班列集结中心，开通面向中蒙俄、新亚欧大陆桥的国际货运班列。支持北京大兴国际机场、石家庄正定国际机场拓展国际货运航线，推广"空空+空地"货物集疏运模式，大力发展航空快递，提升国际航空货运能力。积极引导企业科学布局海外仓，鼓励各类外贸基地、跨境电子商务园区、跨境电子商务龙头企业和外贸综合服务企业，充分利用海外营销渠道和业务资源，新建或共享海外仓。支持海外仓完善物流、营销、售后等服务功能，提升服务标准化水平，为优势产业和自主品牌深耕国际市场提供支撑。

3. 集聚国际贸易新业态

推进跨境电商提质升级，深化物流枢纽与廊坊国家跨境电子商务综合试验区业务融合发展，吸引高能级跨境电商企业入驻，释放跨境电商政策潜力，与京津共建跨境电商共同体。积极申报国家市场采购贸易方式试点，简化通关流程、优化监管模式，为中小企业提供更加便捷的出口渠道，带动特色产品出口。利用大数据、区块链等技术，搭建外贸综合服务平台，为企业提供报关、物流、金融、保险等一站式服务，助力中小企业降低外贸成本，提升国际市场竞争力。推动服务贸易创新发展，积极争取北京服务业综合改革试点政策向河北延伸，培育壮大信息技术服务、文化创意服务、金融服务等服务贸易业态，构建"服务+商贸"发展新格局。扩大保税物流业务规模，通过保税加工，推动本地制造业与国际贸易深度融合，提升产品附加值。大力发展数字贸易和智慧物流，推动数字贸易平台建设，支持企业开展线上展示、交易和支付。推动国际合作园区建设，吸引外资企业入驻，促进国际产能合作。

（二）围绕深化京津冀协同，着力推动制度型先行先试

瞄准河北全国现代商贸物流重要基地功能定位，推动京津冀商贸物流产业由疏解、承接向协同布局、一体运作转变，探索建立以设施共享为导向的超大城市群商贸物流发展新模式。

1. 推动环首都物流圈提质升级

进一步加快环首都各市、县与北京商贸物流对接合作，支持廊坊巩固提升快递物流总部基地功能，加快建设商贸服务型国家物流枢纽，打造首都现代化都市圈生活服务保障基地。统筹保定、石家庄等国家物流枢纽和国家骨干冷链物流基地，打造北京区域物流功能集中承载地。加快推动京津冀三地城郊大仓基地统一布局、协同运作，健全跨行政区平急两用设施体系。立足张家口"两区"定位，建设京津冀绿色物流示范区；发挥承德"一市连五省"优势，打造京津冀、东北、内蒙古相连接的区域性物流节点城市。整合利用环首都周边县（市、区）各类批发市场、商贸流通企业现有仓储设施等物流资源，加快引进新技术、新模式、新业态，在特色农副产品、家居建材、日用消费品、医疗应急物资等领域，分类布局建设现代化物流分拨中心、仓储配送基地，完善服务功能，提升物流效率，满足便捷化、精准化、个性化、多元化市场需求，打造环首都1小时生活保障物流圈。

2. 探索与京津共建枢纽经济示范区

打造我国超大城市群及周边地区商贸物流一体化发展试验区，以资源共

享、业务协同、一体运作为主攻方向，着力加强体制机制创新，进一步降低商贸物流制度性交易成本，以成本洼地塑造产业高地，为超大城市群物流一体化运作积累经验、提供示范。按照"一张蓝图干到底"思维，统筹京津、廊坊及周边地区物流产业，在"十五五"期间探索开展跨行政区域商贸物流发展规划统一制定工作。搭建国家级公共信息平台，依托廊坊物流枢纽叠加城市算力优势，充分利用人工智能技术，搭建首都都市圈商贸物流人工智能服务平台，整合北斗导航、城市配送线路、商贸物流大数据等资源，构建以人工智能技术为底座的一体化运行网络。按照北京大兴国际机场合作共建模式，推动物流枢纽公共服务设施共建、共享、共用。

（三）围绕集聚要素资源，搭建供应链组织平台

着力增强要素聚集能力和产业组织能力，推动各类枢纽经济载体完善服务功能、强化承载能力，加快向供应链组织平台转型。

1. 提升枢纽能级

围绕构建现代物流与生产力布局协同发展新模式，推进重点产业基地、产业集群与物流枢纽、综合货运枢纽、航空枢纽、邮政快递枢纽等统筹布局，集约布局城郊大仓基地、国家骨干冷链物流基地等大型仓储物流设施，积极探索"产业集群+物流枢纽"协同发展模式，构建规模化组织、一体化运行的服务网络。提升石家庄、雄安新区、唐山—秦皇岛、邯郸等全国性综合交通枢纽城市发展能级，高效衔接各类交通运输方式。支持雄安、廊坊、石家庄等国际邮政快递枢纽承载城市和唐山、保定等全国性邮政快递枢纽承载城市，完善产业集群服务功能，拓展"快递+产业"集群发展模式。

2. 升级物流园区功能

推动物流园区资源整合，加强物流园区布局与国土空间规划衔接，完善园区周边路网设施，推动中小型物流企业向园区转移。推动主城区物流园区外迁，支持大型物流园区完善"一站式"公共服务功能，加快向供应链集成运作中心转型。推进示范物流园区改造提升，引导示范物流园区搭建物流

信息平台、网络货运平台，支持有条件的物流园区提供产业孵化、技术转化、供应链解决方案等，发挥要素集聚与引领示范作用。支持物流园区业主单位组建物流园区联盟，推动物流枢纽（园区）间业务协作、标准互认、集中采购、统一招商，实现业务对接、设施联通、功能联合和资源共享，形成全省物流园区骨干网络。

3. 搭建融合创新平台

建设新一代电子商务园区，持续提升国家电子商务示范基地公共服务能力，推动电子商务与生产制造、商贸流通、民生服务等产业深度融合。围绕文创旅游、数字消费等现代服务业领域，加快建设一批电子商务服务产业园。推动商品市场转型升级，支持农产品市场搭建产销对接平台、创新流通方式。支持工业品市场完善体验消费场景，加快跨界转型。支持生产资料市场提升采购、生产、销售、物流一体化运作能力，打造供应链新平台。

（四）围绕做强城市经济，打造城市枢纽经济区

充分发挥枢纽经济重构城市空间、赋能产业升级的作用，结合城市更新，一体规划、同步推进枢纽经济区建设。

1. 强化重点城市功能定位

着眼城市所长、国家所需，围绕建设京津冀世界级城市群，统筹推进国家级枢纽城市与国家现代化流通战略支点城市、国家现代商贸流通试点城市建设，进一步强化城市聚流、引流、导流、控流能力。支持石家庄依托国家物流枢纽、自贸试验区、综合保税区、跨境电商综合试验区等平台，打造全国重要的现代商贸物流中心和冀中南流通走廊；支持唐山和秦皇岛构建双港引领、双城联动、协同京津、链接全球、内畅外联的现代交通网络，建设环渤海物流发展示范区和东北亚流通组织枢纽；支持廊坊聚焦实现"物流愿景"，建设全球商贸物流中心城市。

2. 多规合一推进载体建设

鼓励和支持各设区市按照"多规合一"原则，将物流园区建设纳入城市总体规划，在编制市政、交通、电力、公共安全等相关基础设施专项规划时，应当考虑枢纽经济设施建设需要。支持有条件的设区市依托国家物流枢纽、物流园区、电商产业园等，规划建设枢纽经济区。发挥枢纽经济区公共服务设施优势，着力吸引国内外龙头企业入驻，拓展枢纽经济市场空间。

五 河北发展枢纽经济的对策建议

发展产业联动融合更紧密、区域辐射带动能力更突出、发展特色更鲜明的枢纽经济，是我国推进物流强国建设的一项重大创新性举措。河北作为全国现代商贸物流重要基地，应当强化责任担当，在发展枢纽经济上走在前、做示范。

（一）加强组织领导，建立健全合力推进工作机制

将培育壮大枢纽经济作为物流强省建设的重要内容，研究制定枢纽经济发展规划，建立健全部际联席会议、督导考核、督促评估等制度，完善跨行政区域统筹协调机制。

（二）加大政策扶持力度，持续优化枢纽经济发展环境

在用足用好用活国家有关政策的基础上，争取国家"两重""两新"政策支持。突出枢纽设施的基础性、公共性功能，统筹优化用地布局，保障物流重点项目用地，降低用地成本。支持有条件的设区市探索使用不动产投资信托基金（REITs）盘活物流存量资产，发展枢纽经济。

（三）强化人才支撑，完善枢纽经济智力支撑体系

鼓励和支持省属高校、科研院所，依托优势学科和研究专长，积极开展枢纽经济研究。支持行业协会整合资源，搭建枢纽经济产学研交流平台。

参考文献

《【物流产学研结合工作会展播】汪鸣：培育发展新质生产力与物流枢纽经济区建设思路》，中国物流学会网站，2024年5月28日，https：//www.baidu.com/link？url＝X80CC1gIa19JarKeNgP8jQE-t8Xztqah5hr4WYUv0uT4gO4OHjUPAUwQ1x8IMGW5OdhudYJjhnnICOO9bTIBUq&wd＝&eqid＝a90da14e000493370000000367d9b337。

B.17 "十五五"时期石家庄市低碳发展面临的机遇挑战和发展策略研究

王哲平　张金杰　梁世雷　赵大密[*]

摘　要： 实现碳达峰、碳中和是一场广泛而深刻的经济社会系统性变革，将使政府行为、企业行为和个人行为发生根本变化。石家庄在当前和今后较长一段时间内面临提升城市综合实力和竞争力的艰巨任务，为探索石家庄在"双碳"目标下实现环境保护和经济发展双赢路径，本报告研究了"双碳"目标下区域发展逻辑的变化，分析"双碳"目标下石家庄面临的机遇和挑战，明确提出石家庄应对挑战、抓住机遇的五大策略，同时有针对性地提出对策建议。

关键词： "双碳"目标　低碳发展　石家庄

2020年9月，习近平主席在第七十五届联合国大会一般性辩论上指出，中国将提高国家自主贡献力度，采取更加有力的政策和措施，二氧化碳排放力争于2030年前达到峰值，努力争取2060年前实现碳中和。[①] 党的二十大报告明确提出"积极稳妥推进碳达峰碳中和""积极参与应对气候变化全球治理"。实现碳达峰、碳中和是一场广泛而深刻的经济社会系统性变革，将

---

[*] 王哲平，河北省宏观经济研究院研究员，研究方向为统计学；张金杰，河北省宏观经济研究院研究员，研究方向为区域经济；梁世雷，河北省宏观经济研究院研究员，研究方向为区域经济；赵大密，河北省宏观经济研究院研究实习员，研究方向为数量经济。

[①] 《中国减排承诺激励全球气候行动》，中国政府网，2020年10月12日，https://www.gov.cn/xinwen/2020-10/12/content_5550452.htm。

使政府行为、企业行为和个人行为发生根本变化。石家庄是京津冀世界级城市群的重要组成部分,"十五五"时期面临在实现全市"减碳"背景下,提升城市综合实力和竞争力的艰巨任务。为此本报告分析了石家庄"双碳"目标背景下区域发展逻辑的变化,研究"双碳"目标下石家庄面临的机遇和挑战,明确提出石家庄应对挑战、抓住机遇的五大策略,同时有针对性地提出对策建议,为市委、市政府提供决策参考。

一 "双碳"目标引发的区域发展逻辑变化

"双碳"目标不仅实现时间短,而且伴随工业化城镇化的快速发展,因此,我国实现"双碳"目标需要采取超常规举措。同时,在我国能源消费结构中,煤炭占比高达70%,因此我国的"双碳"目标实现路径必然是一个能源供给端、消费端和固碳端共同发力的过程,在这个过程中区域发展逻辑必然会发生变化。

(一)产业体系的重构

产业是能源消费的重要领域,"双碳"目标下能源消费端的低碳化发展势必会带来产业体系的重构。

1. 绿色低碳成为产业发展的主要趋势

自20世纪中期西方发达国家遭遇能源危机以来,美国、日本等国开始率先关注以绿色能源为代表的绿色新兴产业发展。进入21世纪后,我国传统的粗放式发展模式造成资源日益紧缺,大气污染和生态环境破坏严重,在创新、协调、绿色、开放、共享的新发展理念引导下,绿色低碳产业成为新时代谋求产业结构调整和经济可持续发展的新方向。未来,为更加有效应对气候变化,如期实现"双碳"目标,世界各国都将持续推进产业绿色低碳化和绿色低碳产业化,努力实现产业发展和环境保护的双赢。

2. 技术创新成为产业发展的主要动力

在"双碳"目标下,传统产业发展模式不可持续,区域产业结构发生根本变化，产业发展的推动要素随之发生变化，储能，氢能，燃料电池，碳捕集、利用与封存技术需要加强研发创新，重大前沿技术和颠覆性技术亟待快速突破，科技创新和技术资金成为产业发展的重要支撑。

3.产业布局呈现新特点

数十年来，全球产业发展遵循效率优先的逻辑，在布局上呈现单领域、单环节的特点。一方面，产业将布局在资源能源效率更高的区域，如可再生能源集中区域布局的能源消纳产业；另一方面，一些能够形成能源梯度利用格局的产业，或者实现资源、废弃物跨界综合利用的产业也会集中布局，产业布局出现耦合化、融合化的新特点。

（二）能源体系的重构

在"双碳"目标下，原有的能源体系面临重构，主要表现在以下几个方面。

1.低碳和安全成为能源供给的新目标

能源是经济社会发展的基础，能源安全是区域安全的核心和关键，保障国家能源安全，不仅是我国能源发展需要解决的根本问题，更是涉及经济社会发展全局的战略性、系统性问题。能源活动又是碳排放的主要来源，能源体系的高质量发展必须以绿色低碳为方向，因此在这种情况下，未来能源体系发展的目标将聚焦在统筹低碳与安全上，推动能源绿色低碳发展和能源安全稳定供应相辅相成、辩证统一。

2.能源结构呈现新特点

从能源供给结构来看，"双碳"目标下能源体系重构的核心在于能源结构的重构，即能源结构加快从高碳向低碳转变。截至2023年6月，我国可再生能源装机容量达到13.22亿千瓦，历史性超过煤电，约占我国总装机规模的48.8%。基于新型能源供给特点，特别是我国能源资源禀赋条件，未来能源供给结构将彻底改变原有的单一能源依赖的特点，重视传统能源与新能源的深度融合发展，在稳住化石能源生产和保底供应能力的同时，加快传统能源的清洁高效利用，推动风光水火储多能互补，强化源网荷储一体化，推进能源产业全链条协同合作。从能源消费结构来看，绿色电能替代碳基能源，将成为能源消费的新趋势。

3. 数智化成为能源管理的新方向

传统能源行业仅关注瓦特流，"发—输—配—储—用"节点之间彼此孤立，难以协同，导致电力生产效率低，且全链路存在大量"哑设备"，依靠人工维护，设备运维效率低。随着新一代信息技术的不断突破，能源管理引入人工智能、大数据、物联网等数字技术，将电力电子技术与数字技术创新融合，在瓦特流的基础上加入比特流，用"比特"管理"瓦特"，实现全链路数字化和智能化，大幅提升电力生产效率、运维效率、能源效率。

（三）基础设施体系的重构

基础设施贡献了全球约70%的碳排放总量，"双碳"目标对区域基础设施体系的影响是巨大且深远的，主要表现在以下几个方面。

1. 生态效益成为基础设施体系建设的新目标

我国生态文明建设驶入快车道，基础设施体系绿色化改造和环境基础设施体系建设步伐不断加快，"十四五"规划更是明确提出打造系统完备、高效实用、智能绿色、安全可靠的现代化基础设施体系，经济效益、社会效益、生态效益与安全效益相统一成为现代基础设施体系建设的新目标。

2. 新型化智能化成为基础设施建设的新趋势

伴随生态效益成为基础设施建设的新目标，绿色低碳成为基础设施体系建设的新方向，基础设施供给结构、建设运营方式呈现新趋势。从能源设施来看，风、光、水等可再生能源设施替代火电设施成为能源供给的主要设施，充电设施等新型设施不断涌现。从交通领域来看，区域内快速便捷的公共出行设施在交通设施中的比例不断提高。从环境基础设施来看，碳捕集和碳汇设施建设将不断得到强化，同时基础设施智能化成为发展新趋势。

3. 强化跨区域跨领域协同成为基础设施布局的新方向

在"双碳"目标下，基础设施跨领域协同发展的趋势更加明显，同时在"双碳"目标下，基础设施建设也逐渐打破地区分割，向着区域协同一体的方向发展。

二 "双碳"目标下石家庄发展面临的机遇与挑战

"双碳"目标引发的区域发展三个重构，使得区域传统增长模式、战略资源、优势要素、发展路径都将发生改变。

（一）为石家庄培育新增长点

"双碳"目标引发的能源结构和产业结构重构，使得许多新兴产业发展面临巨大的商机，新赛道产业正在逐渐形成，为石家庄培育新增长点带来难得的机遇。

1. 相关产业市场空间扩大

绿色低碳转型催生各类新业态、新技术，石家庄迎来巨大的发展机遇。

一是可再生能源产业。在"双碳"目标下，可再生能源产业是极具发展前景的产业。据国际能源署报告预计，2023年全球将有3800亿美元的投资流向太阳能领域，投资额将首次超过石油领域，全球风力发电量将同比增长约70%。2024年全球可再生能源总产能将达到4500吉瓦，到2030年，全球只有平均每年新增1000吉瓦的可再生能源装机容量，并大幅增加直接使用可再生能源的终端数量，才能实现雄心勃勃的气候目标。从国内来看，"十四五"规划明确提出，到2025年我国光伏、风能、水电装机容量将分别达到4.6亿千瓦、4.8亿千瓦和4.2亿千瓦。新能源的快速发展，使得包括发、储、输以及装备在内的新能源全产业链发展面临巨大的市场机遇。

二是氢能产业。根据国际氢能委员会发布的报告，预计到2030年，全球氢能领域的投资将激增至5000亿美元。据国际氢能委员会预测，到2050年，全球氢能产业将创造3000万个工作岗位，减少60亿吨二氧化碳排放，创造2.5万亿美元的市场规模。从2018年开始我国氢气年产量已超过2000

万吨，预计到2030年我国氢气需求量将达3715万吨，2050年氢气市场规模将达7542亿元。

三是能源和绿色低碳装备产业。在"双碳"目标下，新兴产业发展和传统产业绿色低碳化改造都对装备产业提出新需求。装备产业发展前景广阔，除了可再生能源产业链和氢能产业链涵盖的光伏、风能等新能源装备以及制氢、储氢、运氢装备外，诸如新能源汽车、化学储能电池、充电桩、节能减碳装备、固碳和碳回收装备等都将迎来发展的黄金期。2022年，我国新能源汽车保有量同比增长93.4%，据预测到2030年国内新能源汽车保有量将突破1亿辆；根据iFinD预测，2025年我国充电桩数量将达到2257万台，较2022年增加1305万台；根据恒州诚思发布的电化学储能市场分析报告，2022年全球电化学储能市场规模已达到约360亿美元，预计到2026年将增长到660亿美元。

四是绿色低碳应用服务业。除了制造业以外，"双碳"目标的实现也有助于包括碳交易、碳金融、碳资产、碳咨询、碳培训等相关服务业的发展。以碳金融为例，全国碳市场在完成电力、石化、化工、建材、钢铁、有色、造纸、航空八大行业覆盖后，市场的配额总量可能会从目前的45亿吨扩容至70亿~80亿吨，覆盖我国二氧化碳排放总量的60%左右。按照目前的碳价水平，到2030年碳达峰时，累计交易额有望达到1000亿元。

2. 石家庄具备发展相关新兴产业的基础和条件

当前，国内各地纷纷抢滩布局"双碳"相关产业，石家庄具备发展"双碳"相关产业的条件。

一是具备相关产业发展的企业基础。目前，石家庄拥有多家具有一定话语权和影响力的骨干企业，是石家庄抢占产业发展机遇，以点带链培育新兴产业的基础。石家庄通合电子科技股份有限公司是国内充电模块第一梯队企业，是最早推出"国网标准化"20kW充电模块的厂家之一。2022年国家电网集采中，通合充电模块的用量占比高达70%以上。科林电气是我国电力行业及电气行业的知名企业，拥有完整的配电、变电、用电设施。在充电领域，科林电气不仅生产充电桩，还自主研发了充电桩云平台，同时为电动

"十五五"时期石家庄市低碳发展面临的机遇挑战和发展策略研究

汽车充电站提供设计、生产、施工、售后、运维一站式服务，在国内充电行业具有相当的影响力。中集安瑞科，以制造储运设备为主，其储氢领域布局涵盖气氢和液氢储氢设备制造。公司液体罐箱产销量居世界前列，低温运输车及低温储罐市场占有率国内领先，LNG 接收站大型储罐、LNG 加气站模块化产品及 CNG 加气站在国内市场占有率均排名前三。

二是具备相关产业发展的市场空间。石家庄市域总面积达 1.58 万平方千米，2022 年末全市常住人口达 1122.35 万人，市辖 8 区 14 县（市），是全国特大城市。同时石家庄产业基础雄厚，是"一五"时期国家重点建设的工业城市，石家庄庞大的城市规模以及传统产业主导的产业结构，使其"双碳"目标任务繁重，但是同时相关市场空间巨大。以电动汽车为例，2022 年底，石家庄电动汽车保有量超过 10 万辆。为支撑新能源汽车产业发展，石家庄还提出到 2025 新建公用充电桩 1 万个，满足 15 万辆电动汽车充电需求，形成半径 2 千米充电服务圈。同时石家庄还是冀中南中心城市，正在规划建设的石家庄都市圈涵盖石家庄、邯郸、邢台、衡水四个设区市和保定的定州市。从都市圈发展的一般规律来看，中心城市大多是都市圈的服务中心和制造龙头，加之邯郸、邢台、衡水等地产业低碳转型的任务比较艰巨，石家庄都市圈的建设也为石家庄相关产业发展提供了巨大的市场空间。

三是具备相关产业链联动布局的区位条件。石家庄是京津冀世界级城市群的重要组成部分，京津两地汇聚了大量绿色低碳产业发展要素资源。例如，北京在大兴建设国际氢能示范区，已经汇聚了一批氢能相关企业，正在着力打造氢能科技研发先行区、氢能高端产业集聚区、全球绿氢标准制定引领区。天津着力发展新能源和智能网联汽车产业，提出打造北方重要的新能源汽车生产基地和全国重要的智能网联汽车示范应用与成果转化城市。随着京津冀产业链创新链的不断融合，京津冀世界级制造业集群建设的不断加快，石家庄迎来了与京津共建绿色低碳产业链的机遇。邯郸、邢台也具备发展新兴产业的基础，依托中国船舶重工集团公司第七一八研究所，邯郸氢能产业快速发展，绿色氢能产业园加紧建设，邢台的光伏产业发展迅速。伴随

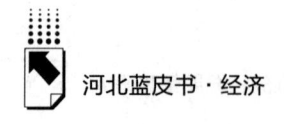

产业链区域化布局的趋势，石家庄都市圈产业协同发展步伐加快，石家庄具有与周边共建绿色低碳产业链的优势。

（二）为石家庄建设新型基础设施体系带来机遇

在"双碳"目标下，基础设施体系重构，新型基础设施建设不断提速，为石家庄建设新型基础设施体系提供了有利条件。

1."双碳"目标下新型基础设施体系建设提速

随着"双碳"目标的提出，新型基础设施建设进入加速期。据中国宏观经济研究院预测，到2025年，我国新基建领域累计直接投资将达到13.9万亿元，带动的投资规模将超过21万亿元。

一是相关新型能源设施迎来快速发展期。碳达峰、碳中和目标提出后，我国风电和光伏发电每年新增装机规模超过1亿千瓦。自2023年以来，我国特高压电网将迎来新一轮建设高峰，开工建设"四交四直"特高压工程，加快推进"一交五直"等特高压工程前期工作，同时加快推进"二十四交十四直"建设。

二是新一代信息技术基础设施建设加快。"双碳"目标的提出，从客观上推动了新一代信息技术的发展。推进5G网络全面覆盖和升级的任务仍很艰巨，5G基础设施建设仍将加强。中国工业互联网正步入规模化发展新阶段。随着云计算技术的不断发展，数据中心数量不断增加。

三是传统基础设施加快转型升级。"双碳"目标对传统基础设施体系的改变是颠覆性的。城际高速铁路和城际轨道交通将迎来一个快速增长的时期，区域环境基础设施建设将不断得到强化，特别是涉及碳捕集和碳汇的新型基础设施将不断涌现。

2.石家庄城市和区位条件为加快建设新型基础设施体系带来机遇

新型基础设施建设已经成为全国各地的普遍趋势。京畿重地、省会城市的功能区位为石家庄建设新型基础设施提供了有利条件。

一是特大城市的功能定位为石家庄建设新型基础设施提供了有利条件。从新型基础设施建设情况来看，特高压电网、城际高速铁路和城际轨道交通都优先满足特大城市、都市圈、城市群等人口密集地区的需要。创新基础设施主要布局在创新要素比较集中的地区，新一代信息基础设施、新能源消费设施、环境基础设施等则大多在条件较为完善的先行先试地区。石家庄是人口超500万人的全国特大城市，是河北省省会，是石家庄都市圈核心城市，特殊的城市功能和定位为石家庄率先建设新型基础设施体系提供了机遇。

二是京津冀世界级城市群重要组成部分的特殊区位为石家庄建设新型基础设施体系提供了有利条件。京津冀是我国三大战略功能区之一，不仅具备建设新型基础设施的资金、技术、人才和资源等有利条件，而且具有建设新型基础设施的巨大需求，是全国新型基础设施建设的核心区域。作为京津冀世界级城市群中的重点城市，石家庄面临京津冀协同发展、高标准建设新型基础设施、全面提高城市吸引力和承载力的机遇。

（三）为石家庄高质量发展要素供给带来挑战

受多重因素影响，石家庄技术、资金、人才等发展要素自给能力较弱。要素供给不足成为"双碳"目标下石家庄绿色低碳发展面临的最大挑战。

一是创新能力较弱。科学技术部和中国科学技术信息研究所发布的《国家创新型城市创新能力监测报告2022》，对全国103个创新型城市创新能力进行了综合评价，石家庄仅居第47位。2022年，石家庄R&D经费投入强度仅为2.52%，不及全国平均水平，在省内也低于保定和秦皇岛。

二是人才集聚能力薄弱。《中国城市人才吸引力排名》数据显示，在中国最具人才吸引力城市百强中，石家庄的排名有所下降，人才吸引力明显下降。石家庄高层次人才培养引进能力比较薄弱。同时由于邻近京津等特大城市，加之城市综合实力较弱，石家庄对人才的集聚能力十分有限。

三是资金供给不足。2022年，石家庄一般公共预算收入为689.8亿元，全年一般公共预算支出为1250.4亿元，支出是收入的将近两倍，政府财力十分有限。自2023年以来，上海、西安、杭州、广州等相继推出超千亿元

的政府引导基金，与这些城市相比，石家庄政府引导基金的数量和规模有明显差距，对社会资本的吸引力明显不足。

三 "双碳"目标下石家庄抓住机遇、应对挑战的策略

"双碳"目标既是重大任务，也是区域高质量发展的题中之义，是未来区域发展的"必答题"。石家庄要深刻认识"双碳"目标对区域发展产生的全面性、系统性影响。根据"双碳"目标时间紧、任务重、难度大、要求高的特点，依托区域发展基础和要求，切实把握机遇，有效应对挑战，聚焦重点领域、重点环节、重点区域，有针对性地实施五大策略。

（一）绿色低碳产业"抢滩"策略

"双碳"目标引发产业变革，绿色低碳产业驶入发展的快车道，新能源、低碳环保装备、低碳服务等产业呈现爆发式增长态势。石家庄要依托自身条件，聚焦新产业和新商业模式，着力实施绿色低碳产业"抢滩"策略。一是委托专业研究团队，深入研究分析相关绿色低碳产业市场空间、国内外产业链布局、石家庄产业基础和市场条件，遴选石家庄绿色低碳产业发展的切入点和突破口。二是推动绿色低碳产业强点、组链、成群、建圈。围绕细分行业，每个行业遴选1~2家"链主"型企业，"一企一策"培育壮大。围绕细分行业产业链，有针对性地引导本地相关企业对接协作或引进相关配套企业，组建绿色低碳产业链，打造优势产业集群。围绕绿色低碳产业链，推动相关行业联动融合发展，构建绿色低碳产业生态圈。三是完善绿色低碳产业"抢滩"推进机制和配套支持政策。针对细分行业，成立由政府领导，相关部门、重点区域、行业协会和骨干企业参加的推进小组，围绕行业发展需求，研究出台有针对性的配套支持政策。适时调整全市产业空间布局，谋划建设绿色低碳产业园区。

（二）新型基础设施"出圈"策略

在"双碳"目标提出后，我国的新基建建设便驶入快车道。石家庄具

备高标准建设新型基础设施的有利条件，要紧抓"双碳"目标下新型基础设施加快建设的机遇，充分利用其特殊区位条件，紧紧围绕自身需求，着力实施新型基础设施"出圈"策略。一是全面对标北京、天津、上海等一线城市建设标准，紧跟未来城市建设趋势，全面提高城市基础设施建设水平，超前谋划建设高水平网络基础设施、高能级创新基础设施、高性能新能源基础设施、高质量交通基础设施等。二是重点关注国家骨干节点新型基础设施布局，积极创造条件，努力争取国家骨干节点新型基础设施在石家庄布局，大力推进国家试点示范新型基础设施建设。三是加大要素支持力度，统筹工业和区域用能指标，加大对新型基础设施重大项目指标的支持力度，对符合国家战略和具有重要功能的项目给予适当倾斜。支持相关金融机构实施新基建优惠利率信贷专项，研究制定本市新型基础设施相关鼓励支持目录，引导各类创投基金和产业基金投入，鼓励民间投资和外资参与新型基础设施建设。

（三）重点区域领域"示范"策略

京津冀既是全国生态环境问题最为突出的地区之一，也是全国生态环境要求最高的地区之一，"双碳"目标任务重、社会影响大。作为京津冀区域重点城市，石家庄要勇于探索，着力实施重点区域领域"示范"策略。一是因地制宜、因业制宜、分类开展试点示范，聚焦能源转型、产业升级、循环经济、低碳交通、绿色建筑、海绵城市、生态碳汇等重点领域，选取基础较好的区域开展专项试点示范；围绕产业园区、居民社区、建筑楼宇、企事业单位等，开展综合性试点示范，统筹协调能源、工业、新基建、城乡建设、交通、循环经济、科技创新、碳汇等领域，加快形成绿色生产生活方式，打造体现区域特色的碳达峰、碳中和新高地。二是鼓励支持试点示范区域创新体制机制，梳理各级各类试点示范中的体制机制障碍，大胆创新，谋划研究创新性解决举措。积极争取各级各类试点示范政策。三是建立试点示范推进机制。试点建设工作在石家庄市碳达峰碳中和工作领导小组的指导下展开。石家庄市发展改革委负责统筹协调，各区政府、园区管委会负责本区

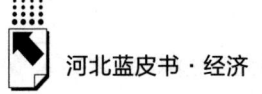

域、园区范围内试点建设的协调工作。建立试点项目动态跟踪机制，各试点创建主体负责具体实施。

（四）战略要素资源"支撑"策略

"双碳"目标实现的艰巨性使得石家庄比其他地区对高端要素的需求更加迫切，因此石家庄必须站在"集聚区域战略资源，积蓄未来发展潜力"的高度，舍得下本钱，放得开手脚，着力实施战略要素资源"支撑"策略。一是仔细梳理、认真研究全市"双碳"目标实施中资源要素集聚的障碍，集中全市资源和力量，有针对性地解决。二是充分认识石家庄城市吸引力不足的客观事实，在吸引技术、资金、人才方面，研究出台在全国具有首创意义的措施，补齐城市吸引力不强的短板，有效集聚各类高端要素。三是紧跟高端要素集聚需求变化趋势，全面完善城市现代化设施，营造城市浓厚的文化氛围，优化城市生态环境，建设一流营商环境，营造有利于高端要素集聚的软硬环境。

（五）跨区域跨领域"融合"策略

石家庄必须瞄准区域协调、产业融合两大方向，加快产业融合新模式新业态发展，着力实施跨区域跨领域"融合"策略。一是深入推进与京津产业链创新链融合，争取在氢能装备、充电设施等具有一定基础的领域引进京津技术、人才、资金。面向绿色低碳发展需求，引进京津高端产业发展要素，实现产业"无中生有"。二是强化与邯郸、邢台、衡水、定州、辛集等地联系，深入分析各地绿色低碳产业发展条件，优化产业链各环节，努力共建绿色低碳产业链。三是强化与周边可再生能源和生态资源富集地区的合作，创新跨区域可再生能源和生态资源市场化配置方式。四是推动钢铁、化工、建材三大产业转型升级，以三大产业功能定位和综合效益为依据，统筹运用产业发展规模指标、能耗总量指标和碳排放总量指标，谋划建设钢化联产示范区，有序开展钢铁替代水泥行动，扩大钢铁消费市场规模，同步调整钢铁和水泥产业结构。

四 "双碳"目标下石家庄抓住机遇、应对挑战的对策建议

为在"双碳"目标下有效应对挑战、抢抓机遇，石家庄提出以下四项对策建议。

(一) 关于推进氢能装备产业发展的建议

在"双碳"目标下，氢能装备作为氢能产业的核心支撑，正加速开启万亿级市场新蓝海。石家庄氢能装备产业发展起步较早，在细分行业具有领先优势，具备通过强点组链实现集群化发展的基础条件。建议石家庄加强前瞻性部署和系统性谋划，积极抢占氢能装备产业新赛道，加快培育氢能装备产业集群，聚力打造经济新增长点。一是建立氢能装备产业发展工作推进机制，组建氢能装备产业发展工作领导小组，制定氢能装备产业集群建设工作方案，设立氢能装备产业项目策划招商专班，成立氢能装备产业专家委员会，建设氢能装备企业发展联盟，构建上下联动、高效协同的推进机制。二是培育本土"链主型"企业，以石家庄安瑞科气体机械有限公司、中集合斯康氢能发展（河北）有限公司等本土优势企业为重点，实行市级领导分包责任制，构建"一企一案、一企一策"服务机制，加大企业培育扶持力度，推动其尽快发展为氢能装备"链主型"企业。三是完善氢能装备产业链条，大力招引一批延链补链强链龙头企业，精准引入一批关键零部件和材料生产企业，推动本土企业研发生产氢能装备配套产品，做强氢能储运装备这一优势领域，补齐制氢和用氢装备两大短板。四是抓紧谋划建设氢能装备产业园，按照一流规划、一流设施、一流产业、一流配套、一流环境、一流服务的要求，高标准规划建设氢能装备产业园，强化资源要素保障，推动企业、项目、资金、人才等向园区集聚。五是制定促进氢能装备产业发展的若干政策措施，围绕氢能装备企业培育、招商引资、项目建设、技术研发、应用示范等领域，综合运用财税、金融、价

格、政府采购等政策工具,制定专项支持政策。六是积极推进氢能装备应用示范,积极创建国家燃料电池示范应用城市群,支持石家庄安瑞科气体机械有限公司等企业牵头实施绿电、绿氢、绿城等示范项目,推动氢能园区、零碳企业、氢能热电联供、综合加能站、制加氢一体站等示范项目建设,打造氢能装备多元化应用场景。

(二)关于加快建设光储充放一体化智慧能源设施的建议

自2022年以来,石家庄新能源汽车进入爆发性增长阶段,但公共充电设施建设严重不足,充电难的问题日益突出。同时,随着光伏产业的快速发展,光伏发电电网接入和消纳不足的问题逐渐凸显。建设光储充放一体化智慧能源设施是完善充电基础设施和打通光伏发展堵点的重要手段,为加快智慧能源服务设施建设,本报告提出如下建议。一是根据不同区域、不同应用场景,分类开展应用示范。因地制宜打造城市公共停车场、商场快充、超充应用场景,园区"工商储能+充电桩"应用场景,城市近郊高周转利用应用场景,农村集中储能带动分布式光伏发展应用场景等,开展试点示范,积极探索多元化发展路线。二是支持依托智慧能源服务设施建设微电网,研究出台分布式清洁能源发电就近利用的电价机制,支持光伏企业与智慧能源服务机构进行直接交易。三是建立由充电桩储能设备组成的智慧调度平台,建立健全微电网与公用大电网之间的交易结算、运行调度等机制。四是研究制定新型储能项目享受建站容量电价补偿机制,出台充电桩补贴标准,建立智慧能源服务设施运营补贴机制。五是提高峰谷调整频率,将原来的"一峰一谷",调整为白天午间波峰、晚上睡前波峰,其他时间为波谷的"两峰两谷"。将峰谷电价由1:3提高到1:5以上,保障服务设施合理盈利空间。

(三)关于打造充电装备制造产业基地的建议

充电设施是助力"双碳"目标实现的重要基础设施,充电装备制造产业是具有广阔发展前景的新蓝海,石家庄具备充电装备制造产业发展的良好基础和巨大的市场空间，要牢牢抓住产业发展的窗口期，进一步壮大充电装备制造产业，打造充电装备制造产业基地，构筑产业发展新引擎，加快经济社会绿色转型。一是全力推动企业迈向全国"第一梯队"。采取"一企一策"的方式，下大力气推动科林电气、石家庄通合电子科技股份有限公司等龙头企业做大做强，打造具有较强竞争力的行业头部企业。通过设立北方基地等方式，引进一批知名充电装备制造龙头企业。二是尽快补齐产业链短板。面向深圳、上海等地，开展精准招商，引进瑞可达、英飞凌等一批产业链上游重点企业项目。引导相关市内优秀企业，积极在封装壳体、充电枪等元器件制造环节布局，实现供应链本地化和产业"内循环"。三是鼓励企业向充电服务领域进军。引导有实力的充电装备制造企业创新商业运营模式，迈入充电经营服务领域，并发挥专业特长，发展智能充电站、光储充一体化系统等。四是谋划建设"电充之城"。开展全域充电装备应用场景建设，强化产业供需联动。制定充电设施的建设布局规划和建设运营管理办法，明确充电设施建设空间、规模和时序，规范充电设施建设运营方式方法。在市区公共服务场所、城郊接合部、搬迁合并重点村等逐步完善充电设施，打造便捷充电示范城市。五是加大政策精准扶持力度。设立"电充石家庄"建设专项资金，对充电装备制造及服务产业发展给予资金支持。谋划建设新能源装备产业园，推进充电装备制造在内的新能源装备企业向园区集聚。分别对充电站直流桩、交流桩建设制定相应的补贴标准，建立充电站运营电价补贴机制，最大限度降低充电站建设和运营成本。

（四）关于推动"零碳小镇"建设的建议

石家庄"脱碳"任务艰巨，且处在建设万亿级城市的关键时期，谋划建设"零碳小镇"是石家庄探索发展新路径、培育发展新动力、拓展城市发展新空间的重要举措。建议聚焦"双碳"目标，适应石家庄打造万亿级城市的客观要求，结合全市新型城镇化、乡村振兴等战略部署，谋划建设3个"零碳小镇"，多领域多层次开展"近零碳""零碳"先行示范。一是东部制造业"零碳小镇"。立足生物医药千亿级产业集群建设任务，对标国内外先进"零碳园区"，在高新区国际医药产业园开展零碳试点，着力推动园区绿色低碳智慧能源系统建设，着力建设零碳企业，探索生物医药产业绿色低碳创新发展之路。二是城市片区"零碳小镇"。抓住城市空间拓展和城市经济发展的机会，在滹沱河经济带选取适宜区域打造城市片区"零碳小镇"，着力完善小镇绿色低碳能源系统，着力打造绿色低碳交通系统，积极培育低碳零碳服务业，全面推广低碳生产生活方式，探索"双碳"目标下城市服务业转型发展路径。三是西部山区文旅休闲"零碳小镇"。立足西部山区资源禀赋，坚持"三生融合"建设原则，依托西柏坡景区，在平山谋划建设"零碳小镇"。在景区、旅游示范区及旅游重点村镇中，融入生态元素，着力构建清洁能源体系、开发零碳应用场景、提升碳汇能力，探索"清洁能源+旅游"发展模式。

参考文献

《重工业之城，直面双碳挑战》，"人民融媒体"百家号，2022年11月7日，https：//mbd.baidu.com/newspage/data/landingsuper？id＝1748782007870190723&wfr＝spider&for＝pc&third＝baijiahao&baijiahao_id＝1748782007870190723&c_source＝kunlun&c_score＝0.999100&p_tk＝3792ZBdXiItXcns48sTII0bOy6RGi429iSnD5U15J％2FbD55d0fwIksaINiiQdz7DYYNBdecLrDLubO3cotxnV7CeRnZISY8JfHjEwMxVqi7uw0TnJCAOOraVrXsStKXq3HIVPe4T4jUuvzB0G2DQ7d％2BvYnL％2Brh5z7uU6IjsbIHOFopnk％3D&p_timestamp＝1733105589&p_sign＝c1de3598553cc75fb8d8abebd1563292&p_signature＝dff237ad61dada6346f7e62445448d72＆__pc2ps_ab＝3792ZBdXiItXcns48sTII0bOy6RGi429iSnD5U15J％2FbD55d0fwIksaINiiQdz7DYYNBdecLrDLubO3cotxnV7CeRnZISY8JfHjEwMxVqi7uw0TnJCAOOraVrXsStKXq3HIVPe4T4jUuvzB0G2DQ7d％2BvYnL％2Brh5z7uU6IjsbIHOFopnk％3D｜1733105589｜dff237ad61dada6346f7e62445448d72｜c1de3598553cc75fb8d8abebd1563292。

《蒋泰维："双碳"目标下，中国经济面临的挑战和机遇》，"浙江省高新技术企业协会"微信公众号，2022年10月8日，https：//mp.weixin.qq.com/s？__biz＝MzAwODY2MTcwNg＝＝&mid＝2649769166&idx＝1&sn＝91703af4064ee6fe5a56230b20377721&chksm＝836f9b6bb418127dfd063271864625e315eb656259e71d9caa2d27a73e3ded8cab2b80526252&scene＝27。

《黄振：构建数智虚拟电厂，支撑产业减碳降耗》，"企业观察报"百家号，2023年

9月4日，https://baijiahao.baidu.com/s?id=1776075480565345841&wfr=spider&for=pc。

《国务院办公厅转发国家发展改革委　国家能源局关于促进新时代新能源高质量发展实施方案的通知》，中国政府网，2022年5月30日，https://www.gov.cn/zhengce/zhengceku/2022-05/30/content_5693013.htm。

社会科学文献出版社

皮 书
智库成果出版与传播平台

❖ 皮书定义 ❖

皮书是对中国与世界发展状况和热点问题进行年度监测，以专业的角度、专家的视野和实证研究方法，针对某一领域或区域现状与发展态势展开分析和预测，具备前沿性、原创性、实证性、连续性、时效性等特点的公开出版物，由一系列权威研究报告组成。

❖ 皮书作者 ❖

皮书系列报告作者以国内外一流研究机构、知名高校等重点智库的研究人员为主，多为相关领域一流专家学者，他们的观点代表了当下学界对中国与世界的现实和未来最高水平的解读与分析。

❖ 皮书荣誉 ❖

皮书作为中国社会科学院基础理论研究与应用对策研究融合发展的代表性成果，不仅是哲学社会科学工作者服务中国特色社会主义现代化建设的重要成果，更是助力中国特色新型智库建设、构建中国特色哲学社会科学"三大体系"的重要平台。皮书系列先后被列入"十二五""十三五""十四五"时期国家重点出版物出版专项规划项目；自2013年起，重点皮书被列入中国社会科学院国家哲学社会科学创新工程项目。

皮书网

（网址：www.pishu.cn）

发布皮书研创资讯，传播皮书精彩内容
引领皮书出版潮流，打造皮书服务平台

栏目设置

◆ **关于皮书**
何谓皮书、皮书分类、皮书大事记、
皮书荣誉、皮书出版第一人、皮书编辑部

◆ **最新资讯**
通知公告、新闻动态、媒体聚焦、
网站专题、视频直播、下载专区

◆ **皮书研创**
皮书规范、皮书出版、
皮书研究、研创团队

◆ **皮书评奖评价**
指标体系、皮书评价、皮书评奖

所获荣誉

◆ 2008年、2011年、2014年，皮书网均在全国新闻出版业网站荣誉评选中获得"最具商业价值网站"称号；

◆ 2012年，获得"出版业网站百强"称号。

网库合一

2014年，皮书网与皮书数据库端口合一，实现资源共享，搭建智库成果融合创新平台。

皮书网　　　"皮书说"微信公众号

权威报告・连续出版・独家资源

皮书数据库
ANNUAL REPORT(YEARBOOK) DATABASE

分析解读当下中国发展变迁的高端智库平台

所获荣誉

- 2022年，入选技术赋能"新闻+"推荐案例
- 2020年，入选全国新闻出版深度融合发展创新案例
- 2019年，入选国家新闻出版署数字出版精品遴选推荐计划
- 2016年，入选"十三五"国家重点电子出版物出版规划骨干工程
- 2013年，荣获"中国出版政府奖・网络出版物奖"提名奖

皮书数据库　　"社科数托邦"微信公众号

成为用户

　　登录网址www.pishu.com.cn访问皮书数据库网站或下载皮书数据库APP，通过手机号码验证或邮箱验证即可成为皮书数据库用户。

用户福利

- 已注册用户购书后可免费获赠100元皮书数据库充值卡。刮开充值卡涂层获取充值密码，登录并进入"会员中心"—"在线充值"—"充值卡充值"，充值成功即可购买和查看数据库内容。
- 用户福利最终解释权归社会科学文献出版社所有。

卡号：596923717634
密码：

数据库服务热线：010-59367265
数据库服务QQ：2475522410
数据库服务邮箱：database@ssap.cn
图书销售热线：010-59367070/7028
图书服务QQ：1265056568
图书服务邮箱：duzhe@ssap.cn

S 基本子库
SUB DATABASE

中国社会发展数据库（下设12个专题子库）

紧扣人口、政治、外交、法律、教育、医疗卫生、资源环境等12个社会发展领域的前沿和热点，全面整合专业著作、智库报告、学术资讯、调研数据等类型资源，帮助用户追踪中国社会发展动态、研究社会发展战略与政策、了解社会热点问题、分析社会发展趋势。

中国经济发展数据库（下设12专题子库）

内容涵盖宏观经济、产业经济、工业经济、农业经济、财政金融、房地产经济、城市经济、商业贸易等12个重点经济领域，为把握经济运行态势、洞察经济发展规律、研判经济发展趋势、进行经济调控决策提供参考和依据。

中国行业发展数据库（下设17个专题子库）

以中国国民经济行业分类为依据，覆盖金融业、旅游业、交通运输业、能源矿产业、制造业等100多个行业，跟踪分析国民经济相关行业市场运行状况和政策导向，汇集行业发展前沿资讯，为投资、从业及各种经济决策提供理论支撑和实践指导。

中国区域发展数据库（下设4个专题子库）

对中国特定区域内的经济、社会、文化等领域现状与发展情况进行深度分析和预测，涉及省级行政区、城市群、城市、农村等不同维度，研究层级至县及县以下行政区，为学者研究地方经济社会宏观态势、经验模式、发展案例提供支撑，为地方政府决策提供参考。

中国文化传媒数据库（下设18个专题子库）

内容覆盖文化产业、新闻传播、电影娱乐、文学艺术、群众文化、图书情报等18个重点研究领域，聚焦文化传媒领域发展前沿、热点话题、行业实践，服务用户的教学科研、文化投资、企业规划等需要。

世界经济与国际关系数据库（下设6个专题子库）

整合世界经济、国际政治、世界文化与科技、全球性问题、国际组织与国际法、区域研究6大领域研究成果，对世界经济形势、国际形势进行连续性深度分析，对年度热点问题进行专题解读，为研判全球发展趋势提供事实和数据支持。

法律声明

"皮书系列"(含蓝皮书、绿皮书、黄皮书)之品牌由社会科学文献出版社最早使用并持续至今,现已被中国图书行业所熟知。"皮书系列"的相关商标已在国家商标管理部门商标局注册,包括但不限于LOGO(　)、皮书、Pishu、经济蓝皮书、社会蓝皮书等。"皮书系列"图书的注册商标专用权及封面设计、版式设计的著作权均为社会科学文献出版社所有。未经社会科学文献出版社书面授权许可,任何使用与"皮书系列"图书注册商标、封面设计、版式设计相同或者近似的文字、图形或其组合的行为均系侵权行为。

经作者授权,本书的专有出版权及信息网络传播权等为社会科学文献出版社享有。未经社会科学文献出版社书面授权许可,任何就本书内容的复制、发行或以数字形式进行网络传播的行为均系侵权行为。

社会科学文献出版社将通过法律途径追究上述侵权行为的法律责任,维护自身合法权益。

欢迎社会各界人士对侵犯社会科学文献出版社上述权利的侵权行为进行举报。电话:010-59367121,电子邮箱:fawubu@ssap.cn。

社会科学文献出版社